# Danish T

## Grammar and Vocabulary Workbook

# Danish Tutor

## Grammar and Vocabulary Workbook

Anne Grydehøj and Jesper Hansen

First published in Great Britain in 2018 by Hodder and Stoughton. An Hachette UK company.

Copyright © Anne Grydehøj and Jesper Hansen 2018

British Library Cataloguing in Publication Data: a catalogue record for this title is available from the British Library.

Library of Congress Catalog Card Number: on file.

9781473617391

3

The publisher has used its best endeavours to ensure that any website addresses referred to in this book are correct and active at the time of going to press. However, the publisher and the author have no responsibility for the websites and can make no guarantee that a site will remain live or that the content will remain relevant, decent or appropriate.

The publisher has made every effort to mark as such all words which it believes to be trademarks. The publisher should also like to make it clear that the presence of a word in the book, whether marked or unmarked, in no way affects its legal status as a trademark.

Every reasonable effort has been made by the publisher to trace the copyright holders of material in this book. Any errors or omissions should be notified in writing to the publisher, who will endeavour to rectify the situation for any reprints and future editions.

Typeset by Cenveo® Publisher Services.

Printed and bound in Great Britain by CPI Group (UK) Ltd., Croydon, CR0 4YY.

John Murray Learning policy is to use papers that are natural, renewable and recyclable products and made from wood grown in sustainable forests. The logging and manufacturing processes are expected to conform to the environmental regulations of the country of origin.

Carmelite House
50 Victoria Embankment
London EC4Y 0DZ
www.hodder.co.uk

# CONTENTS

# SCOPE AND SEQUENCE OF UNITS

| UNIT | CEFR | TOPIC | LEARNING OUTCOME |
|---|---|---|---|
| UNIT **1**<br>Ønsk mig held og lykke<br>pages 1–10 | B1 | *Holidays and travel* | • Describe events and routines<br>• Express dreams, hopes, ambitions and plans<br>• Give orders and make suggestions<br>• Write about experiences, describing feelings and reactions |
| UNIT **2**<br>Det er helt sikkert ikke for børn!<br>pages 11–20 | B1 | *Family relationships* | • Describe family<br>• Describe different types of relationships<br>• Write a short film review |
| UNIT **3**<br>Frosne fiskefrikadeller er ikke min kop te!<br>pages 21–30 | A2 | *Food and drink* | • Understand a recipe<br>• Decide when to use the definite and indefinite forms of nouns |
| UNIT **4**<br>Kommer klimaforandringerne til at påvirke mit liv?<br>pages 31–42 | B1 | *Weather, seasons and environmental concerns* | • Describe the weather<br>• Understand weather forecasts<br>• Identify main conclusions in clear argumentative texts<br>• Discuss climate change |
| UNIT **5**<br>Jeg vil klage over min nye brødrister<br>pages 43–53 | B1 | *Appliances* | • Understand advice and warnings<br>• Distinguish between reflexive and non-reflexive use of verbs |
| UNIT **6**<br>Jeg er blevet forkølet<br>pages 54–62 | B1 | *Health and illness* | • Describe ailments and health<br>• Give information about remedies |
| UNIT **7**<br>Et par sorte leggings med sølvfarvede prikker<br>pages 63–74 | B1 | *Shopping, colours and clothes* | • Describe items of clothing<br>• Describe a state of mind<br>• Distinguish between definite and non-definite adjectives |

| LANGUAGE | | SKILLS | |
| --- | --- | --- | --- |
| **GRAMMAR** | **VOCABULARY** | **READING** | **WRITING** |
| Present tense<br>Imperative | Travel; holidays; means of transport | Read Carl Erik's diary entries about his and Katrine's journey to Kenya | Write a diary entry about Carl Erik's feelings and thoughts |
| Main clauses<br>Conjunctions<br>Clausal adverbs | Family members; relatives and relationships; celebrations and family occasions | Read a film review of *Festen* | Write a film review of a film you have watched recently |
| Nouns<br>Gender system | Food and drink; recipes; restaurants | Read two reviews of the same restaurant | Write your own online review of a good, bad or mixed dining experience |
| Modal verbs<br>Future tense | Weather; recycling; climate change | Read a letter to the editor about climate change | Write a letter to the local newspaper or the city council about the environment |
| Personal pronouns<br>Reflexive pronouns<br>Possessive pronouns | Technical and electronic items; consumer complaints | Read a consumer complaint letter and the answer from the shop manager | Write a letter of complaint to the shop or manufacturer about an appliance |
| Perfect tense | Illnesses and injuries; doctors and healthcare professionals; medicines and remedies | Read Kirsten's social media updates from the hospital | Write Kirsten's social media post from the day after her operation |
| Adjectives<br>Demonstrative pronouns | Items of clothing; colours; states of mind; shopping | Read Helle's email to the clothes shop | Write an email to a shop to complain about or praise an item of clothing you have bought there |

| LANGUAGE | | SKILLS | |
|---|---|---|---|
| **GRAMMAR** | **VOCABULARY** | **READING** | **WRITING** |
| Adverbs<br>Adverbials | Politics; political parties; welfare state | Read an article about Denmark's constitution and the history of democracy | Write a short article about the political development in your own country |
| Comparatives<br>Superlatives<br>Other kinds of comparisons | Landscapes; animals; cities; Nordic countries and natural features; infrastructure | Read a short magazine article about the Danish island of Ærø | Write a short magazine feature column on the geography, infrastructure and natural life of your own area |
| Simple past tense | Internet and social media; blogs; mobile phones | Read tweets™ about the use of social media | Write your own tweets™ about your use of technology |
| Subordinate clauses<br>Subordinating conjunctions<br>Relative pronouns | Professions; experience and personal qualities; job advertisements and applications | Read a job advertisement and an application for the position | Find a job advertisement for a job you are interested in and write a short application statement |
| Prepositions<br>Prepositional phrases | House, home and buildings; rooms and interiors; DIY; geography | Read a property agent's description of a property for sale | Write your own property agent's description of your dream home |
| Quantifiers | Hobbies; arts and crafts; music; folk high schools | Read three persons' descriptions of their experiences at different folk high schools in Denmark | Write a text describing a memory you have of a sports camp, a residential trip or similar |
| Pluperfect<br>Past future<br>Conditional perfect | School; university; degrees and qualifications | Read a diary entry about starting university | Write a diary about your first day at school, at university or in a new job |

| LANGUAGE | | SKILLS | |
| --- | --- | --- | --- |
| **GRAMMAR** | **VOCABULARY** | **READING** | **WRITING** |
| Passive voice<br>-s verbs | Crime; justice; criminal justice system | Read a text about being a lay judge | Write a brief description of a crime you have witnessed or read about |
| Present participles<br>Past participles | Theatre, dance, film, TV and music; feelings and emotions; literature | Read a book review | Write your own review of a book |
| **Det** sentences<br>**Der** sentences<br>Cleft sentences | Customs and traditions; festivals and celebrations; public holidays | Read an invitation to a **fastelavn** party | Write an invitation to an event or a private party |
| Genitive<br>Compound nouns | Music; instruments; musical genres; concerts | Read a short feature from a music magazine about a rock band from the 1960s | Write a short introductory article for a music magazine about a singer or a musician |
| Verbs expressing thought<br>Prepositions for agreement and disagreement | Second World War; human rights; agreement and disagreement; beliefs and opinions | Read a short text about cultural resistance during the German occupation of Denmark. Then read the lyrics to a song from 1940 | Write a short text introducing a song or a poem |
| Indirect speech | Language learning; language variation; language history; reporting verbs | Read a report on the influence other languages have had on Danish | Write a summary of a factual article or documentary |

I have taught Danish in UK universities since 2012, following BA and MA degrees in French and Danish and a previous career teaching Danish, French and English in the Danish secondary school system. I hold a PhD from the University of Kent on French and Scandinavian crime fiction, and currently lecture in the Department of Scandinavian Studies at University College London under the auspices of the Danish Government's International Lecturer Scheme. Since 2010, I have enjoyed life in Kent with two bilingual children and a partner who is also learning Danish under my tutelage.

Having caught the travel bug early, I have lived for extended periods in France, Shetland and Svalbard. In all these places, I have needed to communicate in languages and dialects that seemed impenetrable at first. However, the experience of moving from an outsider to an insider position in a local community through speaking the language is very powerful and worth the effort. In addition to an interest in linguistics, I never cease to cherish the gateways languages open to different cultures and perspectives on the human condition. Learning a language also enables you to reflect upon and discover new things about your own cultural and linguistic background, something I always try to emphasize in my teaching and like exploring with my students.

*Anne Grydehøj*

Before taking up the position of Teaching Fellow in Danish at University College London in 2010, I worked for a number of years in a Danish sixth-form college where I taught Danish and English. In 2016 I took up my current position in UCL's Arena Centre for Research-based Education.

I have always been interested in language and linguistics, and at UCL I began exploring these in relation to my own teaching. One of the things I love about UCL Scandinavian Studies is that, apart from Danish, we also teach Norwegian and Swedish (as well as Icelandic, which is quite different from the other languages). This has opened up ways of introducing students to the many similarities among these languages, allowing students to communicate across them all. Seeing students work together in several languages, communicating in their newly learnt language, realizing that some of the linguistic barriers between the Scandinavian languages are illusory, has been among my most fulfilling experiences. So when in Norway or Sweden, try to pick up a newspaper; you might be surprised by how much you understand!

*Jesper Hansen*

# Acknowledgements

Very special gratitude goes to Elettra Carbone and Guy Puzey for their contributions to the book. We would also like to thank our editors Eric Zuarino and Frances Amrani for their help and advice, and Emma Green for holding the threads of the project together. We are grateful to Larry Duffy for proofreading and offering knowledgeable suggestions. We would like to extend a warm-hearted thank you to all our students at University College London for the daily inspiration and feedback they provide – and for working their way through some of the units. Finally, a special thanks to Sigurd Grydehøj and Marta Grydehøj Duffy for their ideas and for testing some of the exercises.

The poem in Unit 19 is reproduced by permission of the heirs of Poul Henningsen.

# HOW TO USE THIS BOOK

If you have studied Danish before but would like to brush up on or improve your grammar, vocabulary, reading and writing skills, this is the book for you. The *Danish Tutor* is a grammar workbook which contains a comprehensive grammar syllabus from advanced beginner to upper intermediate and combines grammar and vocabulary presentations with over 200 practice exercises.

The language you will learn is presented through concise explanations, engaging exercises, simple infographics, and personal tutor tips. The infographics present grammar points in an accessible format while the personal tutor tips offer advice on correct usage, colloquial alternatives, exceptions to rules, etc. Each unit contains reading comprehension activities incorporating the grammar and vocabulary taught as well as freer writing and real-life tasks. The focus is on building up your skills while reinforcing the target language. The reading stimuli include emails, blogs and social media posts using real language so you can be sure you're learning vocabulary and grammar that will be useful for you.

You can work through the workbook by itself or you can use it alongside our *Complete Danish* course or any other language course. This workbook has been written to reflect and expand upon the content of *Complete Danish* and is a good place to go if you would like to practise your reading and writing skills on similar topics.

## Icons

 **Discovery**

 **Vocabulary**

 **Writing**

 **Reading**

 **Personal tutor**

# THE DISCOVERY METHOD

There are lots of philosophies and approaches to language learning, some practical, some quite unconventional, and far too many to list here. Perhaps you know of a few, or even have some techniques of your own. In this book we have incorporated the Discovery Method of learning, a sort of awareness-raising approach to language learning. This means that you will be encouraged throughout to engage your mind and figure out the language for yourself, through identifying patterns, understanding grammar concepts, noticing words that are similar to English, and more. This method promotes language awareness, a critical skill in acquiring a new language. As a result of your own efforts, you will be able to better retain what you have learnt, use it with confidence, and, even better, apply those same skills to continuing to learn the language (or, indeed, another one) on your own after you've finished this book.

Everyone can succeed in learning a language – the key is to know how to learn it. Learning is more than just reading or memorizing grammar and vocabulary. It's about being an active learner, learning in real contexts, and, most importantly, using what you've learnt in different situations. Simply put, if you figure something out for yourself, you're more likely to understand it. And when you use what you've learnt, you're more likely to remember it.

As many of the essential but (let's admit it!) challenging details, such as grammar rules, are introduced through the Discovery Method, you'll have more fun while learning. Soon, the language will start to make sense and you'll be relying on your own intuition to construct original sentences independently, not just reading and copying.

Enjoy yourself!

# BECOME A SUCCESSFUL LANGUAGE LEARNER

1 **Make a habit out of learning**
   ▶ Study a little every day, between 20 and 30 minutes is ideal.
   ▶ Give yourself **short-term goals**, e.g. work out how long you'll spend on a particular unit and work within this time limit, and **create a study habit**.
   ▶ Try to **create an environment conducive to learning** which is calm and quiet and free from distractions. As you study, do not worry about your mistakes or the things you can't remember or understand. Languages settle gradually in the brain. Just **give yourself enough time** and you will succeed.

2 **Maximize your exposure to the language**
   ▶ As well as using this book, you can listen to the radio, watch television or read online articles and blogs.
   ▶ Do you have a personal passion or hobby? Does a news story interest you? Try to access Danish information about them. It's entertaining and you'll become used to a range of writing and speaking styles.

3 **Vocabulary**
   ▶ Group new words under **generic categories**, e.g. *food*, *furniture*, **situations** in which they occur, e.g. under *restaurant* you can write *waiter*, *table*, *menu*, *bill*, and **functions**, e.g. *greetings*, *parting*, *thanks*, *apologizing*.
   ▶ Write the words over and over again. Keep lists on your smartphone or tablet, but remember to switch the keyboard language so you can include all accents and special characters.
   ▶ Cover up the English side of the vocabulary list and see if you remember the meaning of the word. Do the same for the Danish.
   ▶ Create flash cards, drawings and mind maps.
   ▶ Write Danish words on sticky notes and attach them to objects around your house.
   ▶ **Experiment with words.** Look for patterns in words, e.g. nouns ending in -**ing**, -**ling** or -**ning** are common gender.

4 **Grammar**
   ▶ **Experiment with grammar rules.** Sit back and reflect on how the rules of Danish compare with your own language or other languages you may already speak.
   ▶ Use known vocabulary to practise new grammar structures.
   ▶ When you learn a new verb form, write the conjugation of several different verbs you know that follow the same form.

5 **Reading**
   The passages in this book include questions to help guide you in your understanding. But you can do more:

   ▶ **Imagine the situation.** Think about what is happening in the extract/passage and make educated guesses, e.g. a postcard is likely to be about things someone has been doing on holiday.
   ▶ **Guess the meaning of key words before you look them up.** When there are key words you don't understand, try to guess what they mean from the context.

- ▶ If you're reading a Danish text and cannot get the gist of a whole passage because of one word or phrase, try to look at the words around that word and see if you can work out the meaning from context.

## 6 Writing

- ▶ Practice makes perfect. The most successful language learners know how to overcome their inhibitions and keep going.
- ▶ When you write an email to a friend or colleague, or you post something on social media, pretend that you have to do it in Danish.
- ▶ When completing writing exercises, see how many different ways you can write it, imagine yourself in different situations and try answering as if you were someone else.
- ▶ Try writing longer passages such as articles, reviews or essays in Danish; it will help you to formulate arguments and convey your opinion as well as helping you to think about how the language works.
- ▶ Try writing a diary in Danish every day; this will give context to your learning and help you progress in areas which are relevant to you.

## 7 Visual learning

- ▶ Have a look at the infographics in this book. Do they help you to visualize a useful grammar point? You can keep a copy of those you find particularly useful to hand to help you in your studies, or put it on your wall until you remember it. You can also look up infographics on the internet for topics you are finding particularly tricky to grasp, or even create your own.

## 8 Learn from your errors

- ▶ Making errors is part of any learning process, so don't be so worried about making mistakes that you won't write anything unless you are sure it is correct. This leads to a vicious circle: the less you write, the less practice you get and the more mistakes you make.
- ▶ Note the seriousness of errors. Many errors are not serious as they do not affect the meaning.

## 9 Learn to cope with uncertainty

- ▶ Don't over-use your dictionary. Resist the temptation to look up every word you don't know. Read the same passage several times, concentrating on trying to get the gist of it. If after the third time some words still prevent you from making sense of the passage, look them up in the dictionary.

# The Danish alphabet

There are 29 letters in the Danish alphabet. The first 26 letters are the same as in English and most other languages using the Roman alphabet, while the additional three Danish letters come after **Z**, in the following order: **Æ**, **Ø** and **Å**.

You may find older documents with **Aa**, which is how **Å** was generally written in Danish until a major language reform in 1948, which also changed the spelling of nouns (before the reform, nouns had been spelt with upper-case letters like in German). Because some municipalities resisted the new spelling of their names, notably Aalborg and Aabenraa, you will still find **Aa** in some contexts. Other municipalities welcomed the new letter, such as Aarhus, which in 1948 took the name Århus. However, the city officially changed its name back to the original Aarhus in 2011 in order to strengthen its international profile and online marketability!

If you are typing a lot of Danish text on a computer, you might want to change your device settings to be able to access a Danish keyboard with the additional three letters, or you can create shortcuts in the individual applications. Another common way of typing these symbols on many PCs is by using the so-called Alt codes. This involves holding down the Alt key (to the left of the space bar) while you type a code on the keyboard's number pad (normally on the right-hand side). If you do this, make sure the Num Lock function is on, otherwise it may not work. The codes can be fiddly to start with, but if you write a lot of Danish on a computer, you might find you end up committing the codes to muscle memory!

| **Æ** = Alt + 0198 | **Ø** = Alt + 0216 | **Å** = Alt + 0197 |
|---|---|---|
| **æ** = Alt + 0230 | **ø** = Alt + 0248 | **å** = Alt + 0229 |

# Danish punctuation

Danish commas have been the subject of a lot of debate. During the 1990s, the dispute between various strands of professional writers, language experts and **Dansk Sprognævn** (the official Danish language council) became so heated that the media named it **kommakrigen** (*the comma war*).

In this book, we have chosen the comma rules which are most widely used in Denmark. It is a grammatical system where commas are always placed before and after subordinate clauses. If several subordinate clauses are embedded in each other, commas are placed around each clause: **Man sætter komma, hvis der er en ledsætning, selvom der ikke ville være komma på engelsk** (*You use a comma if there is a subordinate clause even if there would not be a comma in English*). Unlike in English, this also applies to all types of relative clauses. Combined with the general rule about subordinate clauses, this can lead to sentences containing a large number of commas, as in this sentence where all relative pronouns and subordinate conjunctions have been underlined: **Readaktøren, <u>som</u> alle, <u>der</u> kan lide tegnsætning, elsker, mener, <u>at</u> dem, <u>der</u> bruger det grammatiske komma, bør redigere alle de tekster, <u>som</u> bliver skrevet, <u>så</u> de**

**bliver, <u>som</u> hun synes, <u>at</u> de skal være.** (*The editor, whom everybody who likes punctuation loves, thinks that those who use the grammatical comma should edit all the texts which are written so they become the way she thinks they ought to be.*)

**Dansk Sprognævn** now also allows – and recommends – a comma system closer to the English system. However, only a minority of Danes use these rules; a majority still use the old rules explained above.

# 1 Ønsk mig held og lykke

## Wish me luck

**In this unit you will learn how to:**

- Recognize and use the present tense.
- Recognize and use the imperative.
- Use fixed expressions to express the present continuous.

**CEFR:** Can understand the description of events, feelings and wishes in personal letters (B1); Can write accounts of experiences, describing feelings and reactions in simple connected texts (B1).

**Simple past**
Hun **rejste** til Italien for to år siden.

**Future**
Hun **skal (rejse)** til Italien næste uge.

**Present**
Hun **rejser** til Italien.

# Meaning and usage

## Present tense

The present tense is used for the following functions in Danish:

1   For something that is happening right now.

   **Klokken <u>er</u> præcis otte.** (*It is precisely eight o'clock.*)

   **Jeg <u>sidder</u> på arbejdet og er klar til at begynde.** (*I am at work and ready to start.*)

2   For something that happens regularly.

   **Jeg <u>snakker</u> ofte med unge mennesker, der hader at stå tidligt op.** (*I often talk to young people who hate getting up early.*)

   **Mit vækkeur <u>ringer</u> klokken fem hver dag, så jeg <u>kan</u> være på arbejde inden klokken syv.** (*My alarm clock rings at five o'clock every day so I can be at work before seven.*)

3   For general facts.

   **Alle <u>ved</u>, at metroen <u>er</u> helt proppet mellem klokken syv og halv ni.** (*Everybody knows that the underground is congested between seven and eight thirty in the morning.*)

4   For the dramatic present (past events that are dramatized).

**En dag <u>kommer</u> min chef hen til mig og <u>spørger</u>, om jeg vil overtage ansvaret for vores afdeling i New York.** (*One day my boss comes over and asks me if I want to become in charge of our division in New York.*)

**Jeg <u>står</u> op en time tidligere end normalt og <u>tager</u> af sted.** (*I get up an hour earlier than normal and leave.*)

5   For events in the future, especially those planned at a specific time.

**På lørdag <u>planlægger</u> jeg for eksempel at stå endnu tidligere op.** (*This Saturday, for example, I am planning on getting up even earlier.*)

 **A**   **Read the text and identify the present-tense verbs. Put each one in the table according to its function.**

---

**Brev fra en læser: Hvorfor jeg altid tager på arbejde før myldretiden**

Jeg læser ofte om folk, der klager over myldretiden, men jeg har en simpel løsning, som jeg gerne deler med jeres læsere: Stå tidligere op! Indtil for nylig havde jeg samme problem, men så en dag ringer min chef og beder mig om at møde tidligere dagen efter. Jeg står op en time tidligere end normalt og tager af sted. Det var en helt ny oplevelse at have vejen for sig selv!

Alle ved, at der er meget trafik på motorvejene mellem klokken syv og otte. Nu foretrækker jeg derfor at møde tidligt, og på den måde undgår jeg at sidde i kø på motorvejen. Jeg står op klokken fem hver dag, så jeg er på arbejde inden klokken syv. Selv i weekenden giver det nogle gange mening at starte tidligt. På lørdag planlægger jeg for eksempel at stå endnu tidligere op, da der er mange veje, der kommer til at være lukkede på grund af København maraton. Så hold op med at brokke jer, og gør som mig: Klokken er præcis syv, og jeg sidder klar på arbejdet!

Med venlig hilsen

Johannes

---

| Now | Regularly | General fact | Dramatic | Future plan |
|---|---|---|---|---|
|  |  |  |  |  |
|  |  |  |  |  |
|  |  |  |  |  |
|  |  |  |  |  |
|  |  |  |  |  |
|  |  |  |  |  |
|  |  |  |  |  |
|  |  |  |  |  |

 *There is no progressive form in Danish, i.e. am eating. Normally the same form is used to express both simple present and present continuous. When translating from Danish into English the context will help:* **Jeg spiser kød.** (I eat meat./I am eating meat.)

# How to form the present tense

 **B** **Find all the verbs in the present tense. Look carefully at the present-tense verbs and try to identify a pattern. Look for any that don't fit.**

1   Jeg elsker at lave kanelgifler, men desværre er jeg ikke særlig god til at bage.
2   Hvorfor spørger du ikke din søster, om hun kan hjælpe os med at planlægge vores næste ferie?
3   Min farfar sagde altid, at man bliver det, man spiser.
4   Jeg ved ikke, om Niels stadig bor i Aalborg, men for en måned siden snakkede jeg med hans kæreste, som fortalte mig, at de har planer om at rejse til Argentina senere på året.
5   De fleste synes, at det er kedeligt at lave det samme hver dag.
6   Når det regner, spiser vi som regel på den overdækkede terrasse.

1   Most verbs form the present tense by adding **-er** to the stem of the verb.

| Infinitive | Stem | Present |
|---|---|---|
| **at klatre** (*to climb*) | klatr- | klatrer |
| **at rejse** (*to travel*) | rejs- | rejser |

**2**  If the stem of the verb ends in a vowel, the present tense is usually formed by adding only **-r**.

| Infinitive | Stem | Present |
|---|---|---|
| **at få** (*to get*) | få- | får |
| **at se** (*to see*) | se- | ser |

**3**  The present tense of all verbs whose infinitive ends in **-s** is the same as the infinitive.

| Infinitive | Present |
|---|---|
| **at findes** (*to exist*) | findes |
| **at lykkes** (*to succeed*) | lykkes |
| **at slås** (*to fight*) | slås |
| **at synes** (*to think*) | synes |

**4**  The present tense of all the **modal verbs** is irregular but is generally treated as a separate category.

| Infinitive | Present |
|---|---|
| **at burde** (*should/ought to*) | bør |
| **at kunne** (*can/be able to*) | kan |
| **at måtte** (*must/may/have to*) | må |
| **at skulle** (*will/shall/have to*) | skal |
| **at ville** (*want/will/would*) | vil |

**5**  There are few **irregular present forms**, but they are very frequently used verbs, so it is important to memorize them.

| Infinitive | Present |
|---|---|
| **at gøre** (*to do*) | gør |
| **at have** (*to have*) | har |
| **at turde** (*to dare*) | tør |
| **at vide** (*to know*) | ved |
| **at være** (*to be*) | er |

**C**  **Complete the table with the verbs from B, based on their present-tense endings.**

| -er | -r | -s | Modal verbs | Irregular verbs |
|---|---|---|---|---|
|  |  |  |  |  |

*Although there is no separate continuous form of Danish verbs, there are several ways you can express continuous action by using expressions and phrases:*

**Jeg <u>sidder og skriver</u> e-mails på mit kontor.** (I am writing emails in my office.)

**Har du lyst til at gå en tur? Nej, jeg <u>er i gang med</u> at bestille flybilletter på nettet.**
(Do you want to go for a walk? No, I am booking plane tickets online.)

D   Complete the sentences with expressions from the box.

> er i gang med – laver – sidder og tjekker – står – står og snakker

1   Jeg _____, hvor vi kan leje et billigt sommerhus.
2   Din far kan ikke snakke i telefon lige nu, for han _____ at bestille
    flybilletter.
3   Han _____ og venter uden for terminalen.
4   Hvad mon han _____, når hans kone er på ferie?
5   Taxachaufførerne _____, mens de venter på kunder.

# Meaning and usage

## Imperative

The imperative form of the verb is used to issue commands/orders, requests or instructions.

**Gå ind på dit værelse, og hent din kuffert!** (*Go to your room and get your suitcase!*)

**Giv mig dit pasnummer!** (*Give me your passport number!*)

**Vær opmærksom på afstanden mellem toget og perronen!** (*Watch out for the distance between the train and the platform!/Mind the gap!*)

# How to form the imperative

1   The imperative form is identical to the stem of the verb.

    **Rejs med mig til Frankrig!** (*Travel with me to France!*)

2   When negating the imperative, the negation comes after the verb.

    **Drik ikke vandet fra hanen!** (*Don't drink the water from the tap!*)

3   Negative statements containing imperatives are often paraphrased, using either a modal
    verb or the structure **at lade være med** (which often translates into *don't*). These structures
    often feel more polite and less formal.

    **Du bør/må ikke drikke vandet fra hanen!** (*You should/must not drink the water from the tap.*)

    **Lad være med at drikke vandet fra hanen!** (*Don't drink the water from the tap!*)

**E** Change the polite questions and statements into more direct instructions, using the imperative.

**1** Vil du skrive et brev til farfar?

_____

**2** Kan du være sød at gå med din lillesøster i swimmingpoolen?

_____

**3** Pakker du soveposerne sammen?

_____

**4** Du bør ikke drikke alkohol, lige før du skal flyve.

_____

# Vocabulary

**F** Find the verb related to the given noun and write the infinitive, present tense and imperative forms.

| | Noun | Infinitive | Present | Imperative |
|---|---|---|---|---|
| 1 | en bestilling | | | |
| 2 | et besøg | | | |
| 3 | et fly | | | |
| 4 | et trek | | | |
| 5 | en oplevelse | | | |
| 6 | en overnatning | | | |

**G** Complete the sentences with verbs from the box.

> elsker – glæder – håber – står – ved

**1** Jeg _____ mig til at skulle til Skagen til sommer!

**2** De _____, at vejret bliver godt, for de skal ligge i telt.

**3** Når Nikita og Leila er på ferie, _____ de altid tidligt op.

**4** Mine forældre _____ ikke, om de har råd til at tage sydpå i år.

**5** Paula _____ at prøve nye retter, når hun er i udlandet.

# 📖 Reading

**H** Read Carl Erik's diary entries about his and Katrine's journey to Kenya. Then answer the question.

Hvad håber Carl Erik, at han vil opleve i Kenya?

_____

_____

d. 19. maj

Kære dagbog

Katrine er fortsat i gang med at pakke, men jeg er klar, og i morgen
flyver vi til Kenya. Jeg glæder mig virkelig til at tage på safari og se
alle de dyr, jeg ellers kun har læst om. Vidste du, at der lever tre typer
giraffer og to typer næsehorn i Kenya? Og at løven er det største
kattedyr i Afrika?

Jeg tror, vi kommer til at få en fantastisk tur, og jeg håber, vi kommer
til at opleve både naturen og de lokale skikke. Jeg håber også, at vi
kan lære nye sider af hinanden at kende. Jeg går nemlig og tænker
på, om jeg skal spørge Katrine, om hun vil gifte sig med mig, men jeg er
stadigvæk ikke helt sikker.

Vi snakkes!

Carl Erik

**I    Now continue reading, and answer the questions.**

d. 23. maj

Kære dagbog

Jeg oplevede noget virkelig fantastisk i morges. Jeg stod tidligt op, og
selvom det fortsat var mørkt udenfor, gik jeg ud på den lille terrasse.
Og mens jeg står der og nyder den kølige morgenluft, ser jeg solen
stå op i horisonten. Jeg blev helt paf og glemte at vække Katrine, som
lå og snorksov. Måske er det et tegn på, at hun ikke er den rigtige
for mig? Jeg ved det ikke, men her, hvor solen er så meget stærkere
end i Danmark, ser jeg alt i et helt andet lys. Jeg tror aldrig, jeg vil
hjem igen!

d. 4. juni

Kære dagbog

Vi er tilbage i Danmark, og det er lidt trist. De eneste vilde dyr her er ræve og egern! Selvom det er sommer, er det overskyet, og det støvregner. Katrine er i gang med at downloade billederne fra vores spejlreflekskamera, og så skal vi i gang med at sortere dem. Der er over 1500 billeder, så det kommer til at tage tid.

Jeg er nu slet ikke i tvivl om, at Katrine og jeg skal være sammen for evigt. Jeg tror, at jeg fandt ud af det, da vi stod ved Victoriasøen, og vores ansigter smeltede sammen i vandet. Jeg er nu sikker på, at vi er skabt for hinanden. I morgen tror jeg, at jeg frir til hende, og jeg håber, at hun siger ja.

Ønsk mig held og lykke!

| **V** | en skik | custom/tradition |
|---|---|---|
| | paf | astonished/flabbergasted |

1  Hvorfor tvivler Carl Erik på, om Katrine er den rigtige for ham?

_____

2  På hvilke måder er Danmark anderledes end Kenya?

_____

_____

3  Hvad laver Katrine, mens Carl Erik skriver dagbog d. 4. juni?

_____

4  Hvornår bliver Carl Erik klar over, at Katrine er den rigtige for ham?

_____

_____

**J**   Match the definitions with the Danish words in the box. There are two extra words.

> støvregne – horisont – nyde – overskyet – pattedyr – safari – skik – snorksove – sortere

1   ekspedition for at se på eller jage vilde dyr   _____
2   dyr, som føder unger, som får mælk   _____
3   et lands eller en gruppes måde at opføre sig på   _____
4   når man er tilfreds med noget   _____
5   der, hvor himmel og hav ser ud til at mødes   _____
6   når der falder nedbør i form af små dråber   _____
7   når man inddeler noget i kategorier   _____

**K**   Categorize the words in the box according to whether they relate to Denmark or Kenya.

> støvregne – egern – kattedyr – kølig morgenluft – løve – overskyet – pattedyr – ræv – safari – giraf – stærk sol – trist – Victoriasøen – næsehorn

| Danmark | Kenya |
| --- | --- |
|  |  |

# Writing

**L**   Write one or two diary entries (100–125 words) from Katrine's point of view. You can talk about her preparations, the trip itself or the marriage proposal, but you can also reflect on your expectations about the future. You should mainly write in the present tense but also try to include a couple of imperatives.

▶   Glæder Katrine sig til turen?
▶   Hvilken oplevelse, synes Katrine, er mest interessant?
▶   Hvordan reagerer Katrine på Carl Eriks frieri?

_____

_____

_____

_____

_____

_____

_____

_____

_____

_____

# Self-check

**Tick the box which matches your level of confidence.**

1 = very confident     2 = need more practice     3 = not confident

**Sæt kryds i skemaet for at vise, hvor sikker du føler dig.**

1 = meget sikker     2 = har brug for mere øvelse     3 = usikker

| | 1 | 2 | 3 |
|---|---|---|---|
| Recognize and use the present tense. | | | |
| Recognize and use the imperative. | | | |
| Use fixed expressions to express the present continuous. | | | |
| Can understand the description of events, feelings and wishes in personal letters. (CEFR B1) | | | |
| Can write accounts of experiences, describing feelings and reactions in simple connected texts. (CEFR B1) | | | |

# 2 Det er helt sikkert ikke for børn!

## This is definitely not for children!

In this unit you will learn how to:

✓ Recognize, form and connect main clauses.

✓ Connect words and phrases using conjunctions.

✓ Use a variety of clausal adverbs.

CEFR: Can read straightforward factual texts on subjects related to his/her field and interest with a satisfactory level of comprehension (B1); Can narrate a story or relate the plot of a book or film and describe his/her reactions (B1).

| Jeg | elsker | mine børn, | (og) | mine børn | elsker | også | mig. |
|---|---|---|---|---|---|---|---|
| Main clause | | | | Main clause | | | |
| subject | verb | direct object | coordinating conjunction | subject | verb | adverb | direct object |

| Jeg | elsker | mine børn, | (selvom) | de | også | irriterer | mig. |
|---|---|---|---|---|---|---|---|
| Main clause | | | | Subordinate clause | | | |
| subject | verb | direct object | subordinate conjunction | subject | adverb | verb | direct object |

# Meaning and usage

## Main clauses

1   Language can be looked at in larger or smaller units. The largest grammatical unit is the sentence, which, in written language, can be defined as everything between two full stops (or question marks or exclamation marks). Every sentence consists of one or more clauses, which are smaller units containing a finite verb and, apart from the imperative, also a subject. Here we will focus on main clauses.

2   Main clauses are also called independent clauses because they can often stand alone. The sentence **Jeg kan godt lide fredage, fordi vi spiller kort sammen efter aftensmaden** (*I like Fridays because we play cards together after dinner*) consists of two clauses because there are two sets of subject and verb, namely **Jeg kan** and **vi spiller**.

The first clause, **Jeg kan godt lide fredage**, is an independent clause as it can stand alone and make sense on its own. This is a complete thought or idea. The second clause **fordi vi spiller kort sammen efter aftensmaden** cannot stand on its own, and depends on the main clause to make sense. This clause is called a dependent or subordinate clause.

 *While the distinction between main and subordinate clause may not be important in other languages that you know, it is important in Danish as it affects word order.*

 **A Identify the main clauses in these sentences.**

1 Mange vælger at tage deres uddannelse og få et arbejde, før de får børn.
2 Fordi staten giver tilskud til børnepasning i Danmark, går de fleste børn i både vuggestue og børnehave.
3 Mødre kan tage 14 ugers barselsorlov i Danmark efter fødslen, men fædre kan kun tage to uger.
4 Efter barselsorloven kan forældrene tage 32 ugers forældreorlov, som de kan dele.
5 Selvom mange børnefamilier har travlt, laver de fleste madpakker til deres skolebørn.
6 Først skiftede han ble på hende, så varmede han mælken i mikrobølgeovnen, og til sidst lagde han hende i vuggen.

3 There are two types of conjunctions: coordinating and subordinating. Here we will focus on coordinating conjunctions:

| | |
|---|---|
| **og** | *and* |
| **men** | *but* |
| **eller** | *or* |
| **for** | *for* |
| **så** | *so* |

4 As their name suggests, coordinating conjunctions are used to connect two or more things:

a words and phrases (**og, eller**).

**Han har en søn <u>og</u> en datter.** (*He has a son and a daughter.*)

**Min moster sagde, at vi skulle komme til brylluppet <u>og</u> tage børnene med.** (*My mother's sister said that we should come to the wedding and bring the children.*)

**Min morfar <u>eller</u> mormor ringer til mig hver søndag.** (*My [maternal] grandfather or grandmother calls me every Sunday.*)

b main clauses (**og, men, eller, for, så**).

**Susanne ligner sin far, <u>men</u> hun ligner overhovedet ikke sin mor.** (*Susanne looks like her father, but she does not at all look like her mother.*)

**Min datter kan starte i skole, <u>for</u> hun er blevet seks i januar.** (*My daughter can begin school as she turned six in January.*)

**Mine børn skal til fødselsdag på mandag efter skole, <u>så</u> jeg kan være på arbejde lidt længere.** (*My children are going to a birthday party on Monday after school, so I can stay at work a bit longer.*)

c   subordinate clauses (**og, men, eller**).

**Hendes svigerforældre havde besluttet, at de gerne ville komme til juleaften, <u>men</u> at de ikke ville overnatte.** (*Her parents-in-law had decided that they would like to come for Christmas Eve, but that they would not stay overnight.*)

5   Some conjunctions deserve particular attention:

a   **for** and **fordi** can both be used to mean *because* or *as*, but there is a grammatical difference. **For** is a coordinating conjunction, whereas **fordi** is a subordinating conjunction. This affects the word order of the sentence.

**Vi går altid til børnehaven, for <u>jeg kan ikke</u> lide at cykle med den lille.**
(*We always walk to the nursery, as I don't like to cycle with the little one.*)

**Vi går altid til børnehaven, fordi <u>jeg ikke kan</u> lide at cykle med den lille.**
(*We always walk to the nursery, because I don't like to cycle with the little one.*)

b   **så** can have different meanings and grammatical functions but it can be particularly tricky to distinguish between these three usages:

► as an adverb meaning *then*.
**Først spiste vi flæskesteg med det hele. Så fik vi citronfromage til dessert.**
(*First we had pork roast with all the trimmings. Then we had lemon mousse for dessert.*)

► as a subordinating conjunction meaning *so that*.
**Vi går tit på legepladsen i weekenden, så børnene kan lege med deres venner.**
(*We often go to the playground at the weekend so that the children can play with their friends.*)

► as a coordinating conjunction meaning *so therefore*.
**Vi går på legepladsen i weekenden, så børnene leger ofte med deres venner.**
(*We go to the playground at weekends, so therefore the children often play with their friends.*)

**B   Choose the correct coordinating conjunction to connect the main clauses.**

1   Mine fætre og kusiner kan ikke komme til påskefrokosten, _____ (for, så, men) vi må drikke snaps alene.

2   De ville gerne flytte ud af lejligheden, _____ (for, og, men) de havde ikke råd til at købe deres eget hus.

3   Min faster vil ikke skilles, _____ (eller, for, så) hendes økonomiske situation ville blive håbløs.

4   Min storebror ved ikke, om han skal fortælle vores forældre, at han er homoseksuel før deres sølvbryllup, _____ (men, og, eller) om han skal vente til bagefter.

5   De har ikke kunnet blive gravide, _____ (eller, så, for) nu har de bestemt sig for at adoptere.

6   Deres mormor er kommet på plejehjem, _____ (så, men, for) hun kan komme hjem til dem i weekenden.

7   Vi skal giftes til sommer, _____ (for, og, eller) vi håber, det bliver en fantastisk fest.
8   Mine bedsteforældre kan vælge at sælge deres hus og flytte i lejlighed, _____ (men, eller, og) de kan blive i huset og udleje kælderen.

# How to form main clauses

1   When it comes to the position of the subject and the finite verb in a main clause, there are two possibilities in Danish: subject before verb, and verb before subject (called inversion).

Subject–verb: **Vi spiser** nu.

Verb–subject: **Spiser vi** nu?

2   The subject–verb structure is considered the norm. Inversion is, however, required in four cases:
a   in questions.

**Kan du aflevere Søren i børnehaven i morgen?** (*Can you drop off Søren at the nursery tomorrow?*)

**Hvor skal I holde jeres søns konfirmation?** (*Where will you celebrate your son's confirmation?*)

b   when the clause begins with something other than the subject (sometimes for added emphasis).

**På lørdag tager vi ud til min onkels sommerhus.**
(*On Saturday, we'll go to my uncle's cottage.*)

**Dem er jeg ikke i familie med!** (*I'm not related to them!*)

Coordinating conjunctions do not lead to inversion.

**Jeg synes en schæferhund er flot, men det ville være nemmere for vores børn at lufte en mindre hund.** (*I think a German Shepherd is beautiful, but it would be easier for our children to walk a smaller dog.*)

c   when giving short answers.

**Kan du komme til begravelsen? Ja, det kan jeg.** (*Can you make it to the funeral? Yes, I can.*)

**Bliver du gift med din kæreste? Nej, det gør jeg ikke.** (*Will you marry your girlfriend? No, I will not.*)

The interjections **ja** and **nej** as answers are considered separate units (hence the comma), and therefore they do not normally affect the word order of the following main clause:

**Skynd dig! – Ja, jeg kommer nu.** (*Hurry up! – Yes, I'm coming now.*)

d   when the main clause is preceded by a subordinate clause.

**Da de blev skilt, flyttede Lone ind i nabohuset.**
(*When they got divorced, Lone moved into the neighbouring house.*)

**Når man har en stor familie, kan julen være dyr.**
(*When you have a big family, Christmas can be expensive.*)

3   Clausal adverbs modify the entire clause. They are normally placed immediately after both subject and finite verb, but some can also be placed at the beginning of the clause. They often consist of only one word, though several clausal adverbs can be used together.

**Jeg er <u>ikke</u> interesseret i at blive gravid.** (*I am not interested in getting pregnant.*)

**Jeg er <u>slet ikke</u> interesseret i at blive gravid.** (*I am not at all interested in getting pregnant.*)

C   **Look at these sentences. Identify which one differs from the rules covered so far.**

1   Min søster er lidt genert og har sjældent lyst til at komme med til familiefester.
2   Min mor inviterer hende altid via mail, men det er mig, som ringer til hende og overtaler hende til at komme.
3   Efter festen giver hun altid mig et kæmpeknus og siger tak.

4   In the sentence **Min mor inviterer hende altid via mail**, the clausal adverb (**altid**) follows the direct object (**hende**). We refer to elements that can 'jump' before clausal adverbs as *light elements*. Placing light elements before the clausal adverbs is the norm, and this option is unstressed and neutral. It is however possible to place them after the clausal adverb(s), but this places stress on their meaning.

**Min mor inviterer altid hende via mail** would therefore create a contrast between **hende** and other members of the family. In other words, the mother does not invite everybody via email, only the sister. This is also seen in C, sentence 3 where a contrast is created between **mig**, who gets a big hug, and the other family members (e.g. the mother) who do not get one.

There are strict rules for this grammatical phenomenon:

a   the clause must consist of only one verb.
    **Han <u>gav</u> mig ikke en julegave i år.** (*He didn't give me a Christmas present this year.*)
    *but*: **Han <u>har</u> ikke <u>givet</u> mig en julegave i år.** (*He hasn't given me a Christmas present this year.*)

b   the direct or indirect object must be a pronoun or the adverbs **her** or **der**.
    **Jeg gav <u>ham</u> ikke en julegave i år.** (*I didn't give him a Christmas present this year.*)
    but: **Jeg gav ikke <u>Peter</u> en julegave i år.** (*I didn't give Peter a Christmas present this year.*)
    **Hun var her ikke.** (*She was not here.*)
    but: **Hun var ikke hjemme.** (*She was not at home.*)

D   **Reorder the following words into meaningful sentences. Begin with the underlined word(s). // indicates a separate clause.**

1   <u>Hvorfor</u> / spise / ikke / frokost / vil / din / hos / tante / du / ?
2   <u>Da hans bedstefar</u> / dement / blev // flyttede / han / på / ind / plejehjem / et / .
3   <u>Min oldemor</u> / mødt / aldrig / jeg / har / .
4   <u>De</u> / plejebørn / altid / har / mange / haft / .
5   <u>Jeg</u> / bussen / lufthavnen / til / tog // læse / så / jeg / avisen / kunne / .
6   <u>Mange</u> / lide / ikke / på / at amme / kan / offentlige / steder / kvinder / .
7   <u>Som lokalpolitiker</u> / debatten / hun / har / engageret / om / i / af / nedlæggelsen / sig / sygehuset / .
8   <u>Min farfar</u> / fuld / festen / blev / til // så / fulgte / jeg / hjem / ham / .
9   <u>Imram</u> / til / yoga / går // han / for / mere / være / vil / smidig / .

**E** Insert the clausal adverb in brackets into the underlined clauses.

1 <u>Et adoptivbarn får samme rettigheder</u>, som hvis barnet havde været adoptivforældrenes biologiske barn. (altid)

2 <u>Adoption kan finde sted</u>, hvis adoptionssmyndighederne i modtagerlandet har fundet, at adoptionsansøgerne opfylder vilkårene og er egnede til at adoptere. (kun)

3 Loven angiver ingen øvre aldersgrænse, <u>men i henhold til retningslinjerne bør ansøgerne være over 45 år</u>. (ikke)

4 <u>Normalt er det ægtefæller</u>, som kan adoptere sammen. (kun)

5 <u>Ansøgerne skal have en stabil økonomi.</u> (selvfølgelig)

**F** Identify the light element in each sentence. Decide if its position makes it unstressed (and neutral) or stressed (and used for contrast).

| | Examples | Stressed | Unstressed |
|---|---|---|---|
| 1 | Jeg gav ham den ikke. | | |
| 2 | Jeg gav ikke ham den. | | |
| 3 | Drengene var ikke der. | | |
| 4 | Drengene var der ikke. | | |
| 5 | Jeg kender hende ikke. | | |
| 6 | Jeg kender ikke hende. | | |
| 7 | Hun er aldrig her. | | |
| 8 | Hun er her aldrig. | | |

# Vocabulary

Clausal adverbs are very common and include high-frequency words e.g. **ikke** (*not*), **altid** (*always*) and **aldrig** (*never*). There are however many more, some of which are one-word adverbs and some of which are phrases:

| | | | |
|---|---|---|---|
| **blandt andet** | *among other things* | **nødvendigvis** | *necessarily* |
| **faktisk** | *in fact, actually* | **om ikke andet** | *if nothing else* |
| **for eksempel** | *for example* | **rettere sagt** | *rather* |
| **for en sikkerheds skyld** | *to be on the safe side/ just in case* | **sagtens** | *easily* |
| **forhåbentligt** | *hopefully* | **så vidt** | *just, so far, this far* |
| **formodentligt** | *presumably* | **til gengæld** | *in return* |
| **forresten** | *by the way* | **tilfældigvis** | *by any chance, coincidentally* |
| **helt sikkert** | *definitely* | **under ingen omstændigheder** | *under no circumstances* |
| **i hvert fald** | *in any case* | **unægteligt** | *undeniably* |
| **muligvis** | *possibly* | **virkelig** | *really* |

*It is worthwhile learning the more complex clausal adverbs, as using them will give your language much greater nuance and depth. Why not try to incorporate them into your Danish by practising them in sentences you learn by heart, such as* **Jeg tager** <u>for en sikkerheds skyld</u> **paraplyen med** *(I'll bring the umbrella just in case) or* **Jeg kunne** <u>sagtens</u> **drikke en kop kaffe mere** *(I could easily drink another cup of coffee)?*

**G** **Rewrite the sentences with the correct Danish clausal adverbial.**

**Example: Han ligner sin far.** *(undeniably)* → Han ligner unægteligt sin far.

**1** Min tante kom forbi i dag ved aftensmadstid. *(coincidentally)*

_____

**2** Vi kan komme og hjælpe med at lave mad til barnedåben. *(easily)*

_____

**3** I har husket jeres forældres bryllupsdag. *(hopefully)*

_____

**4** Hun vil begraves ved siden af sin eksmand. *(under no circumstances)*

_____

**5** Jeg kom til at spilde et glas vin på tæppet. *(by the way)*

_____

**6** Efter skilsmissen har hun ret til at se børnene hver weekend. *(in any case)*

_____

**H** **Complete the sentences by choosing the correct word.**

**1** Både moren og faren har ret til _____ i barnets første år.
  **a** børnepasning      **b** forældreorlov      **c** børnehave

**2** Når to ægtefæller ikke længere vil være sammen, kan de få _____.
  **a** et bryllup      **b** en skilsmisse      **c** en barselsorlov

**3** Man kan komme på _____, hvis man ikke længere kan bo alene på grund af fysiske eller mentale problemer.
  **a** vuggestue      **b** gymnasium      **c** plejehjem

**4** De havde fået en _____, fordi de ikke kunne nå at hente børnene efter arbejde.
  **a** barnepige      **b** udestue      **c** hund

**5** I Danmark fejrer man _____ d. 24. december.
  **a** mortensaften      **b** lillejuleaften      **c** juleaften

**6** Når man har været gift med den samme person i 25 år, kan man holde _____.
  **a** jubilæum      **b** sølvbryllup      **c** fødselsdagsfest

 # Reading

**I** Read the first part of Mette Hansen's review of Thomas Vinterberg's film *Festen*. Then answer the question.

Hvorfor har Michael ikke fået en invitation til festen?

_____

_____

---

 **◄ | ►**    www.filmanmeldelser.dk

**Det er ikke for børn!**

Anmeldelse af Thomas Vinterbergs *Festen*

*Af Mette Hansen*

Det er Helge Klingenfeldts 60-års fødselsdag, så han og hans kone Elsa holder en stor fest for familie og venner på familiens herregård. Blandt gæsterne er parrets voksne børn. Christian, den ældste søn og restauratør i Paris, ankommer sammen med den mellemste datter, Helene, som er antropolog, og den yngste søn, Michael, dukker uanmeldt op sammen med sin kone Mette og deres tre børn. Han er faldet i unåde og er ikke blevet inviteret, fordi han ikke kom til deres lillesøster Lindas begravelse et par måneder tidligere.

---

**J** Now continue reading, and answer the questions.

Historien udvikler sig, og plottet bliver mere indviklet: Tjenestepigerne Pia og Michelle, som har arbejdet for familien i mange år, prøver at genoptage deres gamle kærlighedsaffærer med Christian og Michael. De har dog ikke heldet med sig. Samtidig finder Helene et afskedsbrev fra Linda, men hun læser det ikke. Da alle er samlet ved bordet, holder Christian en tale og afslører en forfærdelig familiehemmelighed, men jeg afslører den ikke nu. Det ville ødelægge jeres oplevelse, når I ser filmen! Jeg skriver »når I ser filmen«, for alle bør helt sikkert se *Festen*. Den er unægteligt et mesterværk. Det er virkelig længe siden, jeg har set så spændende en film.

Lidt fakta og filmhistorie: *Festen* var den første Dogme 95-film. Dogme 95 er en filmbevægelse, som blev startet af de danske instruktører Thomas Vinterberg og Lars von Trier i 1995. En række andre danske filminstruktører sluttede sig senere til. Dogme 95-manifestet angiver regler for, hvordan man bør lave film. Der var blandt andet regler for lys, lyd, kameraførelse, plot og temaer. Ideen var, at man ville gå tilbage til en mere traditionel forståelse af film. Det var derfor også forbudt at bruge trickeffekter eller stunts. *Festen* er formodentligt det bedste eksempel på en dogmefilm; om ikke andet er den et af de mest kendte.

Thomas Vinterbergs film havde premiere i 1998, så det er efterhånden en gammel film. Jeg så alligevel først *Festen* for første gang i går, eller jeg så den rettere sagt både for første og anden gang. Jeg måtte simpelthen se den igen med det samme, fordi det er en fantastisk god film, men også fordi der var så mange detaljer i den, som jeg ikke fangede først. Jeg kan bare ikke forstå, at jeg ikke har set den før, men det er muligvis, fordi jeg var for ung, da den gik i biograferne.

En ting er i hvert fald sikker. Når man først har set *Festen*, kan man aldrig mere tage til familiefest uden at krumme tæer!

1  Hvorfor vil Mette ikke fortælle, hvad Christians tale handler om?

_____

2  Hvad er Dogme 95?

_____

3  Hvorfor så Mette *Festen* to gange?

_____

4  Hvorfor anmelder Mette først filmen, lang tid efter den havde premiere?

_____

K  **Match the words from the text with the English.**

| | | | |
|---|---|---|---|
| 1 | en tjenestepige | a | to be successful/lucky |
| 2 | at dukke op | b | a maid |
| 3 | at genoptage | c | a secret |
| 4 | at have heldet med sig | d | to appear |
| 5 | at krumme tæer | e | to disgrace oneself |
| 6 | et afskedsbrev | f | to resume |
| 7 | en instruktør | g | a director |
| 8 | at falde i unåde | h | to cringe |
| 9 | en hemmelighed | i | a suicide note |

L  **Complete the table with the missing nouns and verbs. All the words appear in the text but they have been changed to their most simple form.**

| | Verb | Noun |
|---|---|---|
| Example: | at invitere | en invitation |
| 1 | at ankomme | |
| 2 | | en tale |
| 3 | at falde | |
| 4 | | en begravelse |
| 5 | at afsløre | |
| 6 | at forbyde | |
| 7 | | en bevægelse |
| 8 | | en fest |
| 9 | at starte | |

 # Writing

L   Write your own review (100–125 words) of a film you have recently watched. While writing, use a variety of clausal adverbs, coordinating conjunctions and sentence structures. Try also to use light elements.

_____

_____

_____

_____

_____

_____

_____

_____

_____

_____

# Self-check

**Tick the box which matches your level of confidence.**

1 = very confident       2 = need more practice       3 = not confident

**Sæt kryds i skemaet for at vise, hvor sikker du føler dig.**

1 = meget sikker       2 = har brug for mere øvelse       3 = usikker

| | 1 | 2 | 3 |
|---|---|---|---|
| Recognize, form and connect main clauses. | | | |
| Connect words and phrases using conjunctions. | | | |
| Use a variety of clausal adverbs. | | | |
| Can read straightforward factual texts on subjects related to his/her field and interest with a satisfactory level of comprehension. (CEFR B1) | | | |
| Can narrate a story or relate the plot of a book or film and describe his/her reactions. (CEFR B1) | | | |

# 3 Frosne fiskefrikadeller er ikke min kop te!

## Frozen fish cakes are not my cup of tea!

**In this unit you will learn how to:**

✓ Understand the noun gender system.

✓ Use the singular and plural forms of nouns.

✓ Decide when to use definite and indefinite forms of nouns.

CEFR: Can identify specific information in simpler written material he/she encounters such as short newspaper articles describing events (e.g. a visit to a restaurant) (A2); Can write very short, basic descriptions of events, past activities and personal experiences (e.g. a dining experience) (A2).

| Singular | | Examples | |
|---|---|---|---|
| **Indefinite** | **Definite** | **Indefinite** | **Definite** |
| **en** + noun | noun + **(e)n** | **en kage** (*a cake*) | **kagen** (*the cake*) |
| **et** + noun | noun + **(e)t** | **et bord** (*a table*) | **bordet** (*the table*) |
| | | **et bær** (*a berry*) | **bærret** (*the berry*) |

| Plural | | Examples | |
|---|---|---|---|
| **Indefinite** | **Definite** | **Indefinite** | **Definite** |
| noun + **(e)r** | noun + **(e)rne** | **kager** (*cakes*) | **kagerne** (*the cakes*) |
| noun + **e** | noun + **ene** | **borde** (*tables*) | **bordene** (*the tables*) |
| noun | noun + **ene** | **bær** (*berries*) | **bærrene** (*the berries*) |

# Meaning and usage

## Noun genders

1   Danish nouns belong to categories known as genders. There are two grammatical genders in Danish: common (c.) and neuter (n.).

  c.     **en appelsin** (*an orange*), **en kiks** (*a biscuit/cracker*)

  n.     **et brød** (*a [loaf of] bread*), **et æble** (*an apple*)

2   The words **en** and **et** are indefinite articles. These are used the same way as *a* or *an* in English, but they vary according to the gender of the noun in question.

*Since* **en** *and* **et** *clearly show gender, it is a good idea to learn these indefinite articles together with the nouns as you build your vocabulary.*

**A** **Complete the sentences with the correct indefinite article.**

1   Vil du have (*c.*) _____ skive franskbrød med ost eller (*n.*) _____ rundstykke?
2   Hvor sulten er du? Vil du spise (*c.*) _____ ispind eller (*n.*) _____ stykke rugbrød?
3   Har du lyst til (*n.*) _____ glas vand eller (*c.*) _____ kop kaffe?

**B** **Sort these words according to their gender. Use a dictionary to check.**

> **café** (*café*), **fisker** (*fisherman/-woman*), **folk** (*people [in general]*), **får** (*sheep*),
> **kok** (*cook/chef*), **ko** (*cow*), **pande** (*frying pan*), **pandekage** (*pancake*), **portion** (*portion*),
> **servitrice** (*waitress*), **spækbræt** (*cutting board*), **vindue** (*window*), **vin** (*wine*)

| Common | Neuter |
|--------|--------|
|        |        |
|        |        |
|        |        |

**C** **How many nouns in B are common, and how many are neuter? Do you notice any trends in how many nouns are distributed per gender?**

**3**   There are some nouns (although not many) that belong to more than one gender. These are often recent loanwords, and the choice of gender is free as long as it is consistent when using that word. Here are some examples:

**en/et website** (*a website*)

**en/et fond** (*a foundation*)

 *Two nouns that are spelt the same may have different genders according to their meaning. This is quite rare, and these should really be seen as separate words:*

| | | |
|---|---|---|
| **en æg** (a blade) | *vs.* | **et æg** (an egg) |
| **en rod** (a root) | *vs.* | **et rod** (a mess) |

# Indefinite vs. definite nouns

**1**   Indefinite forms of nouns, such as en **kartoffel** (*a potato*) or **kartofler** (*potatoes*), are normally used when the noun is referencing information that is new to the reader.

**Jeg spiste <u>fisk</u> og <u>kartofler</u> til middag i dag.** (*I ate fish and potatoes for dinner today.*)

Indefinite nouns are also often used when describing something generally.

**Normalt kan jeg godt lide <u>fisk</u> og <u>kartofler</u>.** (*I normally like <u>fish</u> and <u>potatoes</u>.*)

2 Once the information referenced by nouns has become known to the reader, definite nouns are used, as the reference is now specific.

**<u>Fisken</u> var god, men <u>kartoflerne</u> var ikke varme nok.** (*<u>The fish</u> was good, but <u>the potatoes</u> weren't warm enough.*)

3 Definite forms are also sometimes used for nouns referencing new information if some more specific context is already given: **Jeg spiste frokost i <u>kantinen</u> i dag. <u>Vaflerne</u> var dejlige!** (*I ate lunch at the canteen today. The waffles were delicious!*). It might be news that this person ate lunch at the canteen, but there is some context for understanding which canteen it is, so the definite form is used. The waffles are also the specific ones eaten in the canteen, so they are in the definite form too.

4 When a person uses a classifying noun, such as stating what profession or other groups they may belong to, no indefinite article is used (unlike in English).

**Jeg er <u>tjener</u>.** (*I am <u>a waiter</u>.*)

**Julie er <u>vegetar</u>.** (*Julie is <u>a vegetarian</u>.*)

The main exception is when an adjective is used before the noun.

**Jeg er <u>en dårlig tjener</u>.** (*I am <u>a bad waiter</u>.*)

5 Many abstract nouns are often used in a definite form in Danish where they would appear in an indefinite form in English.

**<u>Tiden</u> går langsomt, når man er sulten.** (*<u>Time</u> goes slowly when you're hungry.*)

 **D Find the definite nouns in Margrethe and Martin's unusual pancake recipe and identify the four different endings for definite nouns.**

**Opskrift på pandekager med pølser**

Du skal bruge (til fire personer):

| | |
|---|---|
| 8–12 æg | 2 liter mælk |
| 16–18 dl mel | smør til stegning |
| 2 ss sukker (efter behag) | revet ost (efter behag) |
| wienerpølser (mindst 12 stk.) | |

Pisk mælken og æggene sammen. Tilsæt mel, til blandingen er tilpas tyk og uden klumper. Strø evt. lidt sukker i blandingen, og lad den hvile lidt.

Kog vand i en ganske stor kasserolle. Når vandet koger, skal du skrue lidt ned for varmen og lægge pølserne i kasserollen. Pølserne skal småkoge i ca. 10 minutter.

Tag en stor stegepande frem. Hvis du har husket at købe smør, så hent smørret fra køleskabet, og brug det til at smøre stegepanden. Steg pandekagerne. Husk at vende dem (helst i luften)!

Rul pølserne ind i pandekagerne. Tilsæt evt. osten. God fornøjelse!

*Recipes often include some abbreviations that may be unfamiliar, such as* **dl** (**en deciliter** = decilitre = 100 ml), **ss** (**spiseske** = tablespoon = 15 ml), **stk.** (**stykke/stykker** = piece/pieces) *and* **evt.** (**eventuelt** = possibly/if applicable).

# How to form nouns

When changing the form of nouns, it is useful always to begin with the indefinite, singular form and then modify it to get the definite and plural forms.

1   The definite singular form is formed by adding the indefinite article to the end of the noun (-**en** and -**et**).

**en ostekniv** (*a cheese knife*)            → **ostekniven** (*the cheese knife*)

**et solsikkefrø** (*a sunflower seed*)       → **solsikkefrøet** (*the sunflower seed*)

If the noun ends in an unstressed -**e**, only -**n** or -**t** is added.

**en vindrue** (*a grape*)                    → **vindruen** (*the grape*)

*but*: **en grydeske** (*a cooking spoon*)  → **grydeskeen** (*the cooking spoon*)

2   Plural indefinite and definite are best understood together as their patterns depend on what group a noun belongs to. These groups have nothing to do with the noun's gender or meaning, and they do not affect the singular forms. The following table shows all four forms of the nouns:

| Group | Gender | Singular | | Plural | |
|---|---|---|---|---|---|
| | | Indefinite | Definite | Indefinite | Definite |
| 1 | Common | en appelsin | appelsinen | appelsiner | appelsinerne |
| | Neuter | et æble | æblet | æbler | æblerne |
| 2 | Common | en fugl | fuglen | fugle | fuglene |
| | Neuter | et laurbærblad | laurbærbladet | laurbærblade | laurbærbladene |
| 3 | Common | en fisk | fisken | fisk | fiskene |
| | Neuter | et æg | ægget | æg | æggene |

 **E   What endings do the three groups add in plural indefinite and definite?**

3   Taking the indefinite singular form as the starting point, the pattern is:

   a   Group 1 nouns add -**(e)r** to form the plural indefinite and -**(e)rne** to form the plural definite. The -**e** is lost if the noun already ends in -**e**, the exception being nouns where the final -**e** is stressed: **en ske** – **skeen** – **skeer** – **skeerne** (*spoon*).

   b   Group 2 nouns add -**e** to form the plural indefinite and -**ene** to form the plural definite.

   c   Group 3 nouns add no ending in the plural indefinite and add -**ene** to form the plural definite.

**F** Complete the sentences with the indefinite plural forms of these nouns. The group numbers are given.

1 Hvor mange _____ (vandmelon, 1) har du købt?
2 Har vi virkelig brug for ni _____ (granatæble, 1)?
3 Skal vi bruge _____ (blåbær, 3), når vi bager muffins?
4 Har vi nok _____ (stol, 2) til alle gæsterne?
5 Kan man koge suppe på _____ (løg, 3)?
6 Har du altid _____ (handske, 1) på i køkkenet?
7 Der arbejdede mange _____ (svend, 2) i restauranten.
8 Kan du godt lide _____ (citron, 1)?

**4** If the noun ends in a single, short, stressed vowel and a single consonant, the consonant is doubled before adding the ending.

**en kop – koppen – to kopper – kopperne** (*cup*); <u>not</u> * ~~kopen – koper – koperne~~

**en pub – pubben – tre pubber – pubberne** (*pub*); <u>not</u> *~~tre puber~~

**G** Write the definite singular form of these indefinite nouns. Pay particular attention to consonant doubling.

1 Et bær        →    _____
2 En ål         →    _____
3 Et glas       →    _____
4 En hakkebøf   →    _____
5 En flæskesteg →    _____
6 En valnød     →    _____

**5** Many nouns ending in -**er** in singular indefinite, for instance many job titles and professions, end in -**e** in plural indefinite and -**ne** in the plural definite.

**en lærer – læreren – fire lærer<u>e</u> – lærer<u>ne</u>** (*teacher*)

**en slagter – slagteren – fem slagter<u>e</u> – slagter<u>ne</u>** (*butcher*)

**6** A lot of nouns ending in -**el** or -**er** lose the -**e** before adding an ending in the plural; some but not all also lose this -**e** in the singular definite. If the loss of -**e** results in two similar consonants before the **l** or **r**, one of these is removed.

**en artikel – artiklen – seks artikler – artiklerne** (*article*)

**en finger – fingeren – syv fingre – fingrene** (*finger*)

**en gaffel – gaflen – otte gafler – gaflerne** (*fork*); <u>not</u> *~~gafflen/gaffler/gafflerne~~

**7** Nouns ending in -**en** can optionally lose the -**e**. If this results in two similar consonants before the **n**, one of these is removed as noted in 6.

**en aften – aftenen/aftnen – ni aftener/aftner – aftenerne/aftnerne** (*evening*)

**8** Many loanwords ending in -**um** in singular indefinite can also be spelled with -**e**. In all other forms, however, they always use the -**e** form.

**et kollegium/kollegie – kollegiet – ti kollegier – kollegierne** (*hall of residence*)

9  There are some, but not many, irregular plural forms, and these will often have vowel changes.

**en bonde – bonden – elleve bønder – bønderne** (*farmer*)

**en mor – moren – tolv mødre – mødrene** (*mother*)

**en far – faren – tretten fædre – fædrene** (*father*)

**en and – anden – fjorten ænder – ænderne** (*duck*)

 *Although irregular forms need to be learnt separately, occasionally you will see they create patterns of their own, and sometimes nouns that are irregular in English are irregular in Danish too:*

**en fod – foden – femten fødder – fødderne** (foot)

**en mand – manden – seksten mænd – mændene** (man)

H  Complete the plural forms of the nouns in the email message. Remember to check the genders, which group they belong to and whether the consonant doubles.

| Fra: | KasperRudolpsen1977@dan-mail.com |
| Til: | kjeld.fladmark@e-post.dk |
| Emne: | Patrick |

Hej Kjeld!

Hvordan går det? Jeg har brug for hjælp. I morgen skal jeg lave middag til nogle _____ (1) (ven). Det er fem _____ (2) (dreng), som kommer, men der er særligt én, der gør, at mit hjerte banker lidt hurtigere end normalt, nemlig Patrick.

Jeg vil gerne lave noget, som kan imponere ham, så jeg tænkte, at jeg kunne lave _____ (3) (pandekage) med _____ (4) (pølse) indeni, ligesom vi plejede at lave dem, da vi var studenter. Så kom jeg i tanke om, at Patrick har mange _____ (5) (allergi). Du kender ham fra før. Ved du, om han kan tåle _____ (6) (æg)? Det er lidt vanskeligt, når folk er allergiske over for sådanne _____ (7) (ting). Bagefter har jeg tænkt mig, at vi kan hygge sammen. Ved du, om han kan lide at spille _____ (8) (kort) eller _____ (9) (computerspil)?

En ting til: Jeg mener at kunne huske, at Patrick er ret interesseret i litteratur og sådan noget. Har du læst nogen gode _____ (10) (bog) for nylig? Og kan du fortælle mig, hvad de handler om?

På forhånd tak!

Knus fra Kasper

I Complete the table with the correct genders, groups, indefinite and definite forms of these nouns. Some may be irregular.

| | Gender (c./n.) | Group | Singular | | Plural | |
| --- | --- | --- | --- | --- | --- | --- |
| | | | Indefinite (with article) | Definite | Indefinite | Definite |
| Example | c. | 1 | en agurk | agurken | agurker | agurkerne |
| 1 | | | | ananassen | | |
| 2 | | | | | knive | |
| 3 | | | | | | skærebrætterne |
| 4 | | | en gulerod | | | |
| 5 | | | | gåsen | | |
| 6 | | | | | kokke | |
| 7 | | | | | | kartoflerne |
| 8 | | | et køkken | | | |
| 9 | | | | jordbærret | | |
| 10 | | | | | tomater | |
| 11 | | | | | | slagterne |

# Vocabulary

J Complete the table with what you ate and drank yesterday. Remember to use plurals when necessary.

| Morgenmad | Frokost | Aftensmad | Mellemmåltider |
| --- | --- | --- | --- |
| | | | |
| | | | |
| | | | |
| | | | |

 *If you want to practise further, copy this table onto another sheet of paper and keep a record for each day over the next week. Maybe you can even write your shopping list in Danish the next time you go to buy food!*

K Find the odd one out.

1 rødbede | syltetøj | gulerod | kartoffel
2 øl | hvidvin | pilsner | sodavand
3 suppe | franske kartofler | slik | chokolade
4 sild | ål | torsk | kotelet
5 medister | frikadeller | pizza | brunkål

 # Reading

**L** Read this extract of a restaurant review from a local newspaper. Then answer the question.

Hvor mange andre personer spiste på restauranten for to dage siden?

_____

_____

---

## EN KULINARISK OPLEVELSE UD OVER DET SÆDVANLIGE!

_Af Natasja Uhlefelt-Nielsen, restaurantanmelder_

Der er netop åbnet en ny fiskerestaurant i Nyhavn, »Det sejler«, og det er svært ikke at lade sig friste af den smukke indretning.

I forgårs besøgte jeg så restauranten sammen med min kæreste. Der var ingen andre kunder, så vi troede et øjeblik, at der var lukket, men så kom ejeren, Nick Lahm, over og bød os velkommen. Nogle læsere har sikkert hørt om Nick, der også driver en række værtshuse i Nordvest.

Min kæreste og jeg kiggede lidt på menukortet og valgte så dagens fisk, der var »Stegte fiskepinde à la Lahm«. Og servicen var virkelig god: Der gik kun ganske få minutter, før vi hørte et »pling« fra køkkenet, og så blev fiskepindene serveret. Sjældent har jeg fået noget så lækkert!

---

**M** Read this online review of the same restaurant, and answer the questions.

---

 **www.restaurant-tjek.dk**

**Det sejler i den grad!**

_Anmeldelse af Adam Priss (brugernavn: m4dgl4d), d. 12. august_

Jeg blev inspireret til at besøge restauranten »Det sejler«, efter at jeg havde læst en yderst positiv anmeldelse på nettet. Efter besøget har jeg læst anmeldelsen igen, og jeg burde nok have lugtet lunten, når der var så få kunder, og jeg spekulerer faktisk på, om Natasja Uhlefelt-Nielsen fik penge af restauranten for at skrive så positiv en anmeldelse.

Min kæreste og jeg blev taget godt imod af en virkelig sød tjener, og hende har jeg intet at udsætte på. Det har jeg til gengæld på restauranten!

---

Vi kiggede på menuen og spurgte, om de havde røget ål, men det var desværre udsolgt. Vi spurgte så efter fiskepindene, der skulle være så udsøgte, men de var også udsolgte. Derfor spurgte vi, hvad de rent faktisk havde, og tjeneren fortalte os, at de havde nogle fiskefrikadeller, så vi bestilte dem. Dem ventede vi på i cirka et kvarter.

Vi var virkelig sultne, så vi havde lyst til at sluge dem i én mundfuld, men det var helt umuligt: Fiskefrikadellerne var stadig halvfrosne indeni og helt tørre udenpå. Nu havde jeg virkelig fået nok, og jeg forlangte at tale med ejeren, som kom over til vores bord.

Jeg forklarede ham, at jeg normalt elsker gode, hjemmelavede fiskefrikadeller, men at de her var uspiselige, fordi de stadigvæk var frosne.

»Åh ja, det er også rigtigt,« sagde han. »Mikrobølgeovnen fungerer ikke så godt for tiden.«

Det er jo helt uacceptabelt, og jeg anbefaler alle at holde sig væk fra dette usle sted! Og til sidst kære læsere: Synes I, at min kæreste og jeg skal klage til Forbrugerrådet?

| | | | |
|---|---|---|---|
| **det sejler** | *it's sailing/it's a mess* | **udsøgt** | *exquisite* |
| **at lade sig friste** | *to let oneself be tempted* | **ussel** | *shabby/poor* |
| **yderst** | *very/extremely* | **Forbrugerrådet** | *the Consumer Council* |
| **at lugte lunten** | *to smell a rat* | | |

1 Hvorfor ville Adam spise på restauranten?

_____

2 Hvem er Adam kritisk over for?

_____

3 Hvorfor spiste de ikke røget ål eller fiskepinde?

_____

4 Hvorfor er fiskefrikadellerne kolde?

_____

#  Writing

**N Write your own online review (100–125 words) of a good, bad or mixed dining experience, using one of the reviews in the Reading as a model. Try to use singular and plural forms of the nouns and pay attention to their genders. These questions may help you to structure your review:**

▶ Hvor og hvornår var du ude at spise?

▶ Hvad spiste du, og hvordan smagte det?

▶ Var du tilfreds med betjeningen?

▶ Ville du anbefale restauranten til andre?

_____

_____

_____

_____

_____

_____

_____

_____

_____

# Self-check

**Tick the box which matches your level of confidence.**

1 = very confident          2 = need more practice          3 = not confident

**Sæt kryds i skemaet for at vise, hvor sikker du føler dig.**

1 = meget sikker          2 = har brug for mere øvelse          3 = usikker

|  | 1 | 2 | 3 |
|---|---|---|---|
| Understand the flexible noun gender system. |  |  |  |
| Use the singular and plural forms of nouns. |  |  |  |
| Decide when to use definite and indefinite forms of nouns. |  |  |  |
| Can identify specific information in simpler written material he/she encounters such as short newspaper articles describing events (e.g. a visit to a restaurant). (CEFR A2) |  |  |  |
| Can write very short, basic descriptions of events, past activities and personal experiences (e.g. a dining experience). (CEFR A2) |  |  |  |

# 4 Kommer klimaforandringerne til at påvirke mit liv?

Will climate change affect my life?

**In this unit you will learn how to:**

✅ Use modal verbs.

✅ Link modal verbs with main verbs.

CEFR: Can recognize the line of argument in the treatment of the issue presented, though not necessarily in detail (B1); Can write about everyday aspects of his/her environment (e.g. recycling and basic environmental concerns) (A2).

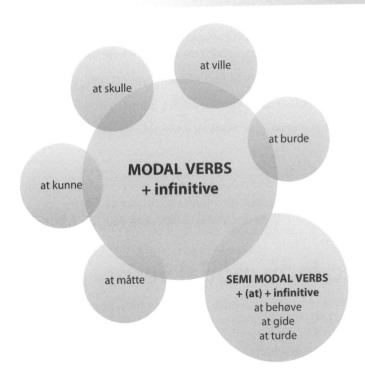

## Meaning and usage

### Modal verbs

1   Modal verbs are auxiliary verbs which accompany the main verb in a sentence. Whereas the auxiliary verbs **at have** and **at være** are used to form tenses, the modal verbs are used to express the speaker's attitude to what is being said. They are frequently used to express possibility (in terms of ability, permission, probability or likelihood) or necessity (in terms of obligation, duty, expectation or desire). In Danish, there are five main modal verbs.

| at kunne | can/be able to |
|----------|----------------|
| at skulle | will/shall/have to/must |
| at ville | want/will |
| at måtte | must/have to |
| at burde | ought to |

**A  Match the Danish sentences with the English, paying attention to the modal verbs.**

1  Han kan ikke komme, fordi det sner.

2  Må vi tage på stranden?

3  Jeg vil ikke være for længe i solen.

4  Du skal cykle i stedet for at tage bilen.

5  I bør tage solcreme med.

a  May we go to the beach?

b  You must cycle instead of taking the car.

c  You ought to bring sun cream.

d  I don't want to stay too long in the sun.

e  He can't come because it's snowing.

2  It is worth noting that the verbs considered modal verbs in Danish do not necessarily have exact equivalents in English. The best example is **at ville**. Although it looks like *will* (and is sometimes used in the same way as *will*), its most basic meaning is *to want*, which is not a modal verb in English.

**Vi vil have økologisk mælk til vores havregryn.** (*We want [to have] organic milk with our oats.*)

**At ville** (*have*) is often used with the adverb **gerne** to soften requests a little.

**Vi vil gerne have økologisk mælk til vores havregryn.** (*We would like to have organic milk with our oats.*)

 *There are some common idiomatic expressions which use modal verbs. One of the most important is* **at kunne lide** (to like), *e.g.* **Jeg kan lide ansjoser** (I like anchovies) *or* **Han kan ikke lide lakrids** (He doesn't like liquorice).

# How to form modal verbs

1  All the modal verbs are irregular in Danish, but they are used very often, so it is easy to learn their different forms. The present and simple past forms are the most commonly used.

**B  Complete the table with the correct forms of the modal verbs given in the box.**

må – kunne – burdet – skullet – ville – skal – måtte – villet

| | Infinitive | Present | Simple past | Perfect |
|---|-----------|---------|-------------|---------|
| 1 | at kunne | kan | | har kunnet |
| 2 | at skulle | | skulle | har |
| 3 | at ville | vil | | har |
| 4 | at måtte | | | har måttet |
| 5 | at burde | bør | burde | har |

**C** Identify the unusual pattern in the simple past forms of the modal verbs.

**2** A modal verb almost always accompanies another verb (the main verb). The main verb appears in the infinitive without **at**.

**Jeg kan snakke dansk.** (*I can speak Danish.*)

**Jeg skal snakke dansk.** (*I have to speak Danish.*)

**Jeg vil snakke dansk.** (*I want to speak Danish.*)

**Jeg må snakke dansk.** (*I must speak Danish.*)

**Jeg bør snakke dansk.** (*I should speak Danish.*)

When most other verbs are accompanied by another verb, the second verb will be in the infinitive with **at**, e.g. **Jeg elsker at snakke dansk.** (*I love to speak Danish.*)

 *When **at kunne** is used to express an ability, it can sometimes occur without the main verb in the infinitive, with the meaning to know, e.g. **Jeg kan dansk.** (I know [how to speak] Danish.)*

**D** Complete the sentences with the correct form of the verb in brackets, using the infinitive with or without **at**.

**1** De mange orkaner i Amerika kan _____ (at skyldes) den globale opvarmning.

**2** Virksomheden burde _____ (at bruge) flere solfangere.

**3** Vi skal _____ (at sortere) affald i vores kommune.

**4** Børnene måtte ikke _____ (at gå) ud i haven for _____ (at se) på tordenvejret.

**5** Isbjørne kan ikke _____ (at overleve) uden is.

**6** Fordi det altid regnede, kunne han ikke _____ (at gå) på arbejde uden _____ (at have) en paraply med.

**3** There are a few other verbs which are considered to be semi-modal verbs: **at behøve** (*to need*), **at turde** (*to dare*) and **at gide** (*to feel like/be bothered to*). They do not share all the features of the main five modal verbs, but they can occur without **at** before the main verb.

**I behøver ikke (at) spise alle grøntsagerne.** (*You don't need to eat all the vegetables.*)

**Den lille dreng turde ikke gå ud, fordi det haglede.** (*The little boy didn't dare go out because it was hailing.*)

**Jeg gider altså ikke gå ind til byen, når vejret er så dårligt.** (*I really don't feel like walking into town when the weather is this bad.*)

**4** In Danish, it is common to combine the modal verbs **at måtte**, **at ville** and **at skulle** with an adverbial of direction or location without a main verb in the infinitive. In these cases **at skulle** can indicate either modality (necessity or obligation) or the future tense.

**Vi må i seng nu.** (*We must go to bed now.*)

**Jeg måtte snart hjem.** (*I have to go home soon.*)

**Jeg skal til København i morgen.** (*I am going to go to Copenhagen tomorrow.*)

**Han skulle i brusebad efter kampen.** (*He had to/was going to take a shower after the match.*)

**Børnene vil i skoven.** (*The children want to go to the forest.*)

**Hun ville til fest om fredagen.** (*She wanted to go to a party on the Friday.*)

E   Complete the sentences using the words in brackets. Omit the main verb if possible.

1   Vi _____ (*have to go*) op i lejligheden om lidt.

2   De_____ (*ought to know*) hvor restauranten er.

3   Han _____ (*has to eat*) en masse vitaminer.

4   Vi _____ (*have to leave*) tidligt hjemmefra, fordi det sner.

5   Pigen_____ (*does not dare to go*) ud i regnvejret.

6   De _____ (*want to go*) på restaurant i aften.

7   De økologiske tomater _____ (*must be put*) i køleskabet med det samme.

8   Hun _____ (*was going to go*) til Jylland i weekenden.

# Meaning and usage

## Future tense

1   There are several ways to talk about the future in Danish. Frequently the present tense is used to talk about future events, especially if describing changes or transitions.

**Det bliver helt sikkert tordenvejr snart.** (*It will definitely thunder soon.*)

**Det er jul om en måneds tid.** (*It'll be Christmas in a month's time.*)

The present tense might also be used to talk about future events if a time is specified, or in questions using **hvornår** (*when*):

**De tager til Aarhus i weekenden.** (*They'll be going to Aarhus this weekend.*)

**Hvornår rejser de til Færøerne?** (*When will they be leaving for the Faroe Islands?*)

2   Another way of talking about the future is to use the modal verb **at skulle** followed by the infinitive. This is most commonly used when somebody has planned or decided that something will happen.

**Hun skal snakke om solenergi på konferencen.** (*She will/is going to talk about solar power at the conference.*)

**Skal du køre alene i bilen i morgen?** (*Are you going to drive alone in the car tomorrow?*)

3   If a future event is expected or assumed to happen but is not under anybody's direct control, we can describe it using the modal verb **at ville** followed by the infinitive.

**Det vil være svært at gøre noget ved den globale opvarming.**
(*It will be difficult to do something about global warming.*)

**Det vil tage lang tid at bygge halmballehuset.**
(*It will take a long time to build the straw-bale house.*)

4   **At komme til at** plus the infinitive is also used to describe future events over which nobody has direct control, but that are still presumed to be likely. **At komme til at** resembles *to be going to* structurally, but in terms of meaning it is frequently equivalent to a construction using *will*. It is usually interchangeable with **at ville**.

**Han kommer til at græde, hvis han ikke får sin vilje.** (*He is going to cry if he doesn't get his way.*)

**Er det helt sikkert, at man kommer til at se nordlys, hvis man tager til Grønland?**
(*Is it certain that you will see the Northern Lights if you go to Greenland?*)

*In spoken Danish you will frequently hear short, reduced forms of some of the modal verbs:* **skulle** *[sgu],* **skal** *[sga],* **vil** *[ve],* **kunne** *[ku],* **kan** *[ka]. Try using these forms when you speak Danish. Why not start with the examples in this unit?*

# How to form the future tense

There are four main ways to form the future tense:

1   Present tense for future actions.

**Der kommer sikkert meget nedbør i weekenden.** (*There will probably be a lot of rainfall [snowfall, etc.] during the weekend.*)

2   **at skulle** + infinitive.

**Vi skal begynde at sortere affald i vores kommune næste måned.** (*We will start sorting rubbish in our district next month.*)

3   **at ville** + infinitive.

**Den danske stat vil indføre mere vindenergi i det næste årti.** (*The Danish state will introduce more wind power over the next decade.*)

4   **at komme til at** + infinitive.

**Der kommer til at være mange oversvømmelser i det 21. århundrede.** (*There are going to be a lot of floods in the 21st century.*)

*As we have seen,* **at skulle** + *infinitive can be used to indicate both modality and the future tense. The exact meaning is often decided by the context, but if you want to emphasize the speaker's intention (in terms of order)* **at skulle** *is often stressed, e.g.* **Du skal tage gummistøvler på, når det regner** (*You must put on your wellies when it's raining*) *as opposed to* **Jeg skal støvsuge i morgen** (*I am going to vacuum tomorrow*).

**F** Complete the sentences to express the future with the verb in the appropriate form (present tense, **at ville** + infinitive, **at skulle** + infinitive, or **at komme til at** + infinitive).

1 Skraldebilen _____ (at komme) først på mandag.

2 Det _____ (at være) for sent i næste uge.

3 Drengene _____ (at blive) bange, hvis hunden er ude.

4 Det _____ (at være) weekend i morgen.

5 Han _____ (at holde) fest om to uger.

6 Der _____ (at komme) til at være mange biler på parkeringspladsen, når koncerten starter.

7 Hvornår _____ (at tage) vi til Jylland?

8 Det _____ (at regne) i morgen.

**G** Change these sentences from the present or past tenses into the future, using **skal**.

1 I dag cykler jeg på arbejde.  → I morgen _____.

2 Laver du mad med økologiske grøntsager?  → _____ i fremtiden?

3 Han kørte i bil til Odense i går.  → _____ på lørdag.

4 Jeg lavede bål, selvom vejret var dårligt.  → _____, selvom vejret er dårligt.

5 Jeg plantede jordbær i haven sidste år.  → Næste år _____.

6 Hun huskede at slukke lyset, før hun gik.  → _____, før hun går.

**H** Identify which one of the sentences in the future tense can be made without using the main verb.

> 🍎 *You can find regional, national and global weather forecasts at the website of* **Danmarks Meteorologisk Institut**: *www.dmi.dk. Here you'll also find the Danish Shipping Forecast,* **Farvandudsigten**. *Next time you are venturing out, you could check the weather forecast in Danish.*

# Vocabulary

I   Look at the weather map and complete the weather forecast with words from the table. Not all words will be used. Choose between nouns and verbs in the correct form.

ISSLAG

| Nouns | Verbs | Adjectives |
|---|---|---|
| en brise (*breeze*) | at klare op (*to clear up*) | kraftig (*strong/powerful/heavy*) |
| (et) hagl (*hail*) | at blæse (*to blow/be windy*) | let (*light/gentle*) |
| en kuling (*strong breeze/gale*) | at hagle (*to hail*) | overskyet (*overcast*) |
| et lyn ((*bolt of*) *lightning*) | at lyne (*to emit lightning*) | skyet (*cloudy*) |
| en orkan (*hurricane*) | at regne (*to rain*) | stærk (*strong*) |
| (en) regn (*rain*) | at skinne (*to shine*) | stiv (*heavy*) |
| en byge (*shower*) | at sne (*to snow*) | tåget (*foggy/misty*) |
| en tåge (*fog/mist*) | at tordne (*to thunder*) | klar (*clear*) |
| (et) slud (*sleet*) | | |
| (en) sne (*snow*) | | |
| en sol (*sun*) | | |
| en storm (*strong gale/storm*) | | |
| (en) torden (*thunder*) | | |
| en vind (*wind*) | | |

**1** I morgen bliver det kraftig _____ ved Vestkysten.

**2** Det bliver _____ i Sønderjylland.

**3** I Østjylland bliver der nogen _____.

**4** Men det vil blive _____ på Fyn.

**5** Solen kommer til at _____ på det meste af Sjælland, men der kan også komme lidt _____.

**6** Der vil komme kraftige _____ og _____ i Nordjylland.

**7** På Bornholm bliver der mulighed for _____ og _____.

**8** På Lolland og Falster kommer det til at _____.

**J** Match the Danish words (1–6) with the definitions (a–f) and their English equivalents (A–F).

| | | | | | | |
|---|---|---|---|---|---|---|
| 1 | bæredygtighed | a | Ændring i klimaet regionalt eller globalt, fx på grund af forurening. | A | greenhouse effect |
| 2 | forurening | b | Ismasse, som dækker ca. 80% af Grønland, også om sommeren. | B | pollution |
| 3 | drivhuseffekt | c | Sikring af holdbare, positive resultater, uden at man ødelægger det eksisterende grundlag. | C | sustainability |
| 4 | klimaforandring | d | Det fænomen, at vandstanden forhøjes, og at havets overflade bevæger sig over det nulpunkt, som man normalt refererer til med angivelsen »meter over havet«. | D | sea level rise |
| 5 | indlandsisen | e | Skadelig påvirkning af naturen ofte på grund af menneskelige aktiviteter. | E | climate change |
| 6 | havniveaustigning | f | Det fænomen, at en stigende mængde af $CO_2$ i atmosfæren hæmmer Jordens varmeudstråling, så temperaturen ved jordoverfladen stiger. | F | the Greenland ice sheet |

 *You can find the official Danish dictionary, **Den Danske Ordbog**, at www.ordnet.dk. Besides being a substantial monolingual dictionary offering precise and detailed definitions, it also contains audio files that will help you with pronunciation. Why not try looking up new vocabulary and listening to how it is pronounced?*

K   Sort the following statements into the two categories, **miljøbevidst** and **ikke miljøbevidst**.

1   Jeg kører på arbejde alene i min bil hver dag.
2   Jeg komposterer mit grønne affald.
3   Jeg smider mine glasflasker i den almindelige skraldespand.
4   Min vaskemaskine er fra 1980.
5   Jeg cykler på arbejde eller bruger offentlig transport.
6   Jeg printer en masse kopier af e-mails hver dag.
7   Jeg køber kun æg fra burhøns.
8   Jeg har en ny vandbesparende vaskemaskine.
9   Jeg smider mit grønne affald i den almindelige skraldespand.
10   Jeg samler mine glasflasker til genbrug.
11   Jeg læser alle mine e-mails på min computerskærm.
12   Jeg køber altid æg fra fritgående høns.

| | Miljøbevidst | Ikke miljøbevidst |
|---|---|---|
| 1 | | |
| 2 | | |
| 3 | | |
| 4 | | |
| 5 | | |
| 6 | | |

 *Denmark is a cycle-friendly country with over 12,000 kilometres of safe bike paths (**cykelstier**). Many adults cycle to work, and children cycle to school. In larger towns and cities, there are complex traffic systems for bicycles including multiple lanes and dedicated traffic lights. All public buildings like stations or libraries have extensive bike-parking facilities.*

# Reading

L   **Read the letter to the editor from Lina who is worried about the environment where she lives. Then answer the question.**

Hvorfor mener Lina, at Danmark vil være særligt påvirket, hvis havene stiger?

## Kommer klimaforandring til at få betydning for mig og min familie?

*Læserbrev*
Kære Paul

Vi har haft et emne i skolen om klimaforandring, og vi har lært om, hvordan vandstanden kommer til at stige i det 21. århundrede på grund af den globale opvarmning. Når man kigger på et kort over verden, kommer Danmark til at blive påvirket, fordi landet ligger så lavt. Der er store dele af Danmark, som kommer til at blive oversvømmet, hvis havniveauet stiger. Jeg bor i en lille landsby ved Vesterhavet, og jeg er bekymret for, at mit hus er i farezonen. Selvfølgelig har vi diger, der beskytter os, men er det nok, hvis den grønlandske indlandsis for alvor begynder at smelte? Er det for sent at gøre noget? Hvad kan jeg selv gøre for at hjælpe?

Lina, 12 år

**M  Now read the answer from the editor, and answer the questions.**

*Svar fra redaktøren*
Kære Lina

Jeg kan godt forstå, at du er bekymret. Det kan godt være skræmmende at læse og høre om ændringerne i klimaet og de betydninger, de kan få for vores liv og dagligdag. Størstedelen af den globale opvarmning skyldes vores aktiviteter som mennesker. Det handler især om $CO_2$-udslip, når vi brænder olie, kul og gas, eller når vi fælder skove og slipper drivhusgasser ud i atmosfæren. Hvor meget det danske klima vil ændre sig afhænger af, hvor mange drivhusgasser vi slipper ud i atmosfæren i fremtiden. Det ser ud til, at vi vil få mildere vintre og varmere somre og mere vind og regn. Vandstanden kommer nok også til at stige.

Vi kan allesammen gøre noget for at påvirke udviklingen. Du og din familie kan for eksempel beslutte jer for at bruge cyklerne mere end bilen. I kan også udskifte almindelige pærer med energisparepærer og huske at slukke lyset og elprodukter. Man kan også tænke over, hvor man skal tage hen på ferie – måske kan I planlægge en cykelferie i stedet for en flyrejse? Når I køber ind, kan du insistere på, at I køber lokale madvarer i stedet for ting, der er produceret i udlandet, og som derfor skal fragtes langt med fly, skib og lastbil. I kan også begynde at spise mindre kød, fordi mange skovområder bliver ryddet for at skabe plads til kvægbrug og producere foder til dyrene. Jeg tror, at hvis vi allesammen gør små ting i hverdagen, kan det have stor effekt. Jeg håber, det besvarer dit spørgsmål.

Paul

| | | | |
|---|---|---|---|
| **et dige** | *dyke* | **at fragte** | *to ship/transport* |
| **et udslip** | *emission* | **et kvægbrug** | *livestock farming (cattle)* |
| **en drivhusgas** | *greenhouse gas* | **et skovområde** | *woodland/forest* |
| **en pære** | *light bulb* | **et foder** | *animal feed, fodder* |

**1** Hvad er ifølge redaktøren årsagen til klimaforandringerne?

_____

_____

**2** Hvorfor foreslår redaktøren, at Lina og hendes familie skal købe lokale madvarer?

_____

_____

**3** Hvorfor mener redaktøren, at man skal spise mindre kød?

_____

_____

**4** Hvilken slags ferie foreslår redaktøren, at Linas familie kan tage på? Hvorfor?

_____

_____

 # Writing

**N** Write a letter to the city council or the local newspaper about the place you live and possible future implications of climate change on your environment (100–125 words). Try to use a variety of modal verbs and some future tense expressions. The following questions may help you organize your text:

▶ Hvordan er vejret, hvor du bor nu?
▶ Hvilke konsekvenser kan den globale opvarmning få for det sted, hvor du bor?
▶ Er der noget, du selv kan gøre i hverdagen for at hjælpe miljøet?

_____

_____

_____

_____

_____

_____

_____

_____

_____

_____

_____

# Self-check

**Tick the box which matches your level of confidence.**

1 = very confident          2 = need more practice          3 = not confident

**Sæt kryds i skemaet for at vise, hvor sikker du føler dig.**

1 = meget sikker          2 = har brug for mere øvelse          3 = usikker

| | 1 | 2 | 3 |
|---|---|---|---|
| Use the full system of modal verbs. | | | |
| Link modal verbs with main verbs. | | | |
| Can recognize the line of argument in the treatment of the issue presented, though not necessarily in detail. (CEFR B1) | | | |
| Can write about everyday aspects of his/her environment (e.g. recycling and basic environmental concerns). (CEFR A2) | | | |

**5**

# Jeg vil klage over min nye brødrister

## I want to complain about my new toaster

**In this unit you will learn how to:**

✅ Recognize and use personal and reflexive pronouns.

✅ Distinguish between reflexive and non-reflexive use of verbs.

✅ Recognize and use possessive and reflexive possessive pronouns.

CEFR: Can find and understand relevant information in everyday material (B1); Can write about past events (letter of complaint) (A2).

| Subject pronoun | | Reflexive pronoun | | Possessive pronoun | |
|---|---|---|---|---|---|
| Jeg | tørrer | mig | altid grundigt efter | mit | morgenbad |
| Han | tørrer | sig | altid grundigt efter | sit | morgenbad |

# Meaning and usage

## Personal and reflexive pronouns

1 Personal pronouns are used to refer back to a particular person, group, or thing (concrete or abstract). They are used stylistically to avoid repeating the noun they refer to.

**Jeg gav Hanne en riskoger i fødselsdagsgave. Hun blev rigtig glad for den.** (*I gave Hanne a rice cooker for her birthday. She was very happy with it.*)

2 When referring to people in general and not to a specific person, **man** and **en** can be used, corresponding to impersonal *you* or *one*.

**Man bør altid genbruge brugte batterier.** (*You/One should always recycle used batteries.*)

**3** Reflexive pronouns are used when the object of a sentence is the same as the subject.

**Han skar <u>sig</u> på sin kokkekniv.** (*He cut himself on his chef's knife.*)

**4** The reflexive pronoun is always unstressed. The pronoun **selv** is used to add emphasis, which stresses that the subject did something on his/her own.

**Med de rigtige hjælpemidler kan mange handicappede klare <u>sig selv</u>.** (*With the right aids, many people with disabilities can manage on their own.*)

**5** A number of verbs change their meaning when they are used with a reflexive pronoun.

**Efter lynnedslaget er mine elektriske apparater begyndt at <u>opføre sig</u> mærkeligt.** (*After the lightning strike, my electrical appliances started to behave strangely.*)

**Uden ordentlig scenebelysning er det vanskeligt at <u>opføre</u> et teaterstykke.** (*Without proper stage lighting, it is difficult to stage a play.*)

*It is worth noticing that some verbs are reflexive in Danish but not in English:* **Tilbuddet på elektriske varmeovne slutter i morgen, så du må <u>skynde dig</u>, hvis du vil købe en.** (The offer on electric heaters ends tomorrow so you have to <u>hurry</u> if you want to buy one.)

**A** **Insert the correct pronouns so they refer back to the underlined word or phrase.**

1 På mit kontor har vi <u>to farveprintere</u>, men _____ er ofte i stykker.
2 Jeg har <u>en rigtig god espressomaskine</u>, og _____ var faktisk ret billig!
3 <u>Jeres hus</u> er virkelig smukt – har _____ været dyrt?
4 Når <u>børnene</u> gjorde rent på _____ værelser, skulle _____ tørre støv af, støvsuge og vaske gulv.

**B** **Choose the correct verb form for each sentence.**

1 Min far (elsker/elsker sig) at fortælle sine gæster om sin nye robotstøvsuger.
2 Hun (kom/kom sig) igen, efter at lægerne havde genoplivet hende med hjertestarteren.
3 Han (brændte/brændte sig) på gasgrillen.
4 Han (føler/føler sig) ikke, at hans nye kaffemølle maler bønnerne ordentligt.
5 Husk at (lægge/lægge dig) boret tilbage i skuret, når du er færdig med det.
6 Jeg (keder/keder mig) ikke længere, efter jeg har fået min storebrors gamle spillekonsol.
7 I må (øve/øve jer), hvis I vil lære at udnytte alle funktionerne på jeres nye spejlreflekskamera.
8 Du har siddet foran pc'en hele dagen. Tror du ikke, at du snart skal (stoppe/stoppe dig)?

# Forms of the personal and reflexive pronouns

| | Personal pronouns | | Reflexive pronouns |
|---|---|---|---|
| | **Subject** | **Object** | |
| **Singular** | jeg | mig | mig |
| | du | dig | dig |
| | han | ham | sig |
| | hun | hende | |
| | den | den | |
| | det | det | |
| **Plural** | vi | os | os |
| | I | jer | jer |
| | de | dem | sig |
| **Impersonal** | man/en | en | sig |

**C** **Look at the table and try to identify patterns among the three categories.**

1   There are two forms of personal pronouns, the subject and the object form. Which form is needed is decided by the grammatical function of the pronoun (subject/object) and <u>not</u> the function of the noun it refers back to.

> **Hanne fortalte <u>mig</u>, at <u>hun</u> var tilfreds med den nye kaffemaskine.** (*Hanne told me that she was pleased with the new coffee machine.*)

> **<u>Jeg</u> spurgte Hanne, om <u>hun</u> var tilfreds med den nye kaffemaskine.** (*I asked Hanne whether she was pleased with the new coffee machine.*)

In the first sentence **mig** (*me*) is an object pronoun as **mig** functions as the indirect object in the main clause. **Hun** (*she*) is a subject pronoun as it is the subject of the subordinate clause.

In the second sentence **jeg** (*I*) is a subject pronoun as **jeg** functions as the subject of the main clause. Even though **hun** (*she*) refers back to Hanne, which is the direct object of the main clause, it is still the subject of the subordinate clause, which is why the subject form has been used.

2   After prepositions the object form is always used.

> **Vi tog vores køleboks <u>med os</u> på turen igennem Europa.** (*We brought our cooler box with us on our trip through Europe.*)

3   In impersonal constructions both **man** and **en** can be used as subject forms but **man** is more common. **En** is, however, the only option in the object form. In the genitive case, i.e. when there is some form of ownership, the form **ens** is used.

> **Kan <u>man</u> købe hvidevarer her?** (*Can you/one buy white goods here?*)

> **Køkkensælgeren fik <u>en</u> til at føle sig virkelig velkommen i butikken.** (*The kitchen sales person made you/one feel really welcome in the shop.*)

> **Ens udstråling er meget vigtig, når <u>man</u> prutter om prisen.** (*Your/One's charm is very important when haggling.*)

**4** The reflexive pronouns are the same as the object pronouns with the exception of the third person (singular and plural), which is **sig**.

**Jeg kan ikke koncentrere <u>mig</u>, når du ser tv.** (*I cannot concentrate when you are watching TV.*)

**Han barberer <u>sig</u> altid med barbermaskine.** (*He always shaves (himself) with an electric shaver.*)

**D** **Identify all the personal pronouns in this text. Then sort them into subject and object forms in the table.**

Advarsel til jer, som skal købe ny støvsuger!

Min kone overraskede mig med en Minusi-støvsuger for seks måneder siden, og jeg blev rigtig glad, men nu er den begyndt at suge virkelig dårligt. Butikken har set på den og har fortalt os, at det er vores egen skyld, fordi vi ikke har skiftet posen ofte nok. Man skal åbenbart skifte posen meget oftere, end vi troede. Så jeg vil gerne advare jer alle, før I begår samme fejl som os.

| Subject pronouns | Object pronouns |
|---|---|
| | |
| | |

**E** **Complete these sentences with the appropriate form of the pronoun, either personal or reflexive. The subject form of the personal pronoun is given in brackets.**

Example: Han ærgrede *sig* (han) over fejlkøbet i flere uger.

1 Kunne _____ (jeg) få lov til at låne din næsehårstrimmer?

2 Han gav _____ (hun) et vaterpas i julegave, for _____ (hun) havde sagt, at _____ (hun) ikke behøvede give _____ (hun) noget særligt. Men _____ (han) blev overrasket over, at _____ (hun) faktisk blev glad for _____ (den/det).

3 Blikkenslageren har snydt _____ (vi) for flere tusinde kroner.

4 _____ (man) skal passe på sine penge, ellers mister man _____ (de)

5 Hendes forsøg på at farve hår derhjemme fik frisøren til at hive _____ (han/hun) selv i håret.

**F** **Complete these sentences with the appropriate reflexive verb from the box. Remember to use the correct form of both the verb and the reflexive pronoun.**

Example: at bekymre sig → Han *bekymrede sig* over fejlkøbet i flere uger.

> **at gifte sig – at glæde sig – at tabe sig**
>
> **at skynde sig – at slå sig – at ønske sig**

1 Da de _____, fik de mange hvidevarer i bryllupsgave.

2 Det er fint nok, at I går mange ture i skoven og har løbebånd i kælderen, men I kommer ikke til _____, hvis I ikke spiser sundere mad.

3 Min mand og jeg _____ til at prøve vores nye bagemaskine.

4 Hun blev glad, da hun fik det vaffeljern, som hun havde _____.

5 Jeg forstår ikke, hvordan du klarer _____, hver gang du skal reparere bilen.

6 Tilbuddet på vores induktionskomfurer varer til søndag, så _____ og køb et!

# Meaning and usage

## Possessive pronouns

1   Possessive pronouns are used to indicate ownership or belonging.

**Vi fik installeret <u>vores</u> opvaskemaskine for to uger siden. <u>Dens</u> pumpe er allerede gået i stykker.** (*Our dishwasher was installed two weeks ago. Its pump has already broken.*)

2   The adjective **egen/eget/egne** can be used to add emphasis on the ownership, in the same way that English uses *own*.

**Kan jeg låne din bærbare pc? Min egen er til reparation.** (*Could I borrow your laptop? Mine/ my own is being repaired.*)

3   In the third person singular, the reflexive possessive pronouns **sin/sit/sine** are used when the subject and the owner are the same person and they occur in the same clause. When the possessive pronoun is part of the subject, the reflexive possessive pronouns cannot be used.

**Ole og Ali delte en lejlighed. Ole tørrede aldrig <u>sit</u> tøj i tørretumbleren.** (*Ole and Ali shared a flat. Ole never dried his [own] clothes in the dryer.*)

**Ole og Ali delte en lejlighed. Ole tørrede aldrig <u>hans</u> tøj i tørretumbleren.** (*Ole and Ali shared a flat. Ole never dried his [Ali's] clothes in the dryer.*)

**Ole er meget optaget af mundhygiejne, og Ali driller ham med, at <u>hans</u> elektriske tandbørste er <u>hans</u> kæreste eje.** (*Ole cares a lot about dental hygiene, and Ali teases him that his electric toothbrush is his most precious possession.*)

**Sit**, i.e. the reflexive possessive, is used in the first example as it refers back to the subject of the clause (as shown by the arrow). In the second example **hans** does not refer back to the subject. **Hans** indicates here that the object **tøj** does not belong to Ole but to Ali. In the third example the first **hans** is part of the subject of the subordinate clause and the second **hans** does not refer back to the subject (but to Ali); in both cases, therefore, **hans** is the only possible choice.

G   **Find the possessive pronouns in the sentences. Indicate who/what they refer to.**

1   Jans sommerhus ligger i et sommerhusområde tæt ved Gilleleje, og derfor har han alt sit fiskegrej, også sin nye fiskestang, liggende dér.

2   Sidste år blev vi uvenner med vores naboer, forbi de placerede deres store parabolantenne lige ved vores veranda.

3   Shamina blev meget sur på sin kæreste, da hun opdagede, at han havde læst beskederne på hendes mobiltelefon.

4   Kamilla fortalte sine venner, at da deres børn så hendes gamle båndoptager og samling af kassettebånd, så spurgte de hende, hvad det var.

5   Martin spurgte sin onkel og tante: »Hvor er jeres kamera? Jeg havde jo sagt, at mit ikke virker.«

6   Nora sagde til Pei-Sze: »Hvis du skal låne min hårtørrer, så vil jeg have lov til at bruge dit krøllejern.«

7   Da sneen smeltede, fandt jeg min gamle rive, men dens tænder var helt ødelagte, og dens skaft var råddent.

| | Pronouns | Referring to |
|---|---|---|
| 1 | | |
| 2 | | |
| 3 | | |
| 4 | | |
| 5 | | |
| 6 | | |
| 7 | | |

**H** Complete the sentences by choosing between **hans/hendes** and **sin/sit/sine**.

1 Han gjorde _____ (hans/sit) bedste, men han kunne alligevel ikke reparere bilen.

2 Hun fik begge _____ (hendes/sine) børn, mens hun var i lære som elektriker.

3 Lene tog ned på værkstedet, hvor de reparerede _____ (sin/hendes) scooter med det samme.

4 Han ville låne naboens slagboremaskine, for han kunne ikke finde _____ (hans/sin) egen.

# Forms of the possessive pronouns

| | Possessive pronouns | | |
|---|---|---|---|
| | **Non-reflexive possessive** | **Reflexive possessive** | |
| Singular | min/mit/mine | | |
| | din/dit/dine | | |
| | hans | sin/sit/sine | |
| | hendes | | |
| | dens | | |
| | dets | | |
| Plural | vores | | |
| | jeres | | |
| | deres | | |

**I   Look at the table and try to identify patterns.**

1   As can be seen from this table, some possessive pronouns inflect depending on the gender and number of the noun, i.e. of what is owned. These are **min**, **din**, **sin**. All other pronouns remain unchanged: **hans, hendes, dens, dets, vores, jeres, deres**.

**Min elektriske skruetrækker har erstattet alle <u>mine</u> gamle skruetrækkere.** (*My electric screwdriver has replaced all my old screwdrivers.*)

**Hun ville gerne arve <u>hans</u> pladespiller, men var ikke interesseret i <u>hans</u> plader.** (*She wanted to inherit his turntable but was not interested in his records.*)

2   In possessive structures that contain adjectives, the adjective is always in the definite form while the noun is in the indefinite form.

**Er du tilfreds med <u>din elektriske græsslåmaskine</u>?** (*Are you satisfied with your electric lawnmower?*)

**J   Complete the sentences with the correct possessive pronoun. The number and person are given in brackets.**

1   For nogle dage siden kom _____ (*1st person plural*) nabo løbende for at låne _____ (*1st person singular*) håndslukker, for der var gået ild i _____ (*3rd person plural*) havetraktor.

2   _____ (*1st person singular*) søn Neil fik stød, fordi han stak _____ (*3rd person singular*) gaffel ned i brødristeren, hvor _____ (*3rd person singular*) toast sad fast.

3   Det er okay, hvis _____ (*2nd person plural*) børn vil overnatte her i nat, men lad være med at tage _____ (*3rd person plural*) computerspil med.

4   Min far har fået _____ (*3rd person singular*) bedstemors gamle symaskine og _____ (*3rd person singular*) fine antikke standerlampe.

# Vocabulary

**K   Match and combine the words to make compound nouns.**

| | | | | |
|---|---|---|---|---|
| 1 | fjern | a | kedel | _____ |
| 2 | el | b | betjening | _____ |
| 3 | stav | c | kværn | _____ |
| 4 | mandel | d | mikser | _____ |
| 5 | farve | e | printer | _____ |
| 6 | bade | f | vægt | _____ |

**L** List the appliances in the table according to where they are normally found.

> barbermaskine – brændeovn – fladskærm – fryser – højttalere – højtryksspuler –
> hårtrimmer – hårtørrer – køleskab – komfur – bornholmerur – mikrobølgeovn –
> brødrister – motorsav

| Lokale | Elektronik |
|--------|------------|
| stue | |
| badeværelse | |
| garage | |
| køkken | |

# Reading

**M** Read the consumer complaint letter. Then answer the question.

Hvilket svar forventer Merete at få på sit brev?

---

d. 28. juni 2018

H. C. Andersens Boulevard 34, 3th
1787 København V

**Angående klage over brødrister**

Den 23. juni 2018 købte jeg en brødrister i jeres fine butik på Strøget, og jeres sælger lovede mig, at netop dette mærke var af rigtig god kvalitet. Det var hans vejledning, der gjorde, at jeg købte brødristeren og den ekstra forsikring.

Min søn og mine døtre elsker ristet brød, men vi havde kun brugt brødristeren få gange, da den begyndte at lugte mærkeligt, og der kom underlige lyde fra den. Kort tid efter gik sikringerne også, så jeg tror, der er noget galt med dens elektriske system. Jeg regner selvfølgelig med, at jeres forsikring dækker dette tilfælde, så vi igen kan få ristet brød til morgenmad. I kan sende den til vores adresse, som står ovenfor.

Med venlig hilsen

Merete Helleby

Kære Merete Helleby

Lad mig starte med at beklage dybt. Jeg er virkelig ked af at høre, at du har haft en dårlig oplevelse med vores brødrister. Fejlen, I har oplevet, er ekstremt sjælden, og de fleste af vores kunder er rigtig glade for produktet. Derfor kan jeg også sende vores uforbeholdne undskyldning til dig og hele din familie.

Vores juridiske afdeling har set på sagen, og de er ikke i tvivl om, at ansvaret ligger hos os, og at I er dækket af jeres forsikring. Hvis du derfor sender brødristeren tilbage til os, så sender vi jer en ny med det samme. Vi refunderer selvfølgelig også portoen. Som et ekstra plaster på såret har min chef bedt mig tilbyde jer en række gratis vareprøver: Der er forskellige cremer, sæber og sjove ting, man kan lege med i badet.

Vi håber også, at du vil tage dig tid til at gå på nettet og skrive, om du har været tilfreds med din oplevelse med vores kundeservice. Mange af vores kunder benytter sig nemlig af andre kunders vurderinger og kommentarer på nettet, før de selv køber noget, og vores målsætning er, at alle får en femstjernet oplevelse. Som en ekstra bonus trækker vi hvert kvartal lod blandt alle anmeldelserne, gode såvel som mindre gode, og den heldige vinder får mulighed for at tage sin bedste ven eller kæreste med på en af de fineste gourmetrestauranter i København.

Med venlig hilsen

Ludvig Harvesen

| som et plaster på såret | by way of consolation |
| at trække lod | to draw lots |
| uforbeholden undskyldning | unreserved apology |

1  Er der mange, der oplever problemer med denne brødrister?

_____

2  Hvis ansvar er fejlen ifølge forretningen?

_____

3  Hvorfor vil forretningen gerne have, at Merete skriver en kommentar online?

_____

4  Hvem har mulighed for at vinde en tur på en af Københavns fineste gourmetrestauranter?

_____

O Match these words from the Reading with the correct definition.

1 bonus            a eksempel på et produkt

2 kæreste        b navn på en virksomhed eller et produkt

3 mærke          c hvad det koster at sende et brev eller en pakke

4 målsætning    d penge eller lignende, man får ud over det forventede

5 porto           e person, man er sammen med i et kærlighedsforhold

6 vareprøve     f ønsker, man har for en aktivitet, forretning eller lignende

P Complete the table with words from the Reading. Put the words in their basic vocabulary form.

| | Verb | Noun |
|---|---|---|
| Example: | at klage | en klage |
| 1 | at sælge | |
| 2 | at vejlede | |
| 3 | | en lugt |
| 4 | at forsikre | |
| 5 | | en start |
| 6 | | en beklagelse |
| 7 | at opleve | |
| 8 | at undskylde | |

 # Writing

Q Something you have bought recently has stopped working. Write a letter of complaint (100–125 words) to the shop or manufacturer and ask for a refund or a replacement. When writing the letter, reflect on what kind of pronouns you need (subject, object, reflexive and possessive pronouns). The following questions may help you to structure your letter:

▶ Hvilket produkt vil du klage over, og hvor og hvornår købte du det?
▶ Hvad er der galt med det?
▶ Hvilken slags erstatning vil du have?

_____

_____

_____

_____

_____

_____

_____

_____

_____

_____

# Self-check

**Tick the box which matches your level of confidence.**

1 = very confident      2 = need more practice      3 = not confident

**Sæt kryds i skemaet for at vise, hvor sikker du føler dig.**

1 = meget sikker      2 = har brug for mere øvelse      3 = usikker

| | 1 | 2 | 3 |
|---|---|---|---|
| Recognize and use personal and reflexive pronouns. | | | |
| Distinguish between reflexive and non-reflexive use of verbs. | | | |
| Recognize and use possessive and possessive reflexive pronouns. | | | |
| Can find and understand relevant information in everyday material. (CEFR B1) | | | |
| Can write about past events (letter of complaint). (CEFR A2) | | | |

# 6 Jeg er blevet forkølet

## I have caught a cold

In this unit you will learn how to:

✓ Recognize and use the perfect tense.

✓ Form the perfect tense of regular verbs.

✓ Form the perfect tense of irregular verbs.

CEFR: Can understand texts that consist mainly of high frequency everyday or job-related language (B1); Can connect phrases in a simple way in order to describe experiences and events (B1).

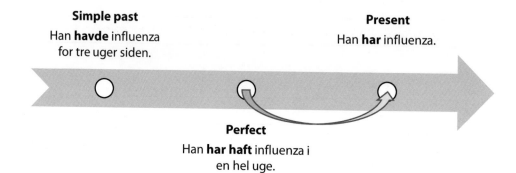

**Simple past**

Han **havde** influenza for tre uger siden.

**Present**

Han **har** influenza.

**Perfect**

Han **har haft** influenza i en hel uge.

# Meaning and usage

## The perfect tense

There are four different contexts that require the use of the perfect tense:

1   When something in the past happened at an unspecified time and has consequences for the present.

    **Jeg har været på apoteket, så nu kan jeg starte min behandling.** (*I have been to the pharmacy, so now I can start my treatment.*)

2   When something in the past is seen from the perspective of the present.

    **Kommer lægen snart? Jeg har lagt is på foden, men den gør stadigvæk ondt.** (*Will the doctor come soon? I have put ice on my foot, but it still hurts.*)

3   When something began in the past but reaches into and is still going on in the present.

    **Han har fået penicillin i en uge.** (*He has had penicillin for a week.*)

4   When something in the present has to be finished before something else can happen in the near future.

    **Når du har taget dine piller, kan du måske sove lidt.** (*When you have taken your pills, perhaps you will be able to sleep for a while.*)

*In some cases, the perfect tense can be used to describe a future action to be completed by a certain point in time, which is expressed either in a temporal subordinate clause or by an adverbial, e.g.* **Når det bliver første maj, har jeg været syg i to måneder** (By the first of May, I will have been sick for two months) *or* **I morgen har jeg ligget i sengen i en uge** (Tomorrow I will have been in bed for a week). *In these cases, English uses the future perfect* (will have + *past participle*).

A **Explain why the perfect tense has been used in these sentences.**

  1 Børnene har ondt i maven, fordi de <u>har spist</u> for meget lagkage.
  2 Jeg <u>har</u> ikke <u>haft</u> hovedpine de sidste to år.
  3 Ved du om klinikken er åben i dag? Jeg <u>har prøvet</u> at ringe til dem mange gange.
  4 Når du kommer hjem, <u>er</u> jeg <u>gået</u> til tandlægen.

B **Identify the auxiliary verb that was used in each of the sentences in A.**

# How to form the perfect tense

1 The perfect tense is always a two-verb structure. It is formed by combining one of the auxiliary verbs **har** (*has/have*) or **er** (*is/are*) with the past participle of the verb expressing the action itself (the main verb). In A, the past participles were **spist** (*eaten*), **haft** (*had*), **prøvet** (*tried*) and **gået** (*gone/walked*).

   **Han siger, at han har brækket benet.** (*He says that he has broken his leg.*)

   **Er du blevet forkølet?** (*Have you caught a cold?*)

2 It is most common to use **har** to form the perfect tense. Only a smaller group of intransitive verbs (verbs which cannot take an object) expressing motion or transition use **er** as their auxiliary verb.

   **De er gået på apoteket.** (*They have gone to the pharmacy.*)

   **Min hoste er forsvundet nu.** (*My cough has disappeared now.*)

   Examples of verbs which can use **er** as their auxiliary verb are: **at gå** (*to go/to walk*), **at løbe** (*to run*), **at cykle** (*to cycle*), **at køre** (*to drive*), **at falde** (*to fall*) (intransitive verbs expressing motion) and **at vågne** (*to wake up*), **at begynde** (*to begin*), **at blive** (*to become*) (intransitive verbs expressing transition).

3 It is worth noting that some verbs of motion and transition can use either **har** or **er** as their auxiliary verb. When **har** is used, the focus is on the action, while in the case of **er**, the emphasis is on the end result of the action.

   **Han har gået rundt på hospitalet i to timer nu.** (*He has been walking around the hospital for two hours now.*)

   **Hvor er hun henne? Er hun gået til hudlægen?** (*Where is she? Has she gone to the dermatologist?*)

*In the case of verbs of motion, in English you have the choice between using the present perfect continuous* (he has been walking) *and the perfect tense* (he has walked) *in order to make a distinction between an ongoing action and the end result. In Danish, this difference will often be rendered by the choice of* **har** *or* **er**.

4   All past participles end in either **-et** or **-t** in Danish. When forming the past participle, there are two main groups of regular verbs in Danish:

**Group 1** verbs end in **-et** (**hostet**)       **Group 2** verbs end in **-t** (**nyst**)

In addition to these, there is a considerable number of irregular verbs, which need to be learnt by heart. While these will still end in **-et** or **-t**, they often change the vowel.

5   There are some general rules in Danish that can help to establish which group a verb belongs to. You will generally be able to determine this by looking at the stem of the verb. If the verb is only one syllable long, the stem is the same as the infinitive (the basic form you will find in a dictionary), e.g. the stem of **at klø** (*to itch/scratch*) is **klø-**. If the infinitive has more than one vowel, the stem can be obtained by removing the last **-e**, e.g. the stem of **at besvime** (*to faint*) is **besvim-**.

   a   Belonging to **Group 1** are:
       1   most verbs with a stem ending in two consonant sounds;
       2   all new verbs (e.g. words imported from other languages);
       3   all verbs ending in **-ere**;
       4   most verbs with a long stem vowel followed by **-j, -k, -m, -p, -t, -v**;
       5   most verbs with stems ending in a vowel:

| | Infinitive | Stem | Past participle | Example |
|---|---|---|---|---|
| 1 | at behandle (*to treat*) | behandl- | behandlet | Lægen har ikke opereret mit ben, men han har behandlet min infektion. Han har også faxet recepten på antibiotika til apoteket. (*The doctor has not operated on my leg, but he has treated my infection. He has also faxed the prescription for antibiotics to the pharmacy.*) |
| 2 | at faxe (*to fax*) | fax- | faxet | |
| 3 | at operere (*to operate*) | operer- | opereret | |
| 4 | at veje (*to weigh*) | vej- | vejet | Jeg har vejet 100 kg indtil nu. (*I have weighed 100 kg until now.*) |
| 5 | at klø (*to itch or to scratch*) | klø- | kløet | Mit udslet har kløet forfærdeligt i nat. (*My rash has itched terribly during the night.*) |

   b   Belonging to **Group 2** are:
       1   most verbs with a long vowel sound in the stem and ending in a single consonant (**-b, -d, -g, -l, -n, -r** or **-s**);
       2   most verbs with a short vowel in the stem followed by two consonants pronounced as a single consonant in the following combinations: **-ld** [l], **-nd** [n], **-ng** [ŋ] (the same sound as *-ng* in *boring*);
       3   Some verbs with a stem ending in **-l(l)** [l], **-m(m)** [m], and which only have a single **m** or **l** in the simple past and in the past participle;
       4   a few verbs with stems ending in two consonants (**-ls, -nk**):

| | Infinitive | Stem | Past participle | Example |
|---|---|---|---|---|
| 1 | **at undersøge** (*to examine*) | undersøg- | **undersøgt** | **Lægen har undersøgt patientens arm.** (*The doctor has examined the patient's arm.*) |
| 2 | **at trænge** (*to penetrate*) | træng- | **trængt** | **Bakterier er trængt ind i det åbne sår.** (*Bacteria have penetrated into the open wound.*) |
| 3 | **at drømme** (*to dream*) | drø(m)m- | **drømt** | **Jeg har tit drømt om min ulykke.** (*I have often dreamt about my accident.*) |
| 4 | **at tænke** (*to think*) | tænk- | **tænkt** | **Jeg har tænkt meget på dig, efter du blev syg.** (*I have thought a lot about you since you got sick.*) |

6   Irregular verbs add either **-et** or **-t** to the stem in order to form the past participle. However, some of them also have a vowel change in the stem, and a few of them have more radical changes. Here are some examples.

| Infinitive | Past participle | Example |
|---|---|---|
| **at binde** (*to tie*) | **bundet** | |
| **at bringe** (*to bring*) | **bragt** | |
| **at drikke** (*to drink*) | **drukket** | |
| **at have** (*to have*) | **haft** | |
| **at gøre** (*to do*) | **gjort** | |
| **at lægge** (*to lay*) | **lagt** | **Hun har selv lagt gips på sin brækkede lillefinger.** (*She has put the cast on her broken little finger herself.*) |
| **at ryge** (*to smoke*) | **røget** | |
| **at sige** (*to say*) | **sagt** | |
| **at smøre** (*to spread*) | **smurt** | |
| **at spørge** (*to ask*) | **spurgt** | |
| **at vælge** (*to choose*) | **valgt** | |

C   **Read the sentences and identify the past participles. Note their ending and establish to which group of verbs they belong.**

1   Kirurgen er træt, fordi hun har opereret hele dagen.
2   Han er blevet rask nu.
3   Peter har haft en smitsom infektion, så han har ikke været på arbejde i en uge.
4   Såret har blødt igennem forbindingen.

*The rules for finding out if a verb belongs to Group 1 or Group 2 are rather complicated. However, more than 80% of Danish verbs follow the rules of Group 1 for making the past participle. This includes a substantial number of otherwise irregular verbs, so if in doubt, your best bet is to use the ending* **-et.**

D   Change the underlined present-tense verbs into the perfect tense.

1   Jeg <u>har</u> hovedpine.
    Jeg _____ hovedpine.
2   Lægen <u>giver</u> indsprøjtningen til barnet.
    Lægen _____ indsprøjtningen til barnet
3   Hun <u>får</u> en blodtransfusion.
    Hun _____ en blodtransfusion.
4   Den brækkede arm <u>gør</u> ondt.
    Den brækkede arm _____ ondt.
5   Sygeplejersken <u>forbinder</u> såret.
    Sygeplejersken _____ såret.
6   Patienten <u>spørger</u>, hvornår besøgstiden er.
    Patienten _____, hvornår besøgstiden er.

E   Complete the sentences with **er** or **har** to make the perfect tense. Use the context to help.

1   Jeg _____ blevet forkølet.
2   Han _____ fået lungebetændelse, fordi han svømmede for længe i det kolde vand.
3   Ambulancen _____ kommet frem til sygehuset nu.
4   Patienten _____ vågnet, så nu kan lægen komme ind og undersøge ham.
5   Man _____ vaccineret børn i Danmark mod mæslinger siden 1987.
6   Hun _____ begyndt på sin behandling.

# Vocabulary

F   Match the illnesses with their English equivalents.

1   forkølelse              a   jaundice
2   fåresyge                b   cold (n)
3   lungebetændelse         c   appendicitis
4   mæslinger               d   pneumonia
5   gulsot                  e   measles
6   blindtarmsbetændelse    f   mumps

G   Complete the text with the perfect tense of the verbs in the box.

| at konsultere – at undersøge – at virke – at brække – at have – at berolige |
| --- |

Min søn _____ (1) ondt i sin venstre tommelfinger længe. Vi _____ (2) flere læger, men ingenting _____ (3). Nu er der en speciallæge, som _____ (4) ham. Hun _____ (5) os meget. Min søn _____ ikke _____ (6) fingeren; det er bare vokseværk.

**H**  These Danish expressions are often used with the perfect tense. Match them with the English.

| | | | |
|---|---|---|---|
| 1 | aldrig | a | just |
| 2 | allerede | b | already |
| 3 | altid | c | never |
| 4 | lige | d | ever |
| 5 | nogensinde | e | yet |
| 6 | endnu | f | always |

**I**  Complete the sentences by using the time expressions and the perfect tense of the verbs given in brackets. Remember to think about which auxiliary verb to use.

**Example: Jeg** *har lige købt* **noget myggespray på apoteket.** (at købe/lige)

(*I have just bought some mosquito repellent at the pharmacy.*)

1  Jeg _____ at have maveforgiftning. (at prøve/aldrig)
2  Hun _____ af migræne. (at lide/altid)
3  Han _____ årsagen til symptomerne. (at finde/endnu ikke)
4  Sygeplejersken _____ mig forbinding på. (at give/allerede)
5  _____ du _____ en CT-skanning? (at få/nogensinde)
6  Ambulancen _____. (at køre/lige)

# 📖 Reading

**J**  Read Kirsten's social media update. Then answer the question.

Hvorfor er Kirsten frustreret?

_____

**13:05**

Jeg har været temmelig syg igennem den sidste uge. Selvom jeg har været hos lægen flere gange, har han ikke fundet ud af, hvad jeg fejler. Han har sendt mig hjem med besked om, at det nok bare er influenza. Men det er blevet værre her i morges. Jeg har ikke spist ret meget og har kastet op næsten hver gang, jeg har forsøgt at få noget ned. Samtidig har jeg haft mavepine, og jeg tror også, at jeg har haft feber, men jeg har ikke noget termometer, så jeg har ikke taget min temperatur. Nu er jeg kørt på sygehuset, hvor jeg har prøvet at få en tid hos en speciallæge. Her har jeg snart siddet i venteværelset i to timer, men jeg har endnu ikke hørt, hvornår jeg kan komme til at snakke med lægen. Det er ret frustrerende, når man har det så dårligt!

**K** Read the rest of Kirsten's social media updates, and answer the questions.

**15:45**

Jeg har lige haft en konsultation hos en læge, som har undersøgt mig grundigt (rigtigt grundigt – inklusiv en underlivsundersøgelse!). Hun har taget blodprøver og sendt mig til røntgen, men jeg har først fået en tid klokken halv seks, fordi de åbenbart har meget travlt i dag.

**19:55**

Lægen har endelig diagnosticeret mig, og hun har lige fortalt mig, at jeg højst sandsynligt har blindtarmsbetændelse. Sikke noget! De har bestilt en tid til mig på operationsbordet allerede om et kvarter, og jeg skal bedøves nu. Så jeg har nok skrevet min sidste opdatering her for i dag.

**03:24**

Kirurgen har færdigopereret mig, og jeg er vågnet for en halv time siden. Det føles lidt mærkeligt, men jeg har ikke mærket noget under operationen. Det hele er foregået under fuld bedøvelse. Der har været en sygeplejerske hos mig på opvågningsstuen, som har givet mig lidt yoghurt, og jeg har også drukket lidt æblejuice. Det var en betændt blindtarm, så jeg er glad for, at jeg er blevet opereret. Det har været lidt af en forskrækkelse, men det er dejligt, at det (trods alt) er gået rimeligt hurtigt. Jeg er træt nu, men jeg synes, I skulle vide, hvordan det gik, så I ikke behøver at være bekymrede. Godnat herfra til alle.

1 Hvilke symptomer har Kirsten haft?

_____

2 Hvilke prøver og undersøgelser bruger lægen til at diagnosticere Kirsten?

_____

_____

3 Hvad er Kirstens diagnose?

_____

4 Hvorfor opdaterer Kirsten sin online-profil midt om natten?

_____

L   Complete the sentences with words from the box.

> underlivsundersøgelse – røntgen – blodprøver
>
> opvågningsstue – venteværelset – bedøvelse

1   Efter man er blevet opereret, kommer man på en _____.
2   Læger kan tage _____, for at se om man har en infektion.
3   _____ er en undersøgelse eller behandling ved hjælp af stråler.
4   På en lægeklinik må man sidde i _____, før det bliver ens tur.
5   Man bliver opereret for nyresten under fuld _____.
6   En _____ er det samme som en gynækologisk undersøgelse.

M   These examples of the perfect tense all occur in the text. Write their infinitives in the table.

| | Perfect tense | Infinitive |
|---|---|---|
| 1 | har fået | |
| 2 | har taget | |
| 3 | har konsulteret | |
| 4 | har været | |
| 5 | har opereret | |
| 6 | er kørt | |
| 7 | har hørt | |
| 8 | har drukket | |
| 9 | har skrevet | |
| 10 | har haft | |

# ✎ Writing

N   Write Kirsten's social media update (75–100 words) from the morning after the operation. Include information about how she is feeling now and what she has been doing. You should mainly write in the perfect tense. These questions may help you to structure your update:

▶   Hvordan har Kirsten det nu?
▶   Har hun snakket med lægen eller sygeplejersken? Hvad har de sagt?
▶   Hvad har hun spist?

_____

_____

_____

_____

_____

_____

_____

_____

# Self-check

**Tick the box which matches your level of confidence.**

1 = very confident      2 = need more practice      3 = not confident

**Sæt kryds i skemaet for at vise, hvor sikker du føler dig.**

1 = meget sikker      2 = har brug for mere øvelse      3 = usikker

| | 1 | 2 | 3 |
|---|---|---|---|
| Recognize and use the perfect tense. | | | |
| Form the perfect tense of regular verbs. | | | |
| Form the perfect tense of irregular verbs. | | | |
| Can understand texts that consist mainly of high frequency everyday or job-related language. (CEFR B1) | | | |
| Can connect phrases in a simple way in order to describe experiences and events. (CEFR B1) | | | |

# 7 Et par sorte leggings med sølvfarvede prikker

## A pair of black leggings with silver dots

**In this unit you will learn how to:**

✓ Use adjectives with the correct inflections according to gender and number.

✓ Use definite forms of adjectives.

✓ Refer to objects using demonstratives.

**CEFR:** Can understand the description of events and feelings in personal letters (B1); Can write accounts of experiences, describing feelings or reactions in simple connected text (B1).

| **A noun phrase** |
|---|
| (article +) adjective + noun |

| Singular | | Plural | |
|---|---|---|---|
| **Indefinite**<br>en **gul** trøje<br>et **gult** bælte | **Definite**<br>den **gule** trøje<br>det **gule** bælte | **Indefinite**<br>**gule** trøjer<br>**gule** bælter | **Definite**<br>de **gule** trøjer<br>de **gule** bælter |

## Meaning and usage

### Adjectives

1 Adjectives are words used to describe attributes, qualities or characteristics, or to classify things or concepts. They are often used in front of nouns.

**Har du en rød trøje?** (*Have you got a red jumper?*)

**Han har virkelig brug for et nyt halstørklæde.** (*He really needs a new scarf.*)

**Hvad synes du om slidte cowboybukser?** (*What do you think of worn-out jeans?*)

2   Adjectives can also be used after verbs to refer back to nouns or pronouns.

**Din trøje er <u>rød</u>.** (*Your jumper is red.*)

**Det halstørklæde er <u>fint</u>.** (*That scarf is nice.*)

**De her cowboybukser er <u>slidte</u>.** (*These jeans are worn out.*)

 **A  Identify the adjectives in these sentences.**

1   Hvad synes du om min gamle jakke?
2   Der ligger en fin tøjbutik på gågaden.
3   De store indkøbscentre i København er fantastiske.
4   Min mors striktrøje er varm og dejlig.
5   Han bliver stresset og irriteret, når han skal shoppe med sin kæreste.
6   Hun har mange forskellige sommerkjoler.

 *Note that* **tøj** *is singular and uncountable, whereas* clothes *is plural. Accordingly, if you want to talk about many items of clothing, you will need to say* **meget tøj***, and, for* my clothes, **mit tøj**. *The noun* **klæder** (*also* clothes), *known from Hans Christian Andersen's tale* »**Kejserens nye klæder**« (The Emperor's New Clothes), *is archaic and very rarely used as a noun. It is, however, still used in verbal constructions, such as* **at klæde** (to suit/look good on), **at klæde sig på** (to get dressed), **at klæde om** (to change clothes) *and* **at klæde sig ud** (to dress up in fancy dress).

# How to form adjectives

1   When using adjectives as part of a noun phrase, the normal word order is for the adjective to go before the noun, just as in English.

**en gul kjole** (*a yellow dress*)

**et stort armbånd** (*a big bracelet*)

**grønne strømper** (*green socks*)

2   The form of an adjective changes (inflects) according to what is being described. There are three factors you will need to check: the gender (common or neuter), the number (singular or plural) and whether the adjective is part of a definite or indefinite noun phrase.

 **B  Read these sentences using the adjective gul. Identify the basic rules for how to form adjectives in Danish.**

1   Jeg har en gul trøje og en gul kjole i mit skab.
2   Jeg har også et gult bælte og et gult slips.
3   Jeg har mange gule ting – Ja, jeg har faktisk meget gult tøj!
4   Jeg har bare aldrig haft den gule kjole eller det gule bælte på.
5   Min gule trøje bruger jeg derimod hele tiden.

**3** Regular adjective agreement is as follows:

| | Singular | | Plural |
|---|---|---|---|
| | **Common** | **Neuter** | **Common and neuter** |
| **Indefinite** | - | -t | -e |
| | en **rød** støvle | et **rødt** smykke | **røde** støvler<br>**røde** smykker |
| **Definite** | -e | -e | -e |
| | den **røde** støvle | det **røde** smykke | de **røde** støvler<br>de **røde** smykker |

**4** There are some exceptions to be aware of, for instance:

**a** Some adjectives have only one form, including most adjectives ending in -**e**, many adjectives ending in a vowel, and some adjectives ending in -**s**.

**moderne – moderne – moderne** (*modern*)

**tilsvarende – tilsvarende – tilsvarende** (*corresponding*)

**ekstra – ekstra – ekstra** (*extra*)

**gammeldags – gammeldags – gammeldags** (*old-fashioned*)

but: **ny – nyt – nye** (*new*) and **lys – lyst – lyse** (*bright*)

**b** Adjectives ending in -**å** have no plural ending.

**blå – blåt – blå** (*blue*)

**grå – gråt – grå** (*grey*)

**skrå – skråt – skrå** (*slanted/sloping*)

**c** Some adjectives have no neuter ending. This group comprises adjectives already ending in -**t**, most adjectives ending in -**(i)sk** (including loan words where English uses the ending -*ic* or -*ical* and adjectives describing national or geographical belonging), and a few, but common, adjectives ending in -**d**.

**kort – kort – korte** (*short*)

**elektrisk – elektrisk – elektriske** (*electrical*)

**amerikansk – amerikansk – amerikanske** (*American*)

**glad – glad – glade** (*happy*)

**fremmed – fremmed – fremmede** (*foreign*)

**d** Adjectives ending in **-et** (including those derived from past participles) have no neuter ending, and their plural and definite forms end in **-ede**.

**snavset – snavset – snavsede** (*dirty*)

**elsket – elsket – elskede** (*loved*)

**hjemmelavet – hjemmelavet – hjemmelavede** (*homemade*)

**e** Adjectives ending in **-el**, **-en** and **-er** lose the **e** before the consonants (**l**, **n** and **r**) in the plural and definite forms.

**simpel – simpelt – simple** (*simple*)

**ulden – uldent – uldne** (*woollen*)

**mager – magert – magre** (*lean, thin*)

Adjectives in this group with a double consonant lose one consonant as well as the **e**.

**gammel – gammelt – gamle** (*old*)

**lækker – lækkert – lækre** (*nice [of good quality]*)

**f** Adjectives ending in a single short and stressed consonant double the consonant in the definite and plural forms.

**grim – grimt – grimme** (*ugly*)

**let – let – lette** (*light [weight]*)

**smuk – smukt – smukke** (*beautiful*)

**g** A few adjectives ending in **-v** change the consonant to **f** in the neuter form.

**grov – groft – grove** (*coarse/rough*)

**stiv – stift – stive** (*stiff*)

**C** Complete the sentences with the correct forms of the adjectives given in brackets.

1 Har du fået en _____ (ny) nederdel?
2 Han har et _____ (grøn) slips.
3 Hun har købt en skuldertaske med et _____ (norsk) flag på.
4 Jeg har fundet nogle _____ (billig) sko på tilbud.
5 Han har kun et par _____ (gammel) vanter.
6 Kan du bedst lide mine _____ (rød) eller _____ (blå) briller?
7 T-shirten er lavet af noget _____ (grov) stof.
8 Dine strømper er _____ (grim).

# Definite adjectives

1 The definite form of adjectives is the same as the plural form. It is used when the adjective is part of a definite noun phrase.

**Hvad synes du om <u>den nye nederdel</u>?** (*What do you think of the new skirt?*)

**<u>Det ensfarvede sjal</u> ser godt ud.** (*The single-coloured shawl looks good.*)

**Han har taget <u>de stramme bukser</u> på.** (*He has put on the tight trousers.*)

The definite form is not used when the adjective is not an immediate part of the definite construction. In those cases, adjectives still use the indefinite endings according to gender and number.

**Sjalet er <u>ensfarvet</u>.** (*The shawl is single-coloured.*)

**Nederdelen er <u>ny</u>.** (*The skirt is new.*)

**Bukserne er <u>stramme</u>.** (*The trousers are tight.*)

2   The definite form is also used after proper nouns or nouns with the possessive ending (**-s**), possessive pronouns and demonstratives.

**<u>Butikkens fantastiske udvalg</u> af tøj er lavet af danske designere.** (*The shop's fantastic range of clothes is made by Danish designers.*)

**Der er et hul i <u>min store lomme</u>.** (*There is a hole in my big pocket.*)

**<u>Denne elegante frakke</u> vil klæde dig.** (*This elegant coat will look good on you.*)

3   The most irregular adjective is **lille** (*little/small*). Not only does it change significantly from its singular forms to the plural, but its singular definite form is also different from the plural.

| | Common | Neuter | Plural |
|---|---|---|---|
| **Indefinite** | en **lille** lomme | et **lille** forklæde | **små** lommer<br>**små** forklæder |
| **Definite** | den **lille** lomme | det **lille** forklæde | de **små** lommer<br>de **små** forklæder |

4   Another common irregular adjective is **egen** (**eget/egne**) (*own*), which only occurs without the indefinite article, after possessive pronouns or after proper nouns and nouns with the possessive ending. The singular definite forms are the same as the singular indefinite forms.

**Han har sit <u>eget</u> firma.** (*He has his own company.*)

**Nej, jeg har ikke lejet den. Det er min <u>egen</u> kjole.** (*No, I haven't hired it. It's my own dress.*)

**Peters <u>egne</u> bukser er blevet våde, så han kan låne mine.** (*Peter's own trousers got wet, so he can borrow mine.*)

5   The adjective **hel** (**helt/hele**) (*whole*) follows the general rules for the indefinite forms.

**en hel hylde med trøjer** (*a whole shelf of jumpers*)

**et helt skab med tøj** (*a whole wardrobe of clothes*)

**hele butikker med sko** (*whole shops of shoes*)

In definite noun phrases, when the normal rules are applied, the meaning however becomes very specific: **den hele hylde** (*the whole shelf [i.e. not the broken one]*). Very frequently the noun phrase is constructed in – for Danish – an unusual way with the end article added to the (singular) noun.

Hun er hele tiden på udkig efter nye sko. (*She is all the time looking for new shoes.*)

Supermarkedet har gode tilbud hele året rundt. (*The supermarket has good offers all year round.*)

D   **Complete the text with the correct form of lille and egen.**

Thomas og Ida er flyttet i deres _____ (**1**, egen) lejlighed. Den er _____ (**2**, lille), men den har _____ (**3**, egen) bad og _____ (**4**, egen) køkken. Bygningen, som lejligheden ligger i, er gammel og har _____ (**5**, lille) vinduer. Det, som Thomas og Ida bedst kan lide, er det _____ (**6**, lille) æbletræ, som står i gården. De glæder sig til at kunne bage deres _____ (**7**, egen) æblekager, når det bliver efterår. Det _____ (**8**, lille) køkken kommer til at dufte dejligt.

# Meaning and usage

## Demonstratives

1   Demonstratives are useful for identifying objects. In Danish, there are two sets of demonstratives: one set is used to refer to objects close to hand (like *this* and *these* in English), while the other is used to refer to objects at a greater distance from the speaker (like *that* and *those* in English).

Jeg bryder mig ikke om <u>denne</u> hat. (*I do not like this hat.*)

<u>Dette</u> bælte er på mode. (*This belt is in fashion.*)

<u>Disse</u> knapper er lidt misfarvede. (*These buttons are a bit discoloured.*)

Tager du <u>den</u> smoking på til festen? (*Will you wear that dinner suit for the party?*)

<u>Det</u> ur er vildt sejt! (*That watch is totally awesome!*)

<u>De</u> strømpebukser har jeg aldrig haft på. (*Those tights I have never worn.*)

2   Very frequently in everyday colloquial language, the demonstrative pronouns are replaced by **den** (**det/de**) + **her** to refer to nearby objects and **den** (**det/de**) + **der** to refer to objects that are further away.

Vil du prøve <u>de her</u> sko eller <u>de der</u> støvler, vi så på Strøget? (*Would you like to try these shoes or those boots we saw on Strøget?*)

**Strøget** *is a pedestrian shopping area* (**gågade**) *in Copenhagen. With its 1.1 kilometres, it is one of the longest pedestrian shopping streets in Europe and a popular tourist attraction. The introduction of this car-free shopping area in 1962 has set standards for city planning focusing on pedestrians and cyclists globally. Some of the most famous Danish and international brands have their shops on this street, alongside souvenir shops, cafés and fast food outlets.*

# How to form demonstratives

1 When a demonstrative is used in combination with a noun, the indefinite form of the noun is used:

| | Common | Neuter | Plural |
|---|---|---|---|
| | denne/den (her) | dette/det (her) | disse/de (her) |
| **Close to hand** (*this/these*) | denne kjole<br>den (her) kjole | dette tørklæde<br>det (her) tørklæde | disse kjoler<br>disse tørklæder<br>de (her) kjoler<br>de (her) tørklæder |
| | den (der) | det (der) | de (der) |
| **Further away** (*that/those*) | den (der) kjole | det (der) tørklæde | de (der) kjoler<br>de (der) tørklæder |

2 Demonstratives can also be used on their own to stand in for a noun. They still have to agree with the gender or number of the object they are replacing. In colloquial Danish, they are commonly followed by **her** and **der**.

**Denne nederdel synes jeg er for gammeldags, men <u>den der</u> er pragtfuld.** (*I think this skirt is too old-fashioned, but that one is wonderful.*)

**De her bukser er lidt stramme. Må jeg prøve <u>de der</u>?** (*These trousers are a bit tight. May I try those?*)

3 Demonstratives in combination with nouns are often used before a non-defining relative clause.

**Jeg har fået <u>den her jakke</u>, som jeg gerne vil bytte.** (*I've been given this jacket, which I would like to exchange.*)

**Husk at aflevere <u>de øreringe</u>, som jeg lånte dig.** (*Remember to give back those earrings I loaned you.*)

 *Demonstrative constructions can also include adjectives; in which case the adjective takes the definite form. This means that, for example, **det årlige udsalg** can mean either the annual sale or that annual sale, depending on the context. In spoken language, you can hear when the demonstrative pronoun is used as it will be stressed.*

E **Complete the sentences with the correct forms of the demonstratives and adjectives.**

1 Han vil ikke købe _____ (den/det/de – rød) strømper. I stedet
vil han gerne købe _____ (denne/dette/disse – blå).

2 Hvilken størrelse var _____ (den/det/de – svensk) trøje,
som du prøvede i går? Var det _____ (den/det/de – lille) eller _____
(den/det/de – stor)?

3   Skal vi gå ind i _____ (den/det/de – ny) supermarked,
    som åbnede i sidste uge? Der kommer hele tiden nye butikker i _____
    (denne/dette/disse – skøn) by.

4   Så du det? Jeg tror, der var en, som tog den sidste af _____
    (den/det/de – lilla) kjoler derovre. Det var godt, at det ikke var en af _____
    (den/det/de – sort) i det andet hjørne, fordi dem er jeg lidt lun på.

# Vocabulary

F   **Match the bold Danish adjectives (and their complementary prepositions) with the English.**

| | | | |
|---|---|---|---|
| 1 | Jeg er **irriteret på** ekspedienten. | a | disappointed with |
| 2 | Jeg er **tilfreds med** min nye jakke. | b | excited about |
| 3 | Jeg er **rasende over** butikkens attitude. | c | furious at |
| 4 | Jeg er **vild med** denne bluse. | d | keen on |
| 5 | Jeg er **skuffet over** mine dyre briller. | e | interested in |
| 6 | Jeg er **interesseret i** denne kjole. | f | sorry (regretful) about |
| 7 | Jeg er **ked af** denne situation. | g | satisfied with |
| 8 | Jeg er **glad for** min gamle trøje. | h | happy with |
| 9 | Jeg er **lun på** de der bukser. | i | annoyed at/with |
| 10 | Jeg er **spændt på** at se den nye butik. | j | crazy about |

*Adjectives expressing personal feelings which are derived from past participles focus on the (emotional, physical) state a person is in. They sometimes have a counterpart derived from the present participle, describing how something or someone affects the person's state. Examples include **irriteret/irriterende** (annoyed/annoying) and **spændt/spændende** (excited/exciting). Others have their own forms, e.g. **interesseret/interessant** (interested/interesting) and **rolig/ beroligende** (calm/calming).*

G   **Complete the sentences with the correct forms of the appropriate adjectives from the examples in F to describe the writer's feelings. Sometimes you will also need to insert a preposition.**

Jonas er _____ (1), fordi det er juleaften I aften. Han har ønsket sig en masse ting, og han håber, at han ikke bliver _____ (2). Hans to søstre elsker LEGO™. Ja, de er faktisk helt _____ (3) LEGO™! Jonas har købt en stor æske til hver af dem. Han tror, at de vil blive _____ (4) dem. Han er _____ (5), at han ikke har købt en gave til sin mormor. Men hun kommer først senere på ugen, så han nå det i juledagene. Om aftenen bliver alle i familien _____ (6) deres julegaver. De har fået lige det, de ønskede sig.

 **Reading**

H   Helle is going to a wedding and has bought an expensive set of clothes for the occasion. However, when she tries on the clothes at home, she is not happy. Read her email to the shop's customer service department. Then answer the question.

Hvorfor vil Helle gerne have et hurtigt svar fra kundeservice?

_____

_____

| Til: | kundeservice@detfestligeklaedeskab.dk |
|------|----------------------------------------|
| Fra: | helle.irrieret_kunde@danmark.dk |
| Emne: | Klage over tøjkøb |

Kære kundeservice

I jeres butik *Det festlige klædeskab* på Strøget har jeg for nylig købt et dyrt sæt tøj, som jeg skulle have på til min venindes store bryllupsfest om to uger. Sættet består af en grøn kjole med lange ærmer, en kort sort jakke og et par sorte leggings med små sølvfarvede prikker. Jeg var meget entusiastisk, da jeg købte det, men blev temmelig skuffet, da jeg kom hjem og prøvede det på igen. Jeg vil derfor gerne klage over købet. Jeg ville blive glad, hvis I hurtigst muligt kunne fortælle mig, hvordan jeg kan bytte tøjet. Der er ikke længe til, at jeg skal til fest, og derfor vil jeg gerne finde en løsning meget snart.

Med venlig hilsen og på forhånd tak

Helle

**Read the following exchange of emails, and answer the questions.**

Til: helle.irrieret_kunde@danmark.dk

Fra: kundeservice@detfestligeklaedeskab.dk

Emne: Re: Klage over tøjkøb

Kære Helle

Tak for din e-mail. Vi er selvfølgelig meget kede af at høre, at du ikke er tilfreds med det tøj, som du har købt hos os. Vi bytter det naturligvis gerne, og du er også velkommen til at få pengene retur. Vi sætter høj pris på tilfredse kunder og ville blive meget glade, hvis du ville fortælle os præcist, hvorfor du er utilfreds med dit tøjkøb. Vi vil så bedre kunne undgå en tilsvarende situation i fremtiden. Hvis du gerne vil bytte til noget andet tøj – og hvis det er besværligt for dig at besøge vores butik – sender vi gerne tingene til dig med posten. Du kan finde alt vores dejlige tøj på vores hjemmeside. Hvis du sender det gamle tøj retur, kan jeg give dig en speciel kode, som du kan bruge, når du bestiller online.

Med venlig hilsen

Sanne fra *Det festlige klædeskab*

---

Til: kundeservice@detfestligeklaedeskab.dk

Fra: helle.irrieret_kunde@danmark.dk

Emne: Re: Klage over tøjkøb

Kære Sanne

Tak for dit hurtige svar. Selvfølgelig vil jeg gerne fortælle, hvorfor jeg er utilfreds. Da jeg prøvede tøjet derhjemme, opdagede jeg, at der var en misfarvning på kjolens ene ærme, og da jeg tog leggingsene på, var der et stort hul bagpå det ene ben. Desuden mangler jakken en lille knap foran.

Jeg har kigget på jeres flotte hjemmeside og vil gerne bestille en ny grøn kjole, men den med korte ærmer. Jeg vil gerne have de samme leggings, men uden det der irriterende hul. Jeg er også blevet lun på en meget elegant sølvgrå jakke, som kan passe sammen med den grønne kjole.

Jeg sender det gamle tøj med posten i dag og håber, at jeg får den lovede kode snart.

Mange tak for hjælpen.

Helle

| **en løsning** | *solution* |
| **at sætte pris (på)** | *to value (literally: to put a price on something/someone)* |

1   Hvilket tøj har Helle købt – og hvor har hun købt det?

_____

_____

2   Hvordan kan Helle bytte tøjet?

_____

_____

3   Hvorfor er Helle ikke tilfreds med sit nye tøj?

_____

_____

4   Hvilket nyt tøj vil Helle gerne have, og hvordan har hun fundet det?

_____

_____

# Writing

K   **Write an email to a shop complaining about some clothes you have bought (100–125 words). Try to use as many adjectives and demonstratives as possible. Here are some ideas for you to include in your text:**

▶   Hvor og hvornår købte du tøjet?
▶   Hvilken slags tøj er det?
▶   Hvilken farve er det?
▶   Hvad kan du lide/ikke lide ved tøjet?
▶   Hvorfor vil du klage over det?

_____

_____

_____

_____

_____

_____

_____

# Self-check

**Tick the box which matches your level of confidence.**

    1 = very confident       2 = need more practice       3 = not confident

**Sæt kryds i skemaet for at vise, hvor sikker du føler dig.**

    1 = meget sikker       2 = har brug for mere øvelse       3 = usikker

| | 1 | 2 | 3 |
|---|---|---|---|
| Use adjectives with the correct inflections according to gender and number. | | | |
| Use definite forms of adjectives. | | | |
| Refer to objects using demonstratives. | | | |
| Can understand the description of events and feelings in personal letters. (CEFR B1) | | | |
| Can write accounts of experiences, describing feelings or reactions in simple connected text. (CEFR B1) | | | |

# 8 Stemmer du blankt, eller er du bare sofavælger?

### Do you spoil your vote or do you just stay at home?

In this unit you will learn how to:

✔ Recognize different kinds of adverbs and adverbials.

✔ Use adverbs of location and motion.

✔ Form adverbs from adjectives.

CEFR: Can read using appropriate reference sources selectively (B2); Can write clear, detailed descriptions of real or imaginary events and experiences marking the relationship between ideas in clear connected text (B2).

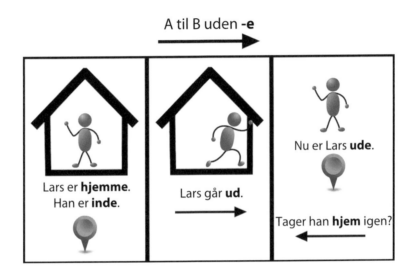

## Meaning and usage

### Adverbs

1  Adverbs modify meaning or provide descriptive information. While adjectives typically modify a noun, <u>adverbs</u> may be used to modify, for instance:

<u>Verbs:</u>

**Regeringen konstituerede sig hurtigt.** (*The government was put together quickly.*)

Adjectives:

**Det er <u>meget</u> interessant, at han blev udnævnt til indenrigsminister.** (*It was very interesting that he was appointed as the Minister of the Interior [Home Secretary].*)

Other adverbs:

**Valget blev udskrevet <u>alt for</u> tidligt.** (*The election was announced far too early.*)

Whole clauses or sentences:

**Politikere har <u>altid</u> pligt til at gøre deres bedste.** (*Politicians are always obliged to do their best.*)

**Kvinder fik <u>ikke</u> stemmeret til folketingsvalg før 1915.** (*Women did not get the right to vote in parliamentary elections until 1915.*)

2   Some **adverbs** may also play a role in placing emphasis on, for example, nouns or pronouns.

**I USA er det <u>kun</u> mænd, som er blevet valgt til præsident.** (*In the USA, it has only been men who have been elected president.*)

**<u>Særligt</u> han burde kunne gøre det.** (*He, especially, ought to be able to do it.*)

**A   Find the adverbs in these sentences.**

1   Tiden går hurtigt.
2   Han ville aldrig blive sofavælger.
3   Hun vil gerne have en højere løn.
4   EU-borgere, som bor i Danmark, kan ikke stille op til folketingsvalg.
5   Han har kun tid til at tage til ét vælgermøde.

3   There are different types of adverbs with different semantic functions, including:

| Time | Place | Manner | Degree | Modification |
|---|---|---|---|---|
| aldrig | bort | anderledes | for | bare |
| altid | der | dårligt | ganske | forresten |
| da | her | godt | helt | ikke |
| længe | hjem | hurtigt | lidt | måske |
| nu | hjemme | højt | meget | næppe |
| ofte | nær | langsomt | næsten | også |
| sjældent | tilbage | pænt | ret | sandsynligvis |
| så | væk | sådan | temmelig | sikkert |

*You may notice that some of these examples of adverbs are also forms of various adjectives. This is because many adverbs are formed from adjectives. Adverbs can also be formed from past and present participles.*

4 Adverbs are a word group (like adjectives, nouns, etc.). The grammatical function (like subjects, objects, etc.), however, is called an adverbial. Alongside adverbs, other types of words or groups of words (e.g. a preposition and a noun) or subordinate clauses can be used adverbially too. They may indicate when, where, or how something happened.

**Helle Thorning-Schmidt blev Danmarks første kvindelige statsminister i 2011.** (*Helle Thorning-Schmidt became Denmark's first female prime minister in 2011.*)

**De mødte hinanden under valgkampen.** (*They met each other during the election campaign.*)

**Hun talte med stor entusiasme.** (*She spoke with great enthusiasm.*)

**Han blev stolt, da hans parti blev stemt ind i Folketinget.** (*He was proud when his party was elected to parliament.*)

5 Some short adverbs are used in an unstressed position to express different degrees of certainty, doubt, caution, irritation or courtesy. Several of them have other uses too (e.g. **da** and **nok**), but when used in this particular way, they can be called modal particles.

| Adverb | Use (as modal particle) | Examples |
|---|---|---|
| da | Generally used to indicate that something is evident. This sometimes expresses a bit of impatience or insistence. | **Alle skal da have lov til at stemme.** (*Everybody should surely have the right to vote.*) **Det kan da ikke være rigtigt.** (*This surely can't be right.*) |
| jo | Often used to show either that what is being said is true, and everybody knows it, or that the listener should really know it. Other times it might be used to indicate surprise. | **Penge er jo ikke alt.** (*Money isn't everything [as we all know].*) **Det er jo hans fødselsdag i dag.** (*It is his birthday today [as you should remember].*) **Du er jo helt gennemblødt!** (*You are completely soaked [slightly to my surprise].*) |
| nok | Frequently used to show that the speaker assumes something to be true but might not be sure. Other times it may be used to express an admission. | **De kommer nok i morgen.** (*They'll probably be here tomorrow. [At least, I hope so. . .]*) **Det skal nok gå i orden.** (*It'll work out all right. [Don't you worry!]*) **Jeg har nok altid gerne ville se hende som statsminister.** (*I have always wanted to see her as prime minister. [admittedly]*) |
| sikkert | This word translates as *certainly* or *probably*. | **Der bliver sikkert udskrevet valg til foråret.** (*An election will probably be announced in the spring. [But I could be wrong. . .]*) |
| vel | Often used hoping that something is true (although it may be uncertain), or supposing that something might be true, and to ask the listener for confirmation. | **Der er vel mange kvindelige borgmestre i Danmark?** (*Surely there are many female mayors in Denmark?*) **Han kan vel selv lave mad.** (*Surely he can cook on his own.*) |
| vist | Used to indicate that the speaker regards something as probable, perhaps based on evidence, memory or hearsay. | **Peter er vist ikke på arbejde i dag.** (*Peter is not at work today. [Since I haven't seen him, there is no light in his office, or because somebody else told me, etc.]*) |

*The exact meaning of these modal particles is very subtle, and they are often extremely difficult to translate. Try to listen for them actively when you hear Danish spoken or look out for them when you are reading, and then try to incorporate them into your own language. Mastering them will make your Danish sound more idiomatically fluent.*

6   Some adverbials can be used to link sentences or statements. As they can be used to make transitions, they are extremely useful when building an argument, constructing a logical train of thought, or telling a story.

**Der er flere hjemløse nu. <u>Derfor</u> er der brug for flere varmestuer.** (*There are more homeless people now. <u>That is why</u> there is a need for more soup kitchens.*)

**Selvom de aldrig var enige i politik, stemte de <u>alligevel</u> på det samme parti.** (*Even though they never agreed in politics, they <u>still</u> voted for the same party.*)

**<u>Først</u> lavede han mad. <u>Bagefter</u> læste han avis. <u>Så</u> gik han i seng.** (*<u>First</u> he cooked. <u>Afterwards</u> he read the paper. <u>Then</u> he went to bed.*)

# How to form adverbs

1   Many adverbs have the same form as the neuter form of the adjective. Irregular adjectives also have irregular adverbs according to the same rules.

| Common adjective | Neuter adjective | Plural adjective | Adverb |
|---|---|---|---|
| god | godt | gode | godt |
| høj | højt | høje | højt |
| speciel | specielt | specielle | specielt |
| tydelig | tydeligt | tydelige | tydeligt |

B   **Form adverbs from these adjectives.**

1   normal   _____
2   dårlig   _____
3   lang   _____
4   mild   _____
5   smuk   _____
6   nysgerrig   _____
7   ond   _____
8   pæn   _____
9   relativ   _____
10   formel   _____

2    Adverbs formed from adjectives can also have comparative and superlative forms.

**Offentlig transport fungerede dårligere i København, før metroen kom.** (*Public transport worked less well [worse] in Copenhagen before the metro was introduced.*)

**De fik deres vilje, fordi de råbte højest.** (*They got their way because they yelled loudest.*)

Some adverbs formed from adjectives and all adverbs formed from past and present participles use **mere** (*more*) and **mest** (*most*) to generate comparative and superlative adverbials.

**Hun talte mere vulgært, end han gjorde.** (*She spoke more vulgarly than he did.*)

**Han var den af kandidaterne, der argumenterede mest overbevisende.** (*He was the candidate who made his case the most convincingly.*)

3    Some adverbs formed from adjectives take suffixes such as **-vis** when forming adverbs. These never end in **-t**.

| | | |
|---|---|---|
| **fornuftig + vis** | → | **fornuftigvis** (*reasonably*) |
| **heldig + vis** | → | **heldigvis** (*luckily*) |
| **naturlig + vis** | → | **naturligvis** (*of course/naturally*) |

4    Some adverbs to do with place tell us whether the action described is in a static location or involves movement. The adverbs of location (also known as stative adverbs) are most commonly used with the verb **at være** (*to be*) or other verbs describing a stationary position, such as **at sidde** (*to sit*) or **at ligge** (*to lie*). Adverbs of motion (also commonly referred to as dynamic or directional adverbs) are normally used with verbs indicating movement, such as **at gå** (*to walk*), **at tage** (*to go*) or **at løbe** (*to run*).

Adverb of location:

**Er du hjemme i aften?** (*Will you be at home tonight?*)

Adverb of motion:

**Hvornår tager du hjem?** (*When are you going home?*)

| Location (stationary) | Motion (dynamic) |
|---|---|
| **borte** (*away*) | **bort** (*away*) |
| **fremme** (*there/in front*) | **frem** (*forward*) |
| **henne** | **hen** |
| **hjemme** (*at home*) | **hjem** (*home*) |
| **inde** (*in/inside*) | **ind** (*in/into/inside*) |
| **nede** (*down*) | **ned** (*down*) |
| **omme** (*over*) | **om** (*over*) |
| **oppe** (*up*) | **op** (*up*) |
| **ovre** (*over*) | **over** (*over*) |
| **ude** (*out/outside*) | **ud** (*out/outside*) |

There are other adverbs of location or motion that only have one form, e.g. **tilbage** (*back*) or **væk** (*away*).

**C** Identify the forms of the adverbs of location in the box.

 **Henne** *and* **hen** *do not have adverbial equivalents in English.* **Hen** *describes a horizontal direction or movement towards a place which is located near the starting point, e.g.* **Hun gik hen på sin plads** (She went [over] to her seat), *whereas* **henne** *describes a location which is relatively close to the location of the speaker, e.g.* **Hun stod henne ved døren** (She stood [over] by the door). *As such, they can be seen as a horizontal addition to the vertical* **op** (**oppe**) *and* **ned** (**nede**). *Frequently they are used with modal verbs to express some kind of purpose:* **Hvor skal du hen?** (Where are you going?).

**D** Complete the sentences with the correct adverb of motion or location.

1 Jeg er syg og har ligget _____ (hjemme/hjem) hele ugen.
2 Hvornår kommer vi _____ (fremme/frem) til hotellet?
3 Han er _____ (ovre/over) ved naboen.
4 Da jeg gik _____ (ude/ud) af huset, så jeg taxaen holde længere _____ (henne/hen) i gaden.
5 _____ (Oppe/Op) i Norge, der boede tre trolde [children's song].
6 Hvor skal I _____ (henne/hen) på sommerferie i år?

 **E** Examine the word order in these sentences. Then identify the main rule for placing clausal adverbs in main clauses and subordinate clauses.

1 Hun sagde <u>altid</u>, at han <u>aldrig</u> ville stemme konservativt.
2 Han syntes <u>alligevel</u>, at der <u>ikke</u> var nok kage.
3 Boris kunne <u>imidlertid</u> se, at det <u>måske</u> ville ende i kaos.

 *A so-called 'clausal adverb' or 'sentence adverb' is one that affects the meaning of the whole clause it is used in.*

**F** Insert the given clausal adverbs in the correct position in each sentence. In some cases, there may be more than one right answer, but try not to move any of the other words.

1 Demokrati er en ret. (ikke bare) Det er en pligt. (også)

_____

2 Grundloven bør gælde. (altid)

_____

3 Den politiske situation vil ændre sig i fremtiden. (sikkert)

_____

4 Der er mange, som stemmer til kommunalvalg. (stadigvæk ikke)

_____

# Vocabulary

G  Match the descriptions with the name of the correct political party. Use the internet to search for information about the parties.

> Socialistisk Folkeparti (SF) – Radikale Venstre – Nye Borgerlige – Socialdemokratiet –
>
> Enhedslisten – Venstre – Dansk Folkeparti (DF) – Det Konservative Folkeparti

1  Partiet blev stiftet som en del af Den Internationale Arbejderforening i 1871 af blandt andre Louis Pio. Partiet spillede en stor rolle i etableringen af den danske velfærdstat og har arbejdet tæt sammen med fagbevægelsen. Partiets logo er en rød rose.

2  Partiet er liberalistisk. Det blev stiftet i 1870 for at varetage landbrugets og landbobefolkningens interesser og var knyttet til andelsbevægelsen. Partiet går ind for en reduktion af den offentlige sektor, privatisering og en styrkelse af individet fremfor systemet.

3  Partiet hed oprindeligt Højre, men det ændrede navn i 1915. I 1900-tallet bestod partiet hovedsagelig af godsejere, men blev senere til arbejdsgivernes parti. Partiet lægger vægt på traditioner, det nationale og historien.

4  Partiet blev stiftet i 1995 af blandt andre Pia Kjærsgaard. Partiet blev lanceret som et borgerligt parti med stærk fokus på danskhed, en restriktiv udlændingepolitik, modstand mod et multikulturelt samfund og en forbedring af offentlig service for ældre.

5  Partiet, der blev grundlagt i 1905, er et socialliberalt parti, som er imod både kapitalisme og socialisme. Selvom partiet er lille, har det haft stor indflydelse på grund af dets centrale placering i midten, og det har dannet regering med både højre- og venstreorienterede partier.

6  Partiet blev dannet af medlemmer fra Danmarks Kommunistiske Parti i 1959 og placerede sig til venstre for Socialdemokratiet i det politiske spektrum. Partiet vil indføre socialisme via demokrati, og det tog afstand fra Sovjetunionens stalinisme.

7  Partiet blev stiftet i 2015 af Pernille Vermund og Peter Seier Christensen. Partiet bygger på en nationalkonservativ ideologi og går ind for et fuldstændigt stop af asylansøgere i Danmark. Endvidere ønsker partiet, at Danmark bliver meldt ud af EU.

8  Dette socialistiske parti blev dannet i 1989 af forskellige mindre partier på den yderste venstrefløj. Det er det mest venstreorienterede parti i Folketinget, og det går ind for indførelsen af demokratisk socialisme i Danmark og lægger vægt på økologi. Partiet er imod EU, som de mener er en kapitalistisk funderet union.

**H** Match each of the verbs from the descriptions in G with the English. All verbs have been given in the infinitive.

1 at lancere
2 at bygge på
3 at indføre
4 at stifte
5 at lægge vægt på
6 at tage afstand fra
7 at forbedre
8 at gå ind for

a to impose/to introduce
b to enhance
c to distance oneself from
d to be in favour of
e to build on
f to place emphasis on
g to launch
h to found

**I** Complete the paragraph with the appropriate adverbs from the box.

igen – næsten altid – for tiden – bedre – aldrig – betydelig – nogle gange – tilbage – efter

Mine venner Kirsten og Søren stemte _____ (1) på Socialdemokratiet, men _____ (2) satte de også kryds længere til venstre og valgte Socialistisk Folkeparti. _____ (3) mange år på venstrefløjen er deres politiske holdninger blevet _____ (4) mere liberale. _____ (5) synes de, at Det Radikale Venstre passer _____ (6) til deres overbevisning. Jeg tror _____ (7) de kommer til at bevæge sig _____ (8) på venstrefløjen _____ (9).

# 📖 Reading

**J** Read the first paragraph of this online article about the Danish constitution and the history of democracy in Denmark. Then answer the question.

Hvorfor gav kong Frederik 7. ikke demonstranterne modstand?

_____

_____

◀ | ▶   www.dendanskegrundlov.dk

I Europa i midten af 1800-tallet var der mange sociale og politiske revolutioner, der ændrede de europæiske landes styreformer. Det startede i Frankrig, hvor der var voldsomme kampe, og hvor de revolutionære afsatte kong Louis-Philippe og etablerede en republik i februar 1848. Revolutionerne bredte sig op igennem Europa til Danmark, og i marts 1848 gik en stor demonstration af Københavns borgere op til kongens slot. Den danske konge, Frederik 7., blev hurtigt enig med demonstranterne om, at Danmark skulle have en mere demokratisk styreform, for han var bange for at miste tronen helt.

| en styreform | form of government |
| at afsætte | to depose |
| en borger | (here) middle-class citizen, bourgeois |
| at blive enig om noget | to agree about something |
| en trone | throne |

K  Read the rest of the article, and answer the questions.

◄ | ►  **www.dendanskegrundlov.dk**

Kong Frederik 7. underskrev den første danske grundlov d. 5. juni 1849. Dokumentet – som også bliver kaldt for Junigrundloven af 1849 – markerer Danmarks overgang fra enevælde til konstitutionelt monarki. Mange siger, at Danmark blev en demokratisk nationalstat den dag.

Men spørgsmålet er, om det alligevel var så demokratisk; det var nemlig ikke alle danskere, som fik stemmeret. Det var kun mænd over tredive – og som var husejere – der fik lov til at stemme. Kvinder, unge og fattige kunne ikke deltage i valgprocessen. Faktisk var det kun en sjettedel af befolkningen, der fik lov til at stemme til folketingsvalgene i 1849.

Parlamentarismen blev indført i 1901, hvilket i Danmark betød, at regeringen ikke længere kunne have et flertal af Folketinget imod sig. I 1915 fik kvinder og fattige også stemmeret. Nogle argumenterer for, at Danmark først blev demokratisk på dette tidspunkt.

Den danske grundlov, som gælder i dag, stammer fra 1953. Den bygger på grundloven fra 1849, men der er nogle ting, der er blevet ændret. Den nye grundlov gav blandt andet kvinder lov til at blive regent, dvs. dronning, hvis den siddende regent ikke havde nogen sønner. Grønlands status blev også ændret fra koloni til amt.

I Danmark fejrer man grundlovsdag d. 5. juni, og mellem 1891 og 1975 var dagen også en lovbestemt halv fridag. Det er stadigvæk en dag, hvor der bliver holdt offentlige møder med taler af politikere.

| et enevælde | absolute monarchy |
| en husejer | property owner |
| et flertal | majority |
| lovbestemt | statutory |
| et amt | former administrative division (county) |
| offentlig | public |

1   Hvilken styreform fik Danmark, da Frederik 7. underskrev grundloven?

_____

2   Hvorfor er der nogle, som mener, at Danmark først blev demokratisk i 1915?

_____

3   Hvad skete der i 1901?

_____

_____

4   Hvilke ændringer blev der indført i 1953?

_____

> **Folketinget**, *the Danish national parliament, meets in the centre of Copenhagen at* **Christiansborg**, *a castle originally built for the royal family.* **Folketinget** *consists of 179 members, including two members from Greenland and two from the Faroe Islands. The Cabinet,* **regeringen**, *cannot be opposed by a majority of the members. In the post-war period, this has often been achieved by forming alliances outside the government or by having multiple parties in a coalition Cabinet. You can find information about* **Folketinget** *at www.ft.dk.*

# Writing

L   **Write a short article which gives a brief political history of your own country or a country you know. Use adverbs or adverbial constructions to develop the narrative and to make transitions between points (100 words). Think of the following questions to help guide your writing:**

▶   Hvilken styreform har dit land?
▶   Hvornår stammer dit lands grundlov fra?
▶   Hvilke politiske partier har domineret historien?
▶   Hvem er den politiske leder (statsminister eller lignende) nu?

_____

_____

_____

_____

_____

_____

_____

_____

_____

_____

_____

# Self-check

**Tick the box which matches your level of confidence.**

1 = very confident        2 = need more practice        3 = not confident

**Sæt kryds i skemaet for at vise, hvor sikker du føler dig.**

1 = meget sikker        2 = har brug for mere øvelse        3 = usikker

|  | 1 | 2 | 3 |
|---|---|---|---|
| Recognize different kinds of adverbs and adverbials. | | | |
| Use adverbs of location and motion. | | | |
| Form adverbs from adjectives. | | | |
| Can read using appropriate reference sources selectively. (CEFR B2) | | | |
| Can write clear, detailed descriptions of real or imaginary events and experiences marking the relationship between ideas in clear connected text. (CEFR B2) | | | |

# 9 Det bedste i hele verden

## The best thing in the entire world

**In this unit you will learn how to:**

✓ Recognize comparative and superlative forms of adjectives and adverbs.

✓ Form and use comparatives and superlatives.

✓ Form other kinds of comparisons to compare places, people and situations.

CEFR: Can recognize significant points in straightforward magazine articles on familiar subjects (e.g. articles about places) (B1); Can write short, simple essays on topics of interest (e.g. comparing places) (B1).

positive · comparative · superlative

stor · større · **størst**

# Meaning and usage

## Positive, comparative and superlative

1   The basic form of an adjective or adverb is called the positive form. This means it merely states that the property described by the adjective or adverb applies to whatever object, person, action etc. is being described.

Positive adjectives:

**Grønland er et koldt land.** (*Greenland is a <u>cold</u> country.*)

Positive adverbs:

**Grønland ligger <u>langt</u> mod nord.** (*Greenland is <u>far</u> to the north.*)

2 Different forms of most adjectives, and some (but not all) adverbs, can be used for comparisons. The form used to describe a greater degree is called the comparative:

Comparative adjectives:

**Grønland er <u>koldere</u> end Danmark.** (*Greenland is <u>colder</u> than Denmark.*)

Comparative adverbs:

**Grønland ligger <u>længere</u> mod nord end Island.** (*Greenland is <u>further</u> to the north than Iceland.*)

3 The form used to describe the greatest degree is called the superlative.

Superlative adjectives:

**Grønland er verdens <u>koldeste</u> land.** (*Greenland is the world's <u>coldest</u> country.*)

Superlative adverbs:

**Grønland er den del af det danske kongerige, som ligger <u>længst</u> mod nord.** (*Greenland is the part of the Kingdom of Denmark which is <u>furthest</u> to the north.*)

**Kongeriget Danmark** (The Kingdom of Denmark) *comprises Denmark and two constituent countries,* **Færøerne** (the Faroe Islands) *and* **Grønland** (Greenland). *While both these countries in the North Atlantic Ocean are autonomous, they receive subsidies from the Danish state and each has two members in the Danish* **Folketing** (parliament). *Faroese is a West Scandinavian language resembling Icelandic, whereas Greenlandic is an Inuit language.*

**A Identify any comparative or superlative adjectives or adverbs in these sentences about the Danish amusement park Tivoli. Then identify their positive forms.**

1 Da Tivolis Koncertsal åbnede i 1956, var den Nordens største koncertsal.
2 Walt Disney besøgte Tivoli flere gange, fordi han gerne ville kopiere parkens atmosfære i Disneyland.
3 Rutschebanen har et kunstigt vandfald på 22 meter, hvilket er højere end alle andre vandfald i Danmark.
4 Dæmonen kører hurtigere end Rutschebanen.
5 Hvad kan du bedst lide i Tivoli, radiobilerne eller Den flyvende kuffert?
6 Den højeste forlystelse i Tivoli hedder Himmelskibet.
7 Dyrehavsbakken nord for København er den ældste forlystelsespark i verden. Det er den eneste, som er ældre end Tivoli.
8 Tivoli er den turistattraktion med flest besøgende i Danmark.

**B** Based on the examples in A, identify which subordinate conjunction is commonly used for making comparisons.

# How to form the comparative and superlative

1   The regular endings to form comparatives and superlatives are **-ere** and **-est** respectively. Most short (one-syllabic) adjectives use these endings:

| Positive/Basic form | Comparative | Superlative |
|---|---|---|
| **lys** (*light*) | lys**ere** (*lighter*) | lys**est** (*lightest*) |
| **hård** (*hard*) | hård**ere** (*harder*) | hård**est** (*hardest*) |

2   Not all adverbs can be used for comparisons, but some can. Those that can have comparative and superlative forms mostly follow the same general patterns as adjectives.

**Han tog oftere til København, end hun gjorde.** (*He went <u>more often</u> to Copenhagen than she did.*)

**Men jeg var den, som oftest tog til hovedstaden.** (*But I was the one who <u>most often</u> went to the capital.*)

3   Comparatives only have one form (they are not inflected). However, as superlatives are very often used to describe which thing, person or creature from a group is the biggest, smallest, best, worst, etc., you will often see them used as part of definite noun phrases adding an **-e**.

**Gudenåen er den længste å i Danmark.** (*Gudenåen is the <u>longest</u> river in Denmark.*)

**Nogle mener, at dansk er et af de sværeste sprog at udtale.** (*Some say that Danish is one of the most <u>difficult</u> languages to pronounce.*)

Like other adjectives, the definite form of the superlative is also used in possessive constructions.

**Danmark er et af verdens ældste monarkier.** (*Denmark is one of the world's <u>oldest</u> monarchies.*)

**Prins Joachim er Dronning Margrethe II's yngste søn.** (*Prince Joachim is Queen Margrethe II of Denmark's <u>youngest</u> son.*)

4   Many adjectives and adverbs do not have separate comparative and superlative forms, but use **mere** (*more*) and **mest** (*most*) together with the positive form. These include:

**a**   Most longer adjectives.
   **formidabel** (*formidable*) – **mere formidabel** – **mest formidabel**
   **interessant** (*interesting*) – **mere interessant** – **mest interessant**

**b**   Most compound adjectives.
   **børnevenlig** (*child-friendly*) – **mere børnevenlig** – **mest børnevenlig**
   **kortsigtet** (*short-sighted*) – **mere kortsigtet** – **mest kortsigtet**

**c**  Most adjectives ending in **-(i)sk**.

**typisk** (*typical*) – **mere typisk** – **mest typisk**

**etisk** (*ethical*) – **mere etisk** – **mest etisk**

**jysk** (*Jutlandic*) – **mere jysk** – **mest jysk**

*but*: e.g.: **frisk** (*fresh*) – **friskere** – **friskest**

**d**  Adjectives ending in **-ende** (which are originally present participles of verbs).

**spændende** (*exciting*) – **mere spændende** – **mest spændende**

**glimrende** (*excellent*) – **mere glimrende** – **mest glimrende**

**e**  Adjectives ending in **-et**, and all adjectives derived from past participles of verbs (ending in **-et** or **-t**).

**storsindet** (*generous [in spirit]*) – **mere storsindet** – **mest storsindet**

**tosset** (*silly*) – **mere tosset** – **mest tosset**

**forvirret** (*confused*) – **mere forvirret** – **mest forvirret**

**indadvendt** (*introvert*) – **mere indadvendt** – **mest indadvendt**

5   Adjectives ending in **-ig** or **-som** have shorter superlative forms (ending in **-st**).

**farlig** (*dangerous*) – **farligere** – **farligst**

**morsom** (*funny*) – **morsommere** – **morsomst**

**hyppig** (*frequent*) – **hyppigere** – **hyppigst**

6   Most adjectives ending in **-el**, **-en** or **-er** have shortened comparative and superlative forms, losing the **e** before the consonants (**l**, **n**, and **r**).

**simpel** (*simple*) – **simplere** – **simplest**

**doven** (*lazy*) – **dovnere** – **dovnest**

**mager** (*lean/skinny*) – **magrere** – **magrest**

7   Most adjectives ending in a single short and stressed consonant double the final consonant in the comparative and the superlative.

**tør** (*dry*) – **tørrere** – **tørrest**

**slem** (*nasty*) – **slemmere** – **slemmest**

**smuk** (*beautiful*) – **smukkere** – **smukkest**

8   A small number of adjectives and adverbs have irregular comparative and superlative forms. These may involve vowel changes or may be quite different words altogether.

| | |
|---|---|
| **få** (*few*) – **færre** – **færrest** | **lille** (*small*) – **mindre** – **mindst** |
| **dårlig/ond/slem** (*bad*) – **værre** – **værst** | **mange** (*many*) – **flere** – **flest** |
| **gammel** (*old*) – **ældre** – **ældst** | **meget** (*much*) – **mere** – **mest** |
| **gerne** (*gladly*) – **hellere** – **helst** | **stor** (*big*) – **større** – **størst** |
| **god** (*good*) – **bedre** – **bedst** | **ung** (*young*) – **yngre** – **yngst** |
| **lang** (*long*) – **længere** – **længst** | |

Dårlig, ond and **slem** also have regular forms, following the rules set out (e.g. **dårlig –dårligere – dårligst**). The difference between using the regular forms or **værre – værst** is very subtle. Whereas **dårligere – dårligst** can imply that there is less of a good quality, **værre –værst** can imply that there is more of a bad quality.

**Cykelstierne er blevet dårligere.** (*The cycle paths have become worse. [They were good before.]*)

**Trafikken er blevet værre i det indre København.** (*Traffic has become worse in inner Copenhagen. [It was always bad.]*)

> **Lidt** (a little) *and* **meget** (a lot) *are frequently used to quantify comparative adjectives and adverbs, e.g.* **Øresundsbroen er lidt længere end Storebæltsbroen** (The Oresund Bridge is a bit longer than the Great Belt Bridge) *or* **Metroen er meget hurtigere end S-toget** (The Metro is a lot faster than the Copenhagen S-train).

9  A few compound adjectives only use the first part of the adjective to compare.

**tætbefolket** (*densely populated*) – **tættere befolket – tættest befolket**

**tyndtbefolket** (*thinly populated*) – **tyndere befolket – tyndest befolket**

10  Some adverbs (not adjectives) that do not have separate comparative forms may use **længere** (*further*) to create comparatives. They may still have their own superlative forms, which in some cases can be used with **længst** (*furthest*).

**bag** (*behind*) – **længere bag** (*further behind*) – **(længst) bagerst** (*furthest behind*)

**inde** (*inside*) – **længere inde** (*further inside*) – **inderst** or **længst inde** (*furthest inside*)

**ude** (*outside*) – **længere ude** (*further outside*) – **yderst** or **længst ude** (*furthest outside*)

C  Complete the table by giving the reason in one sentence for each person's choice (underlined words). Change the adjective from its basic to its comparative form.

| | Person's choice | Adjective | Reason for decision |
|---|---|---|---|
| Example | Samsø – <u>Ærø</u> | lille | Den er mindre. |
| Person 1 | <u>tog</u> – bus | komfortabel | |
| Person 2 | <u>Gudenåen</u> – Skjern Å | lang | |
| Person 3 | Himmelbjerget – <u>Møllehøj</u> | høj | |
| Person 4 | Zoo – <u>Nationalmuseet</u> | spændende | |
| Person 5 | <u>Island</u> – Færøerne | nordlig | |
| Person 6 | Aarhus – <u>Odense</u> | gammel | |
| Person 7 | <u>Karen Blixen</u> – Peter Høeg | kendt | |
| Person 8 | Budapest – <u>Paris</u> | turistet | |

**D** Complete the sentences about Danish records by changing the adjectives or adverbs in brackets to superlatives.

1 Danmark er det land i verden, som har _____ (mange) grise pr. indbygger.

2 Danmark er det land i verden, hvor der bliver købt _____ (meget) økologisk mad i forhold til befolkningstallet.

3 Verdens _____ (stor) solvarmeanlæg ligger i Vojens i Jylland.

4 Danske elever er dem, som har det _____ (høj) antal timer i et skoleliv ifølge OECD's liste over undervisningstid.

5 Danmark er det land i verden, som har det _____ (lille) antal småbørnsmødre, som ikke er på arbejdsmarkedet.

6 Danmark er det af de nordiske lande, som er _____ (alkoholiseret), hvis man kigger på de unges alkoholforbrug.

7 Indtil 2016 havde Danmark den globale førsteplads som verdens _____ (lykkelig) land.

8 Ifølge OECD har Danmark verdens _____ (god) pensionsopsparing.

# How to form other types of comparison

1 There are other ways of making comparisons that do not require the comparative or superlative forms of adjectives or adverbs, such as **lige så … som** (*as … as*).

**Denne gletsjer er mindst lige så flot som den, vi så i går.** (*This glacier is at least <u>as beautiful as</u> the one we saw yesterday.*)

**Er Shetlandsøerne lige så store som Færøerne? Ja, de er faktisk større.** (*Are the Shetland Islands <u>as large as</u> the Faroe Islands? Yes, in fact they are larger.*)

2 To make negative comparisons, **ikke (lige) så … som** (*not as … as*) can be used.

**Fyn er ikke (lige) så stor som Sjælland.** (*Funen is <u>not as large as</u> Zealand.*)

**Danskere udtaler ikke ordene (lige) så tydeligt som svenskere.** (*Danes do not pronounce words <u>as clearly as</u> Swedes.*)

**E** Complete the sentences to make comparisons, using **lige så** or **ikke (lige) så**, plus the correct form of the given adjective or adverb.

1 Himmelbjerget er 147 meter højt, mens Danmarks højeste punkt, Møllehøj, er 170 meter højt. Himmelbjerget er altså _____ (høj) som Møllehøj.

2 Der bor ca. 175.000 indbyggere i Odense. Aarhus har et indbyggertal på ca. 269.000. Odense er altså _____ (stor) som Aarhus.

3 Det dybeste punkt i Kattegat er 145 meter, hvorimod Skagerrak er over 700 meter på det dybeste sted. Kattegat er derfor _____ (dyb) som Skagerrak.

4 I dag er der minus syv grader i Nuuk, og det er der også i Sisimiut. Det er _____ (kold) i Sisimiut som i Nuuk.

5 Der er ca. 175 kilometer fra Aarhus til Skagen. Fra Aarhus til Nyborg på Fyn er der 173 kilometer. Dermed er der næsten _____ (lang) fra Aarhus til Nyborg, som der er fra Aarhus til Skagen.

# Vocabulary

F   Match these adjectives about places or landscapes with the English. Add the comparative and superlative forms.

> bar – bjergrig – blød – bred – dyrket – flad – fredfyldt – grøn – iset – kort – lavtliggende – skovklædt – smal – stejl – stenet – stille – tropisk – vindblæst – våd – øde

| | English adjective | Danish adjective | Comparative | Superlative |
|---|---|---|---|---|
| Example | arable | dyrkbar | mere dyrkbar | mest dyrkbar |
| 1 | barren | | | |
| 2 | cultivated | | | |
| 3 | desolate | | | |
| 4 | flat | | | |
| 5 | green | | | |
| 6 | icy | | | |
| 7 | low-lying | | | |
| 8 | mountainous | | | |
| 9 | narrow | | | |
| 10 | peaceful | | | |
| 11 | quiet | | | |
| 12 | rocky | | | |
| 13 | short | | | |
| 14 | soft | | | |
| 15 | steep | | | |
| 16 | tropical | | | |
| 17 | wet | | | |
| 18 | wide/broad | | | |
| 19 | wind-swept | | | |
| 20 | wooded | | | |

G   Match the Danish nouns describing natural phenomena (1–8) with their definitions (a–h).

1   jordskælv
2   vulkan
3   vandfald
4   ørken
5   klit
6   gejser
7   gletsjer
8   moræne

a   En (aflang) bakke eller mindre forhøjning af sammenblæst sand ved en kyst eller i en ørken, evt. med sparsom plantevækst – findes ofte i flere rækker.

b   En usorteret blanding af ler, grus, sten og sand, som er aflejret af indlandsis eller af en gletsjer.

c   Et bjerg, ofte kegleformet, dannet omkring et krater, hvorigennem lava, aske, klippestykker, gasser og hed damp fra Jordens indre i tidens løb er blevet slynget ud.

d   En kilde, hvorfra kogende vand med mellemrum slynges op.

e   En meget stor ismasse, som er dannet af sne, og som langsomt, og som en strøm, glider ned ad et bjerg eller hen over et skrånende terræn.

f   Et større landområde, der er dækket af sten, grus eller sand, fordi nedbørsmængden er for lille til at sikre et varigt plantedække.

g   En pludselig og kraftig rystelse i jordoverfladen, fremkaldt af forskydninger og bruddannelser i jordskorpen, ofte med store ødelæggelser til følge.

h   Et sted i et stort vandløb, hvor vandet styrter fra et højt til et lavt niveau i terrænet.

*The Danish word for* vocabulary *is* **Ordforråd**. *The noun* **forråd** *in English means* store, *e.g. what squirrels create when they are collecting nuts for winter. One way of collecting new words is by using a monolingual dictionary. The definitions in G are all from* **Den Danske Ordbog** *which is available online at www.ordnet.dk/ddo (it's also downloadable as a smartphone app). Next time you need to look up a Danish word, why not try this dictionary. It's a fabulous way of 'squirrelling' vocabulary.*

 # Reading

H   **Read the opening paragraph of this short magazine article about the Danish island of Ærø. Then answer the question.**

I hvilken by på øen bor der flest mennesker?

_____

## Ø-TURISME: ALT ER VAND VED SIDEN AF ÆRØ®

Ærø er en lille ø i det sydfynske øhav. Det er en af Danmarks mindste kommuner med omkring 6.000 indbyggere og samtidigt et af de mest velfungerende øsamfund i Danmark. Der er ca. 30 kilometer fra den ene til den anden ende af øen, som er under otte kilometer på det bredeste sted. Øens infrastruktur er centreret om tre byer: Søby, som ligger på øens nordvestlige spids, er en industriby med øens største arbejdsplads, Søby Værft; købstaden Ærøskøbing ligger i midten og er øens ældste by; og skipperbyen Marstal med det højeste indbyggertal ligger længst mod øst. Omkring byerne er der små landsbyer med gårde, der udnytter resten af øens areal til landbrug.

| en kommune | municipality |
| et landbrug | agriculture |
| en skipperby | town where skippers reside |
| et værft | shipyard |

**I  Read the rest of the article, and answer the questions.**

Ærø er også kendt som en idyllisk og imødekommende ø, der tiltrækker mange turister blandt andet med nogle af Danmarks bedste cykelruter, der løber gennem det ærøske morænelandskab. Turisme er da også øens mest blomstrende erhverv, og der er blevet gjort meget de sidste årtier for at lokke flere besøgende til øen. For eksempel har Turist- og Erhvervsforeningen, Ærø, introduceret det registrerede varemærke – *Alt er vand ved siden af Ærø®* – som øens motto. Som en ekstra service til de lokale og turister er al kommunal bustrafik gratis, så det er nemt at komme rundt på øen.

En ny slags turisme er også dukket op siden midten af 2000'erne, og det er ikke uden grund, at Ærø nu bliver kaldt for Bryllupsøen. Det er en af de mest lukrative forretninger på øen: I 2016 var der 3.600 udenlandske par, som blev viet på Ærø.

Derudover er Ærø mest kendt for sin produktion af alternativ energi. Øens tre fjernvarmeværker er baseret på 100% vedvarende energikilder (solvarme og biobrændsel), og Marstals marker med solpaneler var i længere tid verdens største solvarmeanlæg. I 2000 blev øen kåret som årets danske sol-ø. I dag er der mere end 45.000 m² solfangere installeret på øen. Det svarer til ca. 7 m² pr. indbygger. Energiparken med seks store vindmøller midt på øen leverer nok elektricitet til hele øen.

Endelig er øen også fuld af kulturelle aktiviteter. Hele sommeren igennem er der en række festivaller og koncerter, som trækker både lokale og gæster til: operakoncerter, Ærø Jazzfestival, Ærø Single Folk Festival og Ærø Irish Festival. I Ærøskøbing ligger også Danmarks mindste biograf *Andelen*, som viser både brede og mere smalle film.

| et fjernvarmeværk | district heating plant |
| en forretning | business |
| et registreret varemærke | registered trademark |
| at tiltrække | to draw/attract |
| (en) vedvarende energi | renewable energy |

1 Hvilke transportmuligheder for turister på Ærø fremhæver artiklen?

_____

2 Hvilken særlig form for turisme er blevet etableret på øen i det nye årtusinde?

_____

3 Hvilken dobbeltbetydning tror du, Ærøs motto har?

_____

4 Hvorfor fik Ærø prisen som Danmarks sol-ø i 2000?

_____

_____

# Writing

J Write a short magazine article (125–150 words) on the geography and cultural life of your own area or a place that you know, using inspiration from the text about Ærø. Try to use as many comparatives and superlatives as possible. You might find inspiration in some of these questions:

▶ Hvordan ser landskabet ud?
▶ Hvordan er infrastrukturen?
▶ Har stedet nogle verdensrekorder eller nationale rekorder?
▶ Er der noget specielt ved dit sted i sammenligning med andre steder, du kender?

_____

_____

_____

_____

_____

_____

_____

_____

_____

# Self-check

**Tick the box which matches your level of confidence.**

1 = very confident     2 = need more practice     3 = not confident

**Sæt kryds i skemaet for at vise, hvor sikker du føler dig.**

1 = meget sikker     2 = har brug for mere øvelse     3 = usikker

| | 1 | 2 | 3 |
|---|---|---|---|
| Recognize comparative and superlative forms of adjectives and adverbs. | | | |
| Form and use comparatives and superlatives. | | | |
| Form other kinds of comparisons to compare places, people and situations. | | | |
| Can recognize significant points in straightforward magazine articles on familiar subjects (e.g. articles about places). (CEFR B1) | | | |
| Can write short, simple essays on topics of interest (e.g. comparing places). (CEFR B1) | | | |

# 10 Min oldemor tweetede™ mig sidste uge

## My great-grandmother tweeted™ me last week

In this unit you will learn how to:

✓ Recognize and use the simple past tense.

✓ Form the simple past tense of regular verbs.

✓ Form the simple past tense of irregular verbs.

CEFR: Can describe experiences and events and briefly give reasons and explanations for opinions (B1); Can read straightforward factual texts with a satisfactory level of comprehension (B1).

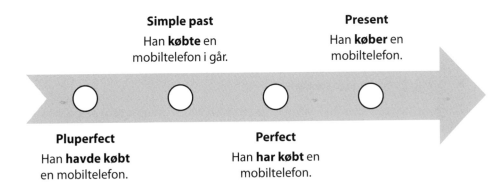

**Simple past**
Han **købte** en mobiltelefon i går.

**Present**
Han **køber** en mobiltelefon.

**Pluperfect**
Han **havde købt** en mobiltelefon.

**Perfect**
Han **har købt** en mobiltelefon.

# Meaning and usage

## Simple past tense

The simple past tense is mainly used in two cases:

1   For actions and events which happened at a given time and were completed in the past.

    **Jeg så en fascinerende dokumentarfilm i går.** (*I watched a fascinating documentary yesterday.*)

2   For actions and events that were repeated in the past.

    **Da jeg var yngre, spillede jeg computerspil hver dag.** (*When I was younger, I played computer games every day.*)

**A**  **Choose between the present and past tense in these sentences.**

1 Når jeg er på ferie, _____ (læser/læste) jeg mange bøger på min tablet.

2 Før internettet _____ (snakker/snakkede) jeg kun sjældent med min kusine Joy.

3 Jeg _____ (opretter/oprettede) en blog i sommer, og nu har jeg 2000 læsere om ugen.

4 Når jeg tidligere _____ (rejser/rejste) til Frankrig, tog jeg altid mange billeder med mit kamera. Nu _____ (bruger/brugte) jeg bare min mobiltelefon.

 **B**  **Look at the sentences in A and try to identify the ways in which the past tense is formed in Danish.**

# How to form the past tense

1 Based on how the simple past is formed, Danish verbs can be divided into two main groups of regular verbs. In addition to these, there are a number of irregular verbs, which need to be learnt by heart.

2 The groups are as follows:

▶ **Group 1** verbs end in -**ede** (**snakk<u>ede</u>**)
▶ **Group 2** verbs end in -**te** (**læs<u>te</u>**)

3 There are no easy rules that can help to establish which group a verb belongs to. However, the majority of verbs belong to Group 1, and almost all new verbs entering the language will become Group 1 verbs (such as **bloggede**).

*The rather complex rules for determining to which group a verb belongs are set out in Unit 6. You might find it useful to quickly skim the overview in Unit 6 before you continue.*

4 Many Danish verbs have irregular past tenses and will have to be learnt by heart.

| Infinitive | Simple past |
|---|---|
| at foreslå (*to suggest*) | foreslog |
| at få (*to get*) | fik |
| at gøre (*to do*) | gjorde |
| at skrive (*to write*) | skrev |

**Jeg fik først adgang til internettet, da jeg var atten.** (*I didn't get internet access until I was 18.*)

**C** Find all the verbs in the simple past tense in this text. Then group them in the table according to the category they belong to.

Da jeg var barn, havde vi hverken internet eller smartphones. Jeg oprettede min første e-mailadresse i 1996, men jeg fortsatte stadig med at sende breve med posten. Dengang sendte man postkort, når man var på ferie, og man skrev fødselsdagskort i hånden til sine venner og familie. Man brugte lang tid på at kommunikere, og man begyndte i god tid, så man kunne være sikker på, at ens besked kom frem i tide. Man plejede også at lave præcise aftaler om, hvor og hvornår man skulle mødes – og man lavede også altid en plan B. Måske snakkede man mere sammen dengang, men det skete måske også oftere, at man mistede kontakten med sine venner.

| Group 1 (-ede) | |
| --- | --- |
| Group 2 (-te) | |
| Irregular verbs | |

**D** Insert the simple past of the following irregular verbs.

| | | | | | |
| --- | --- | --- | --- | --- | --- |
| 1 | at blive | _____ | 5 | at komme | _____ |
| 2 | at finde | _____ | 6 | at se | _____ |
| 3 | at få | _____ | 7 | at sige | _____ |
| 4 | at hjælpe | _____ | 8 | at vælge | _____ |

*When learning a new verb, you might as well learn related nouns, adjectives and adverbs belonging to the same semantic family, e.g.* **at kritisere** *(to criticize),* **en kritik** *(a critique),* **en kritiker** *(a critic),* **kritisabel** *(open to criticism),* **kritisk** *(critical). This speeds up the process of learning new vocabulary!*

**E** Change these sentences from the present to the simple past tense.

1 Dokumentarfilmen skildrer historien fra både et journalistisk og et kunstnerisk udgangspunkt.
_____

2 Tabloidavisen vinkler sagen uden tanke for de menneskelige omkostninger.
_____

3 De skriver et læserbrev og blander sig dermed i debatten.
_____

4 En gruppe unge hacker sig ind på ministeriets hjemmeside.
_____

5 På grund af manglende annoncer stopper gratisavisen uddelingen på togstationer.
_____

6 Redaktionen prioriterer dybdegående journalistik og debat.
_____

7 Public service-radiostationer sikrer, at vi får et alsidigt udbud af kvalitetsprogrammer.
_____

8 Han skriver en lang kronik om mediernes betydning for politik.
_____

**F** Complete the sentences with the simple past forms of the expressions in brackets.

1 De sociale netværk online _____ (at ændre på) folks adfærd.
2 Skolen _____ (at klage over) det håbløse antivirusprogram.
3 Hackergruppen _____ (at true med) en ny cyberkrig.
4 Min chef _____ (at forelæse om) problemerne med firmaets opdatering af de interne kommunikationsveje.
5 Dokumentarprogrammet _____ (at perspektivere til) en undersøgelse om ældre menneskers brug af internettet.
6 Den trojanske hest _____ (at pille ved) opsætningen på den bærbare computer.

# Vocabulary

**G** Find the verb that corresponds to the given noun. Write each verb in both the infinitive and the simple past tense.

| | Noun | Verb (infinitive) | Verb (simple past tense) |
|---|---|---|---|
| 1 | (en) formidling | | |
| 2 | (en) information | | |
| 3 | (et) interview | | |
| 4 | (en) kommunikation | | |
| 5 | (en) opdatering | | |
| 6 | (en) rapport | | |
| 7 | (en) underholdning | | |
| 8 | (en) ytring | | |

When learning a new verb, it is worthwhile to learn the structures surrounding it at the same time. The verbal expressions in F all include a preposition as part of their complement. However, prepositions can frequently not be translated directly into English, e.g. **at bede om** which translates as to ask <u>for</u>, or Danish uses a different verbal construction altogether, e.g. **at interessere sig for** which translates as to be interested in. You will therefore need to learn these structures too.

**H** Match the words (1–8) with the nouns (a–h) to form compound nouns relating to the internet, media and technology.

1 virus      **a** blad
2 bred      **b** trold
3 kilde      **c** bånd
4 net      **d** maskine
5 skærm      **e** kritik
6 søge      **f** adgang
7 bruger      **g** navn
8 uge      **h** angreb

 # Reading

I Read the two tweets™ about social media. Then answer the question.

Hvilke fordele mener @Nordlys45xx og @Froken_Frostbid, der er ved tweets™?

_____

_____

> **@Nordlys45xx**
>
> Jeg elsker, at man er nødt til at overveje hvert enkelt ord. Der er ikke plads til noget overflødigt, og man får kun essensen! #indtilbenet

> **@Froken_Frostbid**
>
> Jeg hader at læse lange, kedelige nyhedsopdateringer – jeg vil have det vigtigste og ikke andet, ellers falder jeg i søvn ☺ #indtilbenet #zzz

J Now read these other comments from people who are tweeting about their use of Twitter™, and answer the following questions.

> **@OleOpfinder78**
>
> I starten elskede jeg at tweete™, men nu er jeg træt af det. Jeg synes simpelthen, der mangler substans, især når det gælder »breaking news«! #surgammelmand

> **@Henrik_HalvigC**
>
> Før jeg blev pensioneret, brugte jeg tweets™ til at kommunikere min forskning til alm. mennesker. Det er meget nemmere end før i tiden! #forskningtilfolket

> **@HotteHeidi82**
>
> Jeg tweetede™ hver dag hele sidste år, men jeg ved ikke, om der var nogen, der læste med. Men skidt pyt, jeg havde det sjovt med det! #havdetsjovt

> **@IbSkipSkalle**
>
> I starten foretrak jeg sociale medier, hvor jeg kunne skrive flere ord – hadede at skulle finde smarte forkortelser! Men nu er jeg hooket! #forskningtilfolket

**@MetteØsterbro3**

Min oldemor retweetede™ mig sidste uge ☺ Hvor cool er det lige, at en kvinde på 96 er med på noderne? #detgråguld

**@TomBolaNitte**

Jeg har haft mange ubehagelige oplevelser – folk skrev grimme ting og sendte mig truende beskeder. Overvejer at droppe sociale medier helt! #stoptroldepånettet

| alm. (almindelig) | ordinary | at være med på noderne | to be upbeat |
|---|---|---|---|
| **at være hooket** | *to be hooked* | **skidt pyt** | *never mind/I don't care* |
| **en forkortelse** | *abbreviation* | **overflødig** | *superfluous* |

*Danish uses many imported English expressions. If you are in Denmark, you will very often hear English swear words and profanities – including quite strong ones that would be perceived as residing at the higher end of the 'rudeness' scale in the English-speaking world. These, however, are not considered to be strong language in the Danish context to the same extent as they are in an English-speaking one. Grammatically, most imported words keep their English pronunciation and basic spelling, while they usually follow Danish patterns for conjugation (verbs) and declension (nouns).*

1 Hvilke af de seks personer kan godt lide at bruge Twitter™, og hvilke er skeptiske over for mediet?

_____

_____

2 Hvad brugte @Henrik_HalvigC Twitter™ til?

_____

_____

3 Hvad var det vigtigste for @HotteHeidi82?

_____

4 Hvorfor kunne @IbSkipSkalle ikke så godt lide Twitter™?

_____

5 Er det kun unge mennesker, der bruger Twitter™?

_____

**K** Find verbs in the text that match these definitions. Write the verbs as they appear in the text. State which groups they are in (or if they are irregular) and their infinitives.

| | Simple past | Group | Infinitive | Definition |
|---|---|---|---|---|
| Example | elskede | 1 | at elske | Det man føler, når man rigtig godt kan lide nogen/noget |
| 1 | | | | Det man gør, når man skriver en besked på Twitter™ |
| 2 | | | | Når man forstår en bog eller lignende |
| 3 | | | | Når man synes, en ting er bedre end en anden |
| 4 | | | | Når man virkelig ikke kan lide noget eller nogen |
| 5 | | | | Når man producerer tekst |
| 6 | | | | Det man gør, når man vil sørge for, at en person modtager noget |

**L** Find the words in the text which match the English.

1  contemplate  _____

2  boring  _____

3  research  _____

4  unpleasant  _____

5  threatening  _____

6  easier  _____

# Writing

**M** Write about your experiences with the use of technology in your daily life. Use the tweet™ format (i.e. a maximum of 280 characters per message) to convey your thoughts. Focus on using the simple past and try to use a variety of regular and irregular verbs. These questions might inspire you:

► Hvilke teknologier var der, da du var barn?

► Hvordan har den teknologiske udvikling påvirket din dagligdag?

► Har du taget nogle bevidste beslutninger for at kontrollere dit forbrug af teknologi?

_____

_____

_____

_____

_____

_____

# Self-check

Tick the box which matches your level of confidence.

1 = very confident        2 = need more practice        3 = not confident

**Sæt kryds i skemaet for at vise, hvor sikker du føler dig.**

1 = meget sikker        2 = har brug for mere øvelse        3 = usikker

|  | 1 | 2 | 3 |
|---|---|---|---|
| Recognize and use the simple past tense. | | | |
| Form the simple past tense of regular verbs. | | | |
| Form the simple past tense of irregular verbs. | | | |
| Can describe experiences and events and briefly give reasons and explanations for opinions. (CEFR B1) | | | |
| Can read straightforward factual texts with a satisfactory level of comprehension. (CEFR B1) | | | |

# 11 Jeg fik jobbet, som jeg altid har ønsket mig

## I got the job which I have always wished for

In this unit you will learn how to:

✓ Recognize and form subordinate clauses, including relative clauses.

✓ Connect main clauses with subordinate clauses.

✓ Use a range of subordinating conjunctions, relative pronouns and interrogative pronouns.

CEFR: Can understand texts that consist mainly of high frequency everyday or job-related language (B1); Can write very brief texts to a standard, conventionalized format (B1).

| Hun | siger | konstant, | at | hun | ikke | elsker | sit arbejde. |
|---|---|---|---|---|---|---|---|
| **Main clause** | | | **Subordinate clause** | | | | |
| Subject | Verb | Clausal adverb | Subordinating conjunction | Subject | Clausal adverb | Verb | Direct object |

# Meaning and usage

## Subordinate clauses

1 Subordinate clauses require a main clause to make sense. They are also called dependent clauses because they cannot stand alone.

2 Subordinate clauses are typically, but not always, introduced by a subordinating conjunction.

**Jeg kan ikke gå hjem klokken fire i dag, <u>fordi</u> jeg har for meget at lave.** (*I cannot go home at four o'clock today <u>because</u> I have too much to do.*)

This sentence consists of two clauses because there are two sets of subject and verb, namely **Jeg kan** and **jeg har**. The first clause, **Jeg kan ikke gå hjem klokken fire i dag**, is an independent clause as it can stand on its own and still make sense. The second clause, **fordi jeg har for meget at lave**, cannot stand on its own and is introduced by a subordinating conjunction **fordi**. It is therefore a subordinate clause.

*While the distinction between main and subordinate clauses may not be important in other languages that you know, it is important in Danish as it affects the word order.*

 **A**  **Identify the subordinate clauses in these sentences.**

1  Susanne sagde, at hun gerne snart vil gå på pension.
2  Min nabo, som også er min kollega, er blevet udnævnt til tillidsrepræsentant.
3  Jeg fik en stor lønforhøjelse, da projektet var færdigt.
4  For mig er det ikke vigtigt, hvor jeg arbejder, men hvem jeg arbejder med.
5  Jeg har søgt et nyt job, fordi jeg ikke synes, at mit nuværende har nok udfordringer.
6  Mens jeg spiste frokost, læste jeg avisen og så en jobannonce, der beskrev et job, jeg tror, jeg vil søge.

 **B**  **Subordinate clauses can be introduced in different ways. Before looking at the following explanation, take a moment to look at the sentences in A again. Identify the four ways in which a subordinate clause can be introduced.**

# How to introduce subordinate clauses

## Subordinating conjunctions

1  Subordinating conjunctions introduce subordinate clauses. They can be used to create complex sentences connecting clauses.

**Selvom jeg har ferie, har min overordnede spurgt, om jeg kan tage en forretningskunde med på restaurant.** (*Even though* I'm on leave, my superior has asked me *if* I can take a business client to a restaurant.)

2  Subordinating conjunctions have different functions depending on whether the sentence they introduce provides information on time, cause, condition and so on:

| Conjunction | Translation | Function | Example |
|---|---|---|---|
| at | *that* | introduces indirect statements | **Han sagde, (at) hans kollegas beslutning var fornuftig.** (*He said (that) his colleague's decision was sensible.*) |
| da | *when* | time | **Da jeg var barn, ville jeg være pilot.** (*When I was a child, I wanted to become a pilot.*) |
| fordi | *because* | cause | **Bestyrelsen måtte lukke en afdeling, fordi firmaets overskud var faldende.** (*The board of directors had to close down a department because the surplus of the company was declining.*) |
| før | *before* | time | **Fagforeningen varslede strejke, før mødet fandt sted.** (*The trade union announced the strike before the meeting took place.*) |
| hvis | *if* | condition | **Hvis jeg arbejder på lørdag, kan jeg tage fri næste fredag.** (*If I work this Saturday, I will be able to take next Friday off.*) |
| mens | *while* | time | **Alle lyttede stille, mens chefen talte om den planlagte fyringsrunde.** (*Everyone listened quietly while the boss talked about the planned redundancies.*) |

| når | when | time | Når han var på forretningsrejse i Paris, tilbragte han ofte en dag på Louvre. (*When he was on a business trip to Paris, he often spent a day at the Louvre.*) |
|---|---|---|---|
| om | if/whether | introduces indirect questions | Han spurgte, om firmaet ville gå konkurs. (*He asked whether the company would go bankrupt.*) |
| så | so (that) | purpose | Hun er flyttet, så hun ikke skal pendle så langt. (*She has moved so that she doesn't have to commute as far.*) |
| selvom | even if/(even) though | concession | Selvom jeg er stresset, har jeg accepteret noget betalt overarbejde. (*Even though I'm stressed, I've accepted some paid overtime.*) |
| som | as | comparison | Mødet var ikke så langt, som jeg havde forventet. (*The meeting was not as long as I had expected.*) |
| til trods for at | despite | concession | Til trods for at firmaet havde flyttet deres produktion til Kina, kæmpede det med økonomien. (*Despite the fact that the company had moved its production to China, it struggled with its finances.*) |

3   **Når** and **da** can lead to confusion as both mean *when*. Their usage, however, is different. **Når** is used with the present and future tenses (see Example a below). The problem arises in the past tense where **når** is used to refer to recurring events, meaning *whenever* (see Example b) and **da** is used in all other cases (see Example c). Notice that the dramatic present still refers to past events and therefore requires the use of **da** (see Example d):

a   **Skal vi tage en øl i byen, når vi har fyraften?** (*Should we go out for a beer when we get off work?*)

b   **Når datasystemet gik ned, måtte vi notere alle nye ordrer i hånden.** (*When [whenever] the computer system crashed, we had to make a note of all new orders manually.*)

c   **Da han kom tilbage fra ferie, var han ivrig efter at komme tilbage på arbejde.** (*When he came back from his holiday, he was eager to get back to work.*)

d   **Jeg får min studentereksamen i juli 2009, men lige da jeg skal til at sende min ansøgning til universitetet, beslutter jeg mig for at tage et år til USA i stedet.** (*So, I graduate from school in 2009, but just when I am about to send my university application, I decide to spend a year in the US instead.*)

4   **Hvis** and **om** can also cause problems as both are often translated as *if*. In most cases, however, they are not interchangeable in Danish. **Om** is used as the conjunction in subordinate clauses which are either indirect questions or express uncertainty or doubt (*if* is equivalent to *whether or not*). **Hvis** is used in conditional (or hypothetical) subordinate clauses (*if* is equivalent to *in case*).

**Hun ved ikke, om hun får bedre arbejdsvilkår i år.** (*She does not know if [=whether] she will get better work conditions this year.*)

**Hun siger op, hvis hun ikke får bedre arbejdsvilkår.** (*She will quit her job, if [=in case] her work conditions do not improve.*)

**C** Complete these sentences with a conjunction from the box. Each conjunction can only be used once.

> hvis – at – fordi – når – om – som – så – til trods for at

1 _____ jeg havde indkaldt til mødet i god tid, kom der kun to af mine kollegaer.
2 Yahya har taget et deltidsjob, _____ han kan få tid til at være sammen med sin søn.
3 Det er uretfærdigt, _____ løngabet mellem kvinder og mænd er så stort.
4 Jeg vil først starte mit eget firma, _____ jeg er færdig med min uddannelse.
5 Virksomheden var ikke så velorganiseret, _____ jeg havde håbet.
6 Han meldte sig ind i fagforeningen, _____ han syntes, lønforholdene var for dårlige.
7 Medarbejderne ville vide, _____ der var mulighed for at få bedre kantinefaciliteter.
8 _____ det regner næste uge, må vi udskyde byggeriet.

**D** Choose between **da/når** and **hvis/om** in these sentences.

1 Jeg bliver altid sulten, _____ (da/når) klokken er elleve.
2 Min tillidskvinde spurgte, _____ (hvis/om) jeg ville være med i en spørgeskemaundersøgelse.
3 _____ (Hvis/Om) du vil søge stillingen, bliver du nødt til at opdatere dit CV.
4 Jeg er sikker på, at jeg slukkede pc'en, _____ (da/når) jeg forlod kontoret.
5 Thomas vidste ikke, _____ (hvis/om) han skulle spørge ind til lønnen til jobsamtalen.
6 Man får som regel en mentor, _____ (når/da) man starter i virksomheden.

# Interrogative pronouns

1 In indirect speech, interrogative pronouns, also known as question words, introduce subordinate clauses and thus have the same function as subordinating conjunctions:

| Interrogative pronoun | Translation | Example |
|---|---|---|
| hvad, hvem, hvor, hvordan, hvorfor, hvornår | *what, who, where, how, why, when* | **Hun afslørede, hvad hendes fremtidsplaner var.** (*She revealed what her future plans were.*) |
| | | **Chefen meddelte, hvem der havde jubilæum i firmaet i år.** (*The boss announced who had their anniversary with the company this year.*) |
| | | **Han fortalte mig, hvor mødelokalet var.** (*He told me where the meeting room was.*) |
| hvilken/hvilket/hvilke | *which* | **Afdelingslederen spurgte, hvilken pc jeg helst ville have.** (*The head of department asked which PC I would prefer.*) |
| hvor + adjective or adverb | *how + adjective or adverb* | **Han spekulerede på, hvor mange mødereferater han havde skrevet i sit liv.** (*He wondered how many minutes he had taken in his life.*) |

**2** When **hvad** and **hvem** are the subject of a subordinate clause, **der** is added after these interrogative pronouns. In the example for **hvad** this was not the case as **hvad** was not the subject (**hendes fremtidsplaner** was). In the example for **hvem**, on the other hand, **der** is necessary because **hvem** is the subject.

**E** Change these questions into subordinate clauses. Remember to change the order of subject and verb and personal pronouns, as in the example.

**Example:**     Hvor er mødereferatet? → Han spørger, *hvor mødereferatet er.*

**1** Hvornår blev han forfremmet? →
Hun spekulerede på, _____.
**2** Hvad skal vi have til firmafrokosten? →
De spørger om, _____.
**3** Hvorfor mødte du så tidligt i dag? →
Jeg undrer mig over, _____.
**4** Hvilken pc kan medarbejderne bedst lide? →
Chefen undersøger, _____.
**5** Hvor mange sider printer jeg om dagen? →
Jeg tænker over, _____.

**F** Complete the sentences with **der** where needed. Remember that **der** can only be used when **hvad** or **hvem** is the subject of the subordinate clause.

**1** Han tænkte på, hvem _____ ville komme til julefrokosten.
**2** De studerende bad underviseren forklare, hvad _____ han havde sagt en gang til.
**3** Den nye skuespiller var chokeret over, hvad _____ foregik bag kulisserne på teatret.
**4** Overlægen fortalte den nyansatte læge, hvem _____ havde ansvaret på afdelingen.

# Relative pronouns

**1** Subordinate clauses introduced by relative pronouns are called relative clauses. The relative pronoun refers back to something earlier in the sentence. The most common relative pronouns are **som**, **der**, **hvis**, **hvilket** and **hvor**.

**2** **Som** and **der** (*who, whom, that, which*) are used to refer back to a single clausal element, but they cannot refer back to a whole clause. **Hvilket** (*which*), on the other hand, can only refer to a whole clause.

**Når man søger nyt arbejde, <u>der</u> ligger uden for ens ekspertise, må man være forberedt på at få afslag.** (*When you apply for a new job <u>which</u> lies outside your area of expertise, you must be prepared for a rejection.*)

**Når man søger nyt arbejde, <u>hvilket</u> jeg har gjort mange gange, må man være forberedt på at få afslag.** (*When you apply for a new job, <u>which</u> I have done many times, you must be prepared for a rejection.*)

In the first example, **der** refers back to the clausal element (**nyt**) **arbejde**, and the choice is therefore between **som** and **der**. In the second example, **hvilket** refers back to **når man søger nyt arbejde**, which is a clause; therefore only **hvilket** can be used.

3   **Som** can be used in all grammatical positions of the subordinate clause (subject, object and with prepositions), whereas **der** can only be used when it is the subject. However, because Danes often vary between the two, it is important not only to use **som**.

**Virksomheden, som/der havde eksporteret meget bacon til Storbritannien, måtte finde et nyt marked efter brexit.** (*The company, which had exported a lot of bacon to the UK, had to find a new market after Brexit.*)

**Fabrikken, som han grundlagde i 1972, har over tres ansatte.** (*The factory, which he founded in 1972, has more than 60 employees.*)

4   **Hvis** (*whose*) is used when the relative pronoun shows ownership.

**Asil, hvis familie flygtede fra Syrien i 2014, har netop åbnet sin tredje netbutik.** (*Asil, whose family fled from Syria in 2014, has just opened her third online shop.*)

5   **Hvor** (*where, when*) is used to refer back to both time and place.

**Kronprinsen spiste ofte på den restaurant, hvor jeg havde min første date med din mor.** (*The crown prince often had dinner at the restaurant where I had my first date with your mother.*)

**I december måned, hvor alle skal købe julegaver, må vi hyre ekstra personale.** (*In the month of December, when everyone is buying their Christmas presents, we have to hire extra staff.*)

6   If the relative pronoun is used with a preposition, the preposition is placed at the end of the relative clause.

**Firmaet, som jeg har investeret i, klarer sig godt.** (*The company which I have invested in is doing well./The company in which I have invested is doing well.*)

G   **Complete these sentences by choosing the correct relative pronoun.**

1   Til generalforsamlingen, _____ (der, hvis, som) vi holder hvert år i maj, kom der kun ganske få.

2   Min direktør, _____ (hvis, som, der) lige har fået stillingen, virker meget flink.

3   Jeg mener helt sikkert, vi skal holde lukket juleaftensdag, _____ (som, hvilket, hvor) min chef også er enig i.

4   Vores butik, _____ (hvilket, som, der) vi åbner i begyndelsen af maj, får et stort varesortiment.

5   Sygeplejersker, _____ (som, hvis, der) arbejde er stressende, må ofte tage mange sygedage.

6   I den organisation, _____ (som, hvor, der) han er ansat, er der flere kvinder end mænd.

7   Om mandagen, _____ (som, hvor, hvilket) vi altid får rundstykker, møder jeg tidligt på arbejde.

8   Jeg sagde min stilling op i vrede, _____ (som, der, hvilket) jeg nok ikke skulle have gjort.

# Ellipsis

1   Ellipsis is the omission of words that are unnecessary.

2   **At** can be omitted after most reporting verbs, such as **at sige** (*to say*), **at fortælle** (*to tell*), **at tro** (*to think*), **at synes** (*to think*), when the subordinate clause comes right after the verb itself. This is mainly found in more informal language.

**Han syntes, (at) hun var for ambitiøs.** (*He thought (that) she was too ambitious.*)

**Hun fortalte mig, (at) jeg ikke havde fået jobbet.** (*She told me (that) I didn't get the job.*)

3   **Som** can be omitted if the relative clause is essential to identify what it refers back to (this type of relative clause is called a restrictive relative clause or a defining relative clause), and when it is not the subject.

**Kvinden, (som) vi har hyret, skal arbejde på deltid.** (*The woman <u>(that) we have hired</u> will work part-time.*)

In this sentence the relative clause is **(som) vi har hyret**. As the subject of this clause is **vi**, not the relative pronoun **som**, and as the clause is restrictive (it is required to understand who **personen** is: it is the person who got the job), **som** can be omitted.

**Kvinden, som fik stillingen, skal arbejde på deltid.** (*The woman <u>who got the job</u> will work part-time.*)

In this second sentence the relative clause is **som fik stillingen**. The subject of this clause is the relative pronoun **som**, so it cannot be omitted, even though the relative clause is restrictive.

**Min nabo Jasmin, som virksomheden hyrede, skal arbejde på deltid.** (*My neighbour Jasmin, <u>whom the company hired</u>, will work part-time.*)

Here the relative clause is **som virksomheden hyrede**. As the relative clause is non-restrictive (it is not essential to understanding who Jasmin is), **som** cannot be omitted.

H   **Indicate whether at or som could have been left out in these sentences. Place brackets around the instances that could be omitted.**

1   Jeg tror godt, at du kunne bruge noget ferie.
2   Der var ikke mange, som ikke var medlem af fagforeningen.
3   Hvis din chef siger, at du skal tage kortere frokostpauser, skal du tænke dig lidt om.
4   Min nye kontorstol, som jeg fik i sidste uge, har været rigtig god for min ryg.
5   Før jeg tager på arbejde om morgenen, drikker jeg altid en kop af den te, som man kun kan købe i vores lokale tebutik.
6   Folk, som har små børn, burde kunne tage ekstra sygedage.

## Word order

1   The most important rule when it comes to word order in subordinate clauses is that clausal adverbs are placed between the subject and the verb.

2   The word order of subordinate clauses is not as flexible as that of main clauses: after the subordinating conjunction (if there is one) comes the subject.

**Hun oplyste, at hun ikke altid havde arbejdet for Mærsk.** (*She stated that she had not always worked for Maersk.*)

I   **Insert the adverb(s) given in brackets into the underlined subordinate clause.**

1   Jeg vil gerne være lærer, <u>fordi jeg føler</u>, jeg er god til børn. (virkelig)
2   <u>Selvom jeg fik jobbet</u>, vil jeg alligevel prøve at få arbejde i virksomheden. (desværre ikke)
3   Hans chef sagde, <u>at han skulle gøre sig forhåbninger om forfremmelse</u>. (overhovedet ikke)

4 <u>Til trods for at jeg har strejket selv</u>, sympatiserer jeg med mine strejkende kollegaer. (aldrig)

5 <u>Hvis du vil arbejde over</u>, kan vi bare tage mødet i morgen. (helst ikke)

6 Afdelingslederen spurgte, <u>hvordan firmaet kunne blive mere miljøvenligt</u>. (bedst)

**J** **Complete the sentences containing both a main clause and a subordinate clause by sorting the words in each box. Underline the subordinate clause. Remember to insert a comma between the clauses.**

Example:

| du – søger – stillingen – hvis | du – jobbet – også – får |

Hvis du søger stillingen, får du også jobbet.

1

| sød– var – der – sygeplejerske – en | lægen – der – hjalp |

_____.

2

| mange – sidder – længe – mennesker | dårligt – ryggen – for – hvilket – er |

_____.

3

| Paul – du – kender | kone – hvis – arbejder – salgsafdelingen – i |

_____?

4

| alle – handler – fordi – lørdagen – om | mere – brug – butikken – for –personale – har |

_____.

5

| altid – kage – med – kollega – om – fredagen – har – min | alle – hvor – trætte – er |

_____.

6

| det – når – er – sommer | spiser – min – udenfor – jeg – madpakke |

_____.

# Vocabulary

**K   Match the Danish nouns with the English.**

| | | | |
|---|---|---|---|
| 1 | (en) vagt | a | commuter |
| 2 | (en) ansættelse | b | salary |
| 3 | (et) samlebånd | c | assembly line |
| 4 | (en) løn | d | apprentice |
| 5 | (en) prøvetid | e | appointment |
| 6 | (en) afskedigelse | f | shift |
| 7 | (en) lærling | g | dismissal |
| 8 | (en) pendler | h | probation period |

**L   Complete the table with the missing nouns and verbs.**

| | Verb | Noun |
|---|---|---|
| Example | at sælge | et salg |
| 1 | at undersøge | |
| 2 | | en afskedigelse |
| 3 | at investere | |
| 4 | at strejke | |
| 5 | | et håb |
| 6 | | en spekulation |
| 7 | at udnævne | |
| 8 | at forfremme | |

# Reading

**M   Read the job advertisement. Then answer the question.**

Hvad er det centrale i jobbet?

_____

Vores uddannelsescenter søger en uddannet lærer til undervisning i dansk som fremmedsprog. Stillingen ønskes besat per 1. august 2018.

Jobbet som dansklærer omfatter hovedsagelig undervisning i dansk sprog fra begynderniveau til avanceret. Derudover omfatter jobbet andre undervisningsrelaterede opgaver såsom at rette opgaver, at eksaminere kursister samt administrative opgaver efter uddannelsescentrets nærmere anvisning.

Ansøgere med interesse for fremmedsprogspædagogik har også mulighed for at udvikle egne forskningsprojekter i samarbejde med uddannelsescentrets pædagogiske enhed.

Ansøgningen sendes til:

Uddannelsescenter Tinglev
Hovedgaden 77
6360 Tinglev

**N  Now read this application for the advertised job, and answer the questions.**

Hans Jespersen
Nordstrandvej 367
8592 Anholt
Tlf.: 12 34 56 78
Email: hansjespersen@mail.dk

d. 25. juli 2018

Uddannelsescenter Tinglev
Hovedgaden 77
6360 Tinglev

**Angående ansøgning som dansklærer ved Uddannelsescenter Tinglev.**

For knap en måned siden vinkede jeg farvel til en studentervogn fuld af glade, smilende studenter. Det var den første gruppe, jeg havde fulgt gennem alle tre år i dansk. De havde klaret sig fremragende til eksamen, og nu var de klar til at komme videre. Jeg er stolt af det arbejde, jeg har udført, men samtidig drømmer jeg nu også om at prøve noget andet, og derfor søger jeg stillingen ved Uddannelsescenter Tinglev.

Fagligt føler jeg mig velkvalificeret til stillingen. Jeg har en kandidatgrad i dansk og fremmedsprogspædagogik og omfattende undervisningserfaring, bl.a. med ikke-danske elever. Jeg er stærkest inden for sprog (fx grammatik og fonetik), og jeg har selvfølgelig et solidt litterært fundament. Når det gælder medier, har jeg arbejdet en del med nyhedsmedier, og jeg har haft elever, som tværfagligt har produceret deres egne små nyhedsudsendelser.

Jeg er vant til både at lede teams og være en del af dem. Derudover har jeg sammen med en håndfuld andre lærere varetaget kommunikationen mellem lærerne og elevernes aktivitets- og festudvalg.

Jeg har stor erfaring med rettearbejde, eksamen – både mundtlig og skriftlig – samt vejledning af større skriftlige opgaver.

Vedlagt ansøgningen er: CV, dokumentation for eksamener ved Københavns Universitet og udtalelse fra rektoren på mit nuværende arbejde.

Jeg ser frem til at høre fra jer.

Med venlig hilsen

Hans Jespersen

| en anvisning | instruction |
| --- | --- |
| et rettearbejde | marking |
| en enhed | unit |
| tværfaglig | interdisciplinary |

*The two nouns* **en studerende** *and* **en student** *can cause confusion for English-speaking learners of Danish. While* **en studerende** *is a person who studies, usually at a higher education institution,* **en student** *is a person who has recently graduated from* **et gymnasium** *(a three-year senior high school) or equivalent and has thus passed his or her* **studentereksamen** *(equivalent of A-levels).*

1   Hvorfor søger Hans stillingen som dansklærer ved Uddannelsescenter Tinglev?

_____

2   Hvilke formelle kvalifikationer gør Hans egnet til stillingen?

_____

3   Hvilket konkret eksempel på et undervisningsprojekt nævner Hans?

_____

4   Hvad slags erfaring har han ud over undervisning?

_____

_____

5 Hvilke dokumenter vedlægger han sin ansøgning?

_____

_____

O **Find words and expressions from the Reading which match these definitions.**

1 Et køretøj med elever, som lige har afsluttet deres eksamen. _____

2 Et faktuelt program på fjernsynet, hvor man kan se, hvad der er sket for nylig.

_____

3 En person, som er leder af et gymnasium eller et universitet. _____

4 Et uddannelsestrin, man opnår efter cirka fem år i akademisk sammenhæng.

_____

5 At løfte og bevæge armen og hånden frem og tilbage som hilsen eller signal til nogen.

_____

# Writing

P **Find a job advertisement you are interested in and write a short application statement for it (125–150 words). While writing, use a variety of subordinate clauses. Job advertisements are easily found online. You can use the following questions to help guide your writing:**

▶ Hvorfor søger du jobbet?
▶ Hvilken relevant erfaring har du?
▶ Hvilke kvalifikationer har du?
▶ Hvilke dokumenter vedlægger du ansøgningen?

_____

_____

_____

_____

_____

_____

_____

_____

_____

_____

# Self-check

**Tick the box which matches your level of confidence.**

1 = very confident;     2 = need more practice;     3 = not confident

**Sæt kryds i skemaet for at vise, hvor sikker du føler dig.**

1 = meget sikker     2 = har brug for mere øvelse     3 = usikker

| | 1 | 2 | 3 |
|---|---|---|---|
| Recognize and write subordinate clauses, including relative clauses. | | | |
| Connect main clauses with subordinate clauses. | | | |
| Use a range of subordinating conjunctions, relative pronouns and interrogative pronouns. | | | |
| Can understand texts that consist mainly of high frequency everyday or job-related language. (CEFR B1) | | | |
| Can write very brief texts to a standard, conventionalized format. (CEFR B1) | | | |

# 12 Skal vi bo i byen eller på landet?

Shall we live in the city or in the country?

**In this unit you will learn how to:**

✔ Recognize and use a wide range of prepositions.

✔ Distinguish between prepositions of time and place.

✔ Recognize and use prepositional phrases.

CEFR: Can identify specific information in simpler written material he/she encounters such as a brochure (A2); Can write about everyday aspects of his/her environment (places) (A2).

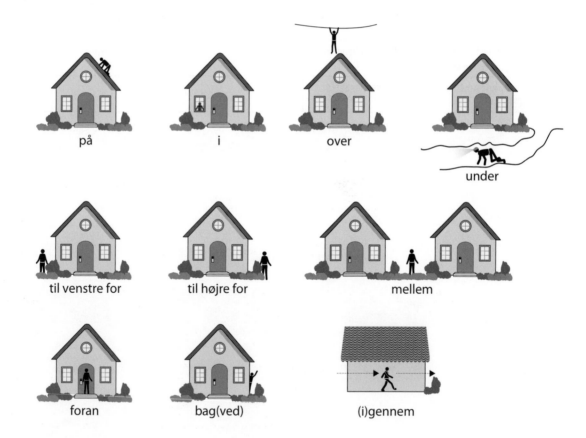

| | | |
|---|---|---|
| på | i | over |
| | | under |
| til venstre for | til højre for | mellem |
| foran | bag(ved) | (i)gennem |

## Meaning and usage

### Prepositions

1  Prepositions are used to indicate a relationship between two or more things. In some cases, the prepositional meaning is concrete, such as in the case of **lysestagen står på sofabordet** (*the candle holder is on the coffee table*). In other cases, prepositions become part of idiomatic

expressions where the meaning is more difficult to guess, such as **viceværten ledte efter kosten** (*the caretaker looked for the broom*). In this instance, **efter** cannot be translated with the English *after* but is part of a prepositional phrase (**at lede efter**), which needs to be learnt by heart.

2 Prepositions normally come before the word, phrase or clause they directly refer to.

**Hun købte hus sammen <u>med</u> sin kæreste.** (*She bought a house together <u>with</u> her boyfriend.*)

3 In some cases, the preposition is placed last in a clause. The two most common examples of this are **hv-** questions and relative clauses.

**Hvem købte hun hus sammen <u>med</u>?** (*Who did she buy a house together <u>with</u>?*)

**Hans studiekammerater, som han bor i kollektiv <u>med</u>, er alle fra den samme by.** (*His fellow students, <u>with</u> whom he lives in a housing co-op /commune, are all from the same town.*)

*There are many exceptions and inconsistencies around the area of prepositions. The rules covered in this unit will help you to make an informed guess about which prepositions to use, but it will be helpful to make a list of additional uses and prepositional expressions when reading Danish texts.*

Here is a list of some of the most common prepositions and their English counterparts:

| | | |
|---|---|---|
| **af** | *of* | **Skabet er lavet af gamle gulvbrædder.** (*The cabinet is made of old floorboards.*) |
| | *by* | **Vi bor i en boligblok i Gellerupparken, som blev bygget af Aarhus Kommune i 1969.** (*We live in a tower block in Gellerupparken, which was built by Aarhus City Council in 1969.*) |
| **efter** | *after* | **Efter renten gik op, besluttede hun sig for at lægge sit huslån om.** (*After the interest rate went up, she decided to remortgage.*) |
| | *according to* | **Arbejdet med den nye tilbygning går efter planen.** (*The work on the new extension goes according to plan.*) |
| **for** | *of* | **Formanden for andelsboligforeningen er blevet genvalgt.** (*The chair of the housing co-operative has been re-elected.*) |
| | *over* | **Vi har hængt gardiner for vinduerne.** (*We have put curtains over the windows.*) |
| **for ... siden** | *... ago* | **Vi flyttede for to uger siden.** (*We moved two weeks ago.*) |
| **for at +** infinitive | *in order to* | **Kommunen købte grunden for at bygge flere kommunale boliger.** (*The council bought the plot in order to build more council housing.*) |
| **forbi** | *past* | **Jernbanen går lige forbi deres hus.** (*The railway runs right past their house.*) |
| **fra** | *from* | **De fliser, vi har lagt i haven, kommer fra Sverige.** (*The paving stones we have laid in the garden come from Sweden.*) |
| **før** | *before* | **Før de flyttede ind, havde udlejeren malet alle værelserne i lejligheden.** (*Before they moved in, the landlord had painted all the rooms in the apartment.*) |
| | *until* | **Jeg fik ikke mit eget værelse, før jeg flyttede hjemmefra.** (*I didn't get my own room until I moved away from home.*) |
| **hos** | *at* | **Mens mit køkken bliver sat i stand, spiser jeg hos naboen.** (*While my kitchen is being refurbished, I'm eating at the neighbour's.*) |

| | | |
|---|---|---|
| i | in | Min mormor bor i en ældrebolig. (*My grandmother lives in a residential home for elderly people.*) |
| | | De tager tit i sommerhus i weekenden. (*They often go to their cottage at the weekend.*) |
| | | Købmandsgården blev bygget i 1700-tallet. (*The merchant's house was built in the eighteenth century.*) |
| | for | Lejekontrakten løber kun i tre måneder. (*The tenancy agreement only runs for three months.*) |
| | to | Jeg har en aftale med en ejendomsmægler klokken tyve minutter i fem. (*I have an appointment with an estate agent at twenty minutes to five.*) |
| | | Hun tog bussen i skole om morgenen. (*She took the bus to school in the morning.*) |
| | at | Hvor er han? Han sidder i et møde med byplanlægningsudvalget. (*Where is he? He is at a meeting with the city planning committee.*) |
| med | with | Lejligheder med altan er meget efterspurgte. (*Apartments with balconies are highly sought after.*) |
| mod/imod | towards | Han slår ofte græs hen mod slutningen af eftermiddagen. (*He often cuts the grass towards the end of the afternoon.*) |
| | against | De var imod, at boligforeningen ville nedlægge legepladsen. (*They were against the housing association's intention to close the playground.*) |
| om | about | Vores bankrådgiver fortalte os om risikoen ved at købe fast ejendom. (*Our financial advisor told us about the risk involved in the purchase of property.*) |
| | around | De byggede et hegn rundt om hønsegården. (*They built a fence around the chicken coop.*) |
| | on | Om torsdagen ordner jeg ofte have. (*On Thursdays, I often work in the garden.*) |
| | per/a(n) (e.g. once per week, once a month, etc.) | Skraldebilen kommer to gange om ugen. (*The bin lorry comes twice a week.*) |
| over | over | Herregården var vurderet til over 50 millioner kroner. (*The manor house was estimated at over 50 million kroner.*) |
| | above | Mange huse i København bliver solgt over udbudsprisen. (*Many houses in Copenhagen are sold above the asking price.*) |
| på | on | Lejligheden bliver ledig på lørdag. (*The apartment will become available on Saturday.*) |
| | | Husnøglerne lå på bordet, da vi kom ind. (*The house keys were on the table when we came in.*) |
| | | De bor på tredje sal. (*They live on the third floor.*) |
| | at | Man kan se en udstilling på biblioteket om planerne for den nye park. (*You can see an exhibition at the library about the plans for the new park.*) |
| | to | Vores gamle genboere er flyttet på landet. (*Our old neighbours [from across the street] have moved to the country.*) |
| | in | Der er blevet sat nye gadelamper op på vejen. (*New street lights have been put up in the street.*) |
| siden | since | Mine tante har boet her siden 1967. (*My aunt has lived here since 1967.*) |

| til | to | **Udlejningskontoret har åbent fra kl. 10 til 17.** (*The rental agency is open from 10 a.m. to 5 p.m.*) |
| | until | **Der er lukket i beboerhuset indtil nytår.** (*The function room of the residential complex will be closed until the new year.*) |
| | at | **Vi var til fest hos vores overbo i går.** (*We were at a party at our upstairs neighbour yesterday.*) |
| under | under/below/beneath | **Vi har lagt skiffer under vores brændeovn.** (*We have put slate under our wood-burning stove.*) |
| | during | **Mange huse kom på tvangsauktion under finanskrisen.** (*Many houses were auctioned off after repossession during the financial crisis.*) |
| uden | without | **De ville have en stue uden tapet på væggene.** (*They wanted a living room without wallpaper.*) |
| ved | by | **Mine bedsteforældres gård ligger ved en stor granskov.** (*My grandparents' farm is situated by a large pine forest.*) |
| | at | **Huset fyldtes af skøn musik, når hun satte sig ved klaveret.** (*The house filled with beautiful music when she sat down at the piano.*) |
| | about/around | **Gæsterne kommer ved 7-tiden.** (*The guests will arrive at around 7 p.m.*) |

**A   Complete the sentences with an appropriate preposition.**

1   Da ejendommen blev færdig _____ 2015, blev den solgt til højestbydende.
2   Ejendomsmægleren har sagt, at de mulige købere kommer _____ 2-tiden.
3   Jeg cykler altid til arbejde _____ mandagen.
4   Fordi vi er flyttet _____ et område med risiko for oversvømmelse, er vores forsikringspræmie gået op.
5   Vores naboer har købt et nyt hus, og de skal flytte _____ to måneder.
6   Køkkenskabene var lavet _____ lamineret træ.
7   Jeg har kørt _____ gården og synes, den ser rigtig dejlig ud fra vejen.
8   De har købt et rækkehus _____ have, fordi hun har pollenallergi.

**B   Reorder the words to make sentences. Begin with the underlined word.**

1   <u>Hun</u> / en / elevator / ikke / bo / boligblok / uden / i / ville / .
2   <u>Under</u> / 30.000 / onkel / i / fandt / min / kroner / renoveringen / pejsen / .
3   <u>Stuelejligheden</u> / grønne / fredeligt / ligger / ved / områder / .
4   <u>Der</u> / boliger / solgt / om / bliver / vinteren / færrest / .
5   <u>Siden</u> / blevet / større / større / er / køkkener / og / 1950'erne / .
6   <u>Deres</u> / lejlighed / vaskeri / lå / over / første / et / .
7   <u>Hvilken</u> / på / bor / etage / du / ?
8   <u>De</u> / gerne / den / ville / fra / kælderlejlighed / flytte / ulækre / .

# Prepositions of place

1 An important function of prepositions is to indicate a concrete spatial relationship between two things.

**Deres hus lå <u>ved siden af</u> motorvejen.** (*Their house was <u>next to</u> the motorway.*)

**Vi har bygget et nyt cykelskur <u>i</u> baghaven.** (*We have built a new bicycle shed <u>in</u> the back garden.*)

2 When talking about geography, the main prepositions are **til, fra, for, i** and **på**:

**a til** is used to indicate movement to a place.
**Vi har besluttet os for at flytte <u>til</u> Odense.** (*We have decided to move <u>to</u> Odense.*)

**b fra** is used to indicate movement or provenance from a place.
**Min kærestes forældre kommer <u>fra</u> Samsø.** (*My partner's parents come <u>from</u> Samsø.*)

**c for** is used with compass directions: **nord, syd, øst, vest**.

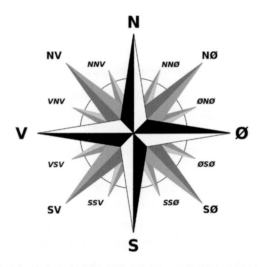

**Hendes sommerhus ligger 20 kilometer nord <u>for</u> København.** (*Her summer cottage is situated 20 kilometres north <u>of</u> Copenhagen.*)

**C** Read the sentences and decide which places are normally used with **i** and **på**.

> **cities – continents – countries – individual mountains – islands/archipelagos – parts of cities**

1 Jeg har altid drømt om at bo i Sydamerika.     **i** is used with _____

2 Min familie camperer i Ungarn hver sommer.     **i** is used with _____

3 Der bliver bygget mange nye boligblokke i London.     **i** is used with _____

4 Det kan være udfordrende at bo på Sejerø.     **på** is used with _____

5 Farfar har altid boet på Nørrebro i København.     **på** is used with _____

6 Jeg har aldrig været på Himmelbjerget.     **på** is used with _____

3   As shown in C, **i** and **på** are both used to indicate location, or where something takes place. They are, however, used in connection with different types of places.

| i | på |
|---|---|
| **continents** | **islands and most archipelagos** |
| De har overvejet at slå sig ned i Asien. (*They have considered settling down in Asia.*) | Man kan bo billigt på Lolland og pendle til København. (*You can live cheaply on Lolland and commute to Copenhagen.*) |
| **countries** | **mountains** |
| Der er mange hyggelige landsbyer i Skotland. (*There are many quaint villages in Scotland.*) | Har du været på Kilimanjaro? (*Have you been on Kilimanjaro?*) |
| **cities and towns** | **parts of cities** |
| Kvadratmeterprisen for boliger i Aarhus var 28.183 kroner i 2017. (*The average price per square metre for properties in Aarhus was 28,183 kroner in 2017.*) | Vi har ikke råd til at bo på Frederiksberg. (*We can't afford to live in Frederiksberg.*) |
| **mountain ranges** | **streets** |
| Vi har købt et feriehus i Alperne. (*We have bought a chalet in the Alps.*) | Hun boede på Grøndalsvej 58. (*She lived on 58 Grøndalsvej.*) (**på** is used for addresses ending in **-vej**) |
| **streets** | |
| Han har et hus i Østergade. (*He has a house on Østergade.*) (**i** is used for addresses ending in **-gade**) | |

4   If a country is also an island or group of islands, **i** is used: **i Australien, i Indonesien, i Irland, i Japan, i Storbritannien**.

*With* **Færøerne** (the Faroe Islands), **Island** (Iceland) *and* **Grønland** (Greenland), *both* **i** *and* **på** *are used. It is recommended to use* **i** *as this shows respect for the three countries' independence (seeing them as countries rather than islands), but native speakers often find that* **på** *sounds more natural.*

When talking about specific locations, the three main prepositions are **i, på** and **hos**. Here is a list of some of the most common locations and their respective preposition:

| i | på | hos |
|---|---|---|
| banken/butikken | apoteket/sygehuset | Alma/Søren/Washi |
| bilen | biblioteket | købmanden/frisøren |
| haven/skoven | arbejde/skolen/universitetet | dig/mig/os |
| huset | bussen/flyet/toget | naboen |
| kirken | diskotek | min far/min mor |
| teatret/biografen | museum | lægen/tandlægen |
| skole | café/restaurant | |

**Jeg har haft travlt i dag. Jeg har været på arbejde, hos lægen og i banken.**
(*I have had a busy day. I have been at work, at the doctor's and at the bank.*)

 **I skole** *indicates that you are there being taught.* **På skolen** *indicates that you are inside the school building.*

**D  Complete the sentences with the Danish equivalent of the English shown.**

1  Billedet hænger _____ (*above the armchair*).
2  Katten gemmer sig altid _____ (*under the table*).
3  Der var alt for mange bøger _____ (*on the shelves*).
4  Deres fine middagsservice stod _____ (*in the cabinet*).
5  Nullermændene hobede sig op _____ (*behind the sofa*).
6  Jeg måtte fjerne edderkoppespindene, som hang ned _____ (*from the ceiling*), med en kost.
7  Tæppet lå _____ (*in front of the door*).
8  Hunden løb _____ (*through all the rooms*), når den legede.
9  Skrivebordet står _____ (*to the left of the window*).

**E  Read Bo's email and complete it with the correct prepositions.**

| | |
|---|---|
| Fra: | bo_rejsegal87@dk-mail.dk |
| Til: | thomas.k.bjerre@hurtigposten.dk |
| Emne: | Ses vi på lørdag? |

Hej Thomas!

Som du ved, begyndte jeg med at tage _____ (**1**) København. Selvom jeg har været _____ (**2**) Danmark flere gange før, var det min første gang _____ (**3**) København. Jeg var _____ (**4**) Louisiana, som ligger nord _____ (**5**) København, og _____ (**6**) Det Kongelige Teater. Om aftenen spiste jeg _____ (**7**) en fin restaurant. Dagen efter fløj jeg _____ (**8**) Kastrup Lufthavn _____ (**9**) Aalborg, som ligger _____ (**10**) Region Nordjylland. Vidste du, at folk, som kommer _____ (**11**) Aalborg, kaldes for aalborgensere?

Jeg har nu været her i fire dage og er begyndt at kede mig. Jeg glæder mig allerede til at se dig næste uge _____ (**12**) Færøerne. Er aftalen stadig at mødes på lørdag _____ (**13**) din veninde Sofie?

Vi ses!

Knus og mange hilsener fra Bo

# Prepositions of time

Another area where prepositions are used is to indicate different temporal relations. The most common prepositions of time are **i**, **på**, **om** and **for ... siden**. Unless otherwise stated in the table, the preposition is used with the indefinite form of the noun:

| | | |
|---|---|---|
| **i** | duration | **Han har boet hos sin svigerfamilie i to år.** (*He has lived with his famiy-in-law for two years.*) |
| | the last and next season<br><br>(the definite form of the noun is used for spring and autumn) | **I vinter flyttede vores søn hjemmefra.** (*Last winter our son moved away from home.*)<br><br>**Vi skal lægge fliser i vinter.** (*We are going to lay paving slabs this winter.*)<br><br>**I efteråret skal vi bygge et cykelskur.** (*This autumn we are going to build a bike shed.*)<br><br>**I foråret hang vi gardiner op.** (*We hung up curtains last spring.*) |
| | years and months | **I marts 2012 stod vores nye tilbygning færdig.** (*In March 2012, our new extension was completed.*) |
| | period of the day | **Maleren kommer i morgen formiddag.** (*The painter will come tomorrow morning.*) |
| | weekend (used with the definite form of the noun) | **Hvad skal du lave i weekenden?** (*What are you going to do at the weekend?*) |
| | centuries and decades | **I 1900-tallet voksede byerne.** (*In the twentieth century, cities grew.*)<br><br>**I 1960'erne var der mange, der flyttede til nye parcelhuskvarterer.** (*In the 1960s, many people moved to new residential developments with detached homes.*) |
| | the last/previous weekday (**-s** is added to the day) | **Vi fik installeret et nyt komfur i torsdags.** (*We had a new cooker installed last Thursday.*) |
| **på** | time it takes to finish something | **Mureren sagde, at han kunne pudse facaden op på to dage.** (*The plasterer said he could render the front of the house in two days.*) |
| | the next weekday | **På fredag skal vi holde grillfest med folk fra gaden.** (*On Friday we are going to have a barbecue with people from the street.*) |
| **om** | something that will happen at a specific time in the future | **Vi har besluttet at få installeret fjernvarme om tre år.** (*We have decided to get central heating installed in three years' time.*) |
| | repeated actions (used with the definite form of the noun) | **Om mandagen/tirsdagen (osv.) luer jeg bedene i haven.** (*On Mondays/Tuesdays (etc.) I weed the flower beds in the garden.*)<br><br>**Om sommeren hugger jeg brænde til om vinteren.** (*In the summer, I chop wood for the winter.*) |

| | in a narration to indicate what happened/will happen at a specific time or period | Om lørdagen så vi lejligheden første gang, og om søndagen besluttede vi, at vi ville købe den. (*On [the] Saturday, we saw the flat for the first time, and on [the] Sunday, we decided we would buy it.*) |
|---|---|---|
| **om** | | |
| **til** | seasons and holidays in the future | Vi vil invitere naboerne på gløgg og æbleskiver til jul. (*We will invite the neighbours over for glögg [mulled wine] and æbleskiver [small, spherical pancakes] this Christmas.*) |
| | deadlines | Kan du nå at blive færdig med at pudse vinduer til klokken tre? (*Are you able to finish washing the windows by three o'clock?*) |
| **for … siden** | a point in time in the past (meaning *ago*) | Han købte landstedet for tre år siden. (*He bought the farmhouse three years ago.*) |

 **Fjernvarme** (district heating *or* teleheating) *is the most common source of heating in Denmark with district heating networks covering approximately 64% of the Danish heating supply for both space and water.*

**F** Answer the questions with **for et år siden, i et år** or **om et år.**

1 Hvor længe har du boet her? _____

2 Hvornår flyttede du ind i din nuværende bolig? _____

3 Hvornår opdagede I, at taget var lavet af asbest? _____

4 Hvornår tror I, at I bliver færdige med tilbygningen? _____

5 Hvor lang tid ventede han på byggetilladelsen? _____

6 Hvornår skal din bedstemor på plejehjem? _____

**G** Complete using a preposition and the weekday in brackets to indicate when the action takes place.

**Example:** Vil du hjælpe mig med at klippe hæk *på onsdag* (onsdag)?

1 Vi gør altid rent _____ (lørdag).

2 Vores nabo flyttede ind _____ (søndag), men vi har ikke set ham endnu.

3 Jeg plejer at tage skraldespanden ud til vejen _____ (torsdag).

4 Vil du komme til vores indflytterfest _____ (fredag)?

5 Vi var i Aarhus i påskeferien. Vi var på kunstmuseet AroS _____ (mandag), og

6 _____ (tirsdag) tog vi på Moesgaard Museum.

7 Kan I passe vores hund _____ (lørdag)?

8 Han tog som regel bussen på arbejde _____ (onsdag).

9 Tak for sidst! Det var hyggeligt, at I kom på besøg _____ (fredag).

*There are many fixed temporal expressions with prepositions that it is worth paying attention to:* **på forhånd** (in advance), **det var på høje tid!** (and about time too!), **på samme tid** (at the same time), **langt om længe** (at long last), **det var du længe om!** (that took you a long time!), **om og om igen** (over and over again), **at komme til tiden** (to be on time), **til sidst** (finally/eventually). *Learning some of these will give you access to handy replies in a number of circumstances.*

## Prepositional expressions

Many verbs, adjectives and nouns are followed by a specific preposition and, just like in English, they form set idiomatic expressions. Some frequently used prepositional expressions are:

| Adjectives | |
|---|---|
| afhængig af/stolt af/træt af | *dependent on/proud of/fed up with* |
| glad for/bange for | *happy about/afraid of* |
| forskellig fra | *different from* |
| forelsket i/interesseret i | *in love with/interested in* |
| overrasket over/skuffet over | *surprised by/disappointed with* |
| misundelig på/vred på | *envious of/angry with* |
| dårlig til/god til/nødt til/vant til | *bad at/good at/obliged to/used to* |

| Nouns | |
|---|---|
| ansvar for/behov for/mulighed for | *responsibility for/need (to)/possibility of* |
| ondt i | *pain in* |
| anledning til/grund til/lyst til/tid til/råd til/lov til | *opportunity to/reason for, reason why/desire for (want, would like)/time to/afford/permission to* |
| fordele ved/ulemper ved | *advantages with/disadvantages with* |

| Verbs | |
|---|---|
| at lede efter | *to look for* |
| at bestemme sig for | *to decide on/to* |
| at være færdig med/blive færdig med | *to be finished with/to finish* |
| at læse om/skrive om/snakke om | *to read about/write about/talk about* |
| at spekulere på/stole på/tvivle på/at vente på | *to wonder about/trust/doubt/to wait for* |
| at glæde sig til/at se frem til | *to look forward to/to look forward to* |

H   **Complete the text with the missing prepositions in the prepositional expressions.**

Min kone og jeg er gør-det-selv-mennesker, og vi leder altid _____ (**1**) gamle boliger, som vi kan sætte i stand. Vi er begge interesserede _____ (**2**) at bruge vores hænder, og vi er vant _____ (**3**) at fordele arbejdet. Min kone er særligt god _____ (**4**) at reparere elektriske installationer.

Når vi er færdige _____ (**5**) et hus og har solgt det, går vi bare og venter _____ (**6**) at starte det næste projekt. På denne måde arbejder vi altid sammen, og jeg tror, det er en af grundene

_____ (**7**), at vi fortsat er forelskede_____ (**8**) hinanden, selvom vi har været sammen i over tolv år.

Der er selvfølgelig også ulemper _____ (**9**) at arbejde så tæt sammen, og der er da perioder, hvor vi bliver lidt trætte _____ (**10**) hinanden. Men jeg er selv lidt overrasket _____ (**11**), hvor sjældent det sker. Faktisk fortæller vores venner ofte, at de er misundelige _____ (**12**) vores forhold.

> 🍎 *In English, a present participle can introduce the complement of a preposition, e.g.* My parents have thought about selling their apartment. *This is, however, not possible in Danish. When translating such sentences into Danish, rephrasing by using an infinitive or a subordinate clause is necessary:* **Mine forældre har tænkt på at sælge deres lejlighed./Mine forældre har tænkt på, at de vil sælge deres lejlighed.**

# Vocabulary

I  **Match the type of property with the definitions.**

> **gård – ældrebolig – parcelhus – sommerhus – kollektiv**
>
> **lejlighed – rækkehus – boligblok**

1  Bolig for pensionister _____

2  Bolig, der ofte ligger sammen med andre i en blok _____

3  En familiebolig, der ikke deler ydermur med andre boliger _____

4  Bolig, der er bygget sammen med andre huse _____

5  Bolig, hvor en gruppe mennesker har fælles husholdning _____

6  Ejendom på landet, som en landmand driver _____

7  Hus med mange lejligheder _____

8  Hus, som bruges til ferie og fritid _____

J  **Match the building materials in Danish with the English.**

| | | | |
|---|---|---|---|
| 1 | mursten | a | plasterboard |
| 2 | gulvbræt | b | skirting board |
| 3 | maling | c | wallpaper |
| 4 | flise | d | brick |
| 5 | tapet | e | concrete |
| 6 | fodpanel | f | tile |
| 7 | beton | g | floorboard |
| 8 | gipsplade | h | paint |

K   Match the rooms with the features/objects that you are likely to find in them. There are two
    things for each room.

> haveredskaber – seng – toilet – gammelt legetøj – fjernsyn – skrivebord –
> gummistøvler – køleskab – vaskemaskine – cykler – sofa – kasser med julepynt –
> tøjskab – bruseniche – komfur – arkivskab

1   stue                _____

2   soveværelse         _____

3   badeværelse         _____

4   køkken              _____

5   loft                _____

6   bryggers            _____

7   skur                _____

8   kontor              _____

# Reading

L   Read this description by an estate agent of a property for sale. Then answer the question.

Hvorfor beskrives landstedet som moderne, selvom det er bygget i 1962?

_____

> Med en naturskøn beliggenhed tæt på både skov og strand finder I dette idylliske og
> velholdte landsted med en grund på over en hektar. Ejendommen, der præsenterer sig
> rigtig flot med pudset facade og dannebrogsvinduer, er fra 1962, men den er ombygget
> og tilbygget i 2015. Den fremstår derfor med moderne og tidssvarende indretning,
> samtidig med at mange af husets originale detaljer er bevaret. På den store grund
> omkring huset er der gode muligheder for naturoplevelser blandt andet ved den lille
> private sø, hvor der kan fiskes.

**dannebrogsvindue**   *window divided into four panes like the Danish flag*

**M Now read the rest of the description and answer the following questions.**

Når man går ind i huset, er det første man kommer til en flot, lys entré på 20 m². Entréen er af de nuværende ejere indrettet som en lille forstue, hvor man kan byde gæster velkommen med en aperitif. Lige over for entréen findes et stort værelse, der for tiden fungerer som gæsteværelse. Går man til venstre, kommer man ind i den store stue, hvor der er brændeovn og udsigt over skov og marker. Fortsætter man til højre i entréen, kommer man til en værelsesfløj med to gode værelser, som begge er udstyret med en hyggelig hems. Hvis man går gennem stuen, finder man det dejlige samtalekøkken, bygget i hvide skabselementer med grebsfrie låger og en rustik bordplade i lyst træ. Køkkenet har desuden alt det moderne udstyr, man kan ønske sig, inklusiv et stort gaskomfur. Fra køkkenet er der udgang til haven og en skøn terrasse. I direkte forlængelse af køkkenet føres man via flotte franske døre ind i en hvidmalet, sydvendt og derfor meget lys spisestue, hvorfra man kan se ejendommens sø i baggrunden. Her er der også adgang til et lille gæstetoilet med hvid sanitet.

Fra spisestuen er der adgang til første etage via en spændende vinkeltrappe. På førstesalen findes endnu en stor stue med panoramavinduer, der giver udsigt over det dejlige område. Her kan man også uforstyrret se fjernsyn. Fra stuen er der en dør ind til en gang, hvor man finder et stort soveværelse og endnu to værelser, samt et spændende indrettet badeværelse, der har badekar, bruseniche og sauna. Boligen opvarmes med et træpillefyr suppleret med fjernvarme.

I haven finder man mange gamle frugttræer i den store græsplæne, der er omkranset af velholdte bede. De mange vinkler på huset giver plads til flere gode terrasser og solkroge rundt om huset. Man kan derfor altid finde et egnet sted, uanset om man søger lys eller læ. Drivhuset for enden af haven er opvarmet med solvarme og har plads til en bænk, så det kan fungere som et lille orangeri.

Landstedet kan tiltale alle, som sætter pris på natur. De mange kvadratmeter og værelser gør det også velegnet til børnefamilier eller sammenbragte familier. Ejendommens placering giver gode muligheder for at pendle enten til Aarhus eller Silkeborg, da den nye motorvej kun befinder sig otte minutters kørsel fra ejendommen.

| grebsfri | handle-free |
| --- | --- |
| **sammenbragt familie** | blended family |
| **solkrog** | sun trap |
| **træpillefyr** | pellet burning central heating system |

**1** Hvorfor er spisestuen meget lys?

_____

**2** Hvilke varmekilder har ejendommen?

_____

**3** Hvilke typer mennesker egner ejendommen sig til?

_____

**4** Hvorfor vil boligen passe til pendlere?

_____

**N** Imagine you live in the house described in the text and have visitors. Read your guests' statements and write the name of the room that you would direct them to.

| | Statement | Room |
|---|---|---|
| 1 | Jeg vil gerne snakke og hjælpe med at lave mad. | |
| 2 | Jeg vil gerne have et bad. | |
| 3 | Jeg vil gerne spise udenfor. | |
| 4 | Jeg skal tisse. | |
| 5 | Jeg vil gerne se jeres appelsintræ. | |
| 6 | Jeg vil gerne spise med udsigt over søen. | |
| 7 | Jeg vil gerne slappe af og varmes op. | |
| 8 | Jeg vil gerne se tv-avisen. | |
| 9 | Jeg vil gerne have en velkomstdrink. | |

**O** Find the expressions in the text which match the English. Write them using the infinitive.

**1** to give opportunity for _____

**2** to give access to _____

**3** to value _____

**4** to be well suited to _____

**5** to be surrounded by _____

# ✍️ Writing

**P** Write an estate agent's description of your dream home (125–150 words). When writing your description, try to use a variety of prepositions and prepositional expressions. The following questions may help you to structure your response:

▶ Hvilken slags bolig kan du bedst lide?

▶ Hvilken slags rum/værelser indeholder boligen?

▶ Hvordan er boligen indrettet?

▶ Hvor befinder boligen sig?

_____

_____

_____

_____

_____

_____

_____

_____

_____

_____

# Self-check

**Tick the box which matches your level of confidence.**

1 = very confident        2 = need more practice        3 = not confident

**Sæt kryds i skemaet for at vise, hvor sikker du føler dig.**

1 = meget sikker        2 = har brug for mere øvelse        3 = usikker

| | 1 | 2 | 3 |
|---|---|---|---|
| Recognize and use a wide range of prepositions. | | | |
| Distinguish between prepositions of time and place. | | | |
| Recognize and use prepositional phrases. | | | |
| Can identify specific information in simpler written material he/she encounters such as a brochure. (CEFR A2) | | | |
| Can write about everyday aspects of his/her environment (places). (CEFR A2) | | | |

# 13 Alle burde tage på højskole!

Everybody ought to attend a folk high school!

**In this unit you will learn how to:**

✓ Recognize quantifiers.

✓ Use quantifiers attributively or nominally.

✓ Use quantifiers with countable and uncountable nouns.

CEFR: Can understand the description of events, feelings and wishes (B1); Can write accounts of experiences, describing feelings and reactions in simple connected text. (B1).

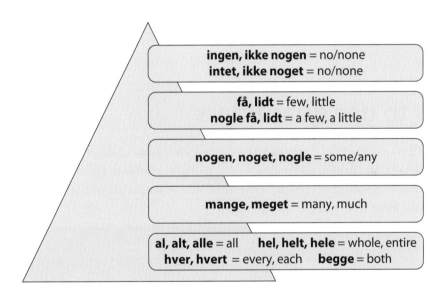

**ingen, ikke nogen** = no/none
**intet, ikke noget** = no/none

**få, lidt** = few, little
**nogle få, lidt** = a few, a little

**nogen, noget, nogle** = some/any

**mange, meget** = many, much

**al, alt, alle** = all   **hel, helt, hele** = whole, entire
**hver, hvert** = every, each   **begge** = both

# Meaning and usage

## Quantifiers

1   Quantifiers are used to indicate the number or amount of something, normally a noun.

2   Quantifiers can be used attributively, meaning that they stand in front of the noun and any adjectives. In the sentence **Han scorede nogle fantastiske mål i kampen** (*He scored some fantastic goals in the match*), the quantifier **nogle** is in front of both the noun it quantifies (**mål**) and its respective adjective (**fantastiske**).

3   When quantifiers are not accompanied by a noun, i.e. when they stand alone, they are said to be used nominally. This means that they function in the same way as nouns or pronouns. **Ingen kan spille skak som min onkel.** (*Nobody can play chess like my uncle.*)

**A** Identify all the quantifiers in these sentences. Then decide whether they have been used attributively (att.) or nominally (nom.).

| | | Quantifier | Att. | Nom. |
|---|---|---|---|---|
| 1 | Hele klassen var begyndt at spille tennis. | | | |
| 2 | Der er mange piger, som er interesserede i håndbold. | | | |
| 3 | Alle bør dyrke motion mindst to gange om ugen. | | | |
| 4 | Ingen tvivler på, at det er svært at spille violin. | | | |
| 5 | De blev nødt til at aflyse dansetimen, fordi der ikke var nok tilmeldte. | | | |
| 6 | Det kræver meget kondition at løbe et maraton. | | | |
| 7 | Anders vil gå til både badminton og ridning, så hans forældre har meldt ham til begge dele. | | | |
| 8 | Jeg vil gerne med i fitnesscentret i aften, men jeg har ikke noget medlemskort. | | | |
| 9 | Hver søndag dyrker jeg yoga hos min veninde. | | | |

# How to use quantifiers

1 Quantifiers can be divided into two broad categories: those used with countable nouns and those used with uncountable nouns. Most quantifiers used with countable nouns are inflected according to gender and number, while most quantifiers used with uncountable nouns only have one form:

| Countable | | | | Uncountable |
|---|---|---|---|---|
| **Common gender** | **Neuter** | **Definite form singular** | **Plural** | |
| nogen (*some/any*) | noget (*some/any*) | - | nogle (*some/any*) | noget (*some/any*) |
| ikke nogen (*no*) | ikke noget (*no*) | - | ikke nogen (*no*) | ikke noget (*no*) |
| ingen (*no*) | intet (*no*) | | ingen (*no*) | intet (*no*) |
| hver (*every/each*) | hvert (*every/each*) | - | - | - |
| hel (*whole/entire*) | helt (*whole/entire*) | hele (*whole/entire*) | hele (*whole/entire*) | - |

2 Some quantifiers can only be used with uncountable nouns or countable plural nouns:

| Countable plural | Uncountable |
|---|---|
| alle (*all*) | al (common), alt (neuter) (*all*) |
| mange (*many/a lot of*) | meget (neuter) (*much/a lot of*) |
| få (*few*) | lidt (*a little*) |
| nogle få (*a few*) | |
| nok (*enough*) | nok (*enough*) |
| begge (*both*) | - |

3    **Nogen/noget/nogle** can mean *some* or *any*.

   a    **Nogen** is used with:

      ▶    countable common gender nouns in questions.

        **Er der <u>nogen</u> svømmehal i nærheden?** (*Is there a swimming pool nearby?*)

      ▶    countable common gender nouns (both in singular and plural) in negative statements.

        **Holdet scorede aldrig <u>nogen</u> mål.** (*The team never scored any goals.*)

   b    **Noget** is used with:

      ▶    countable neuter nouns in questions and negative statements.

        **Er der <u>noget</u> sted i den her by, hvor vi kan leje cykler?** (*Is there any place in this town where we can rent bicycles?*)

        **Der er ikke <u>noget</u> omklædningsrum.** (*There is no changing room.*)

      ▶    uncountable nouns.
        **Jeg har <u>noget</u> mel, men ikke nok til at bage boller.** (*I have some flour, but not enough to bake rolls.*)

   c    **Nogle** is used with countable nouns in the plural (both in common and neuter gender).

      **Der er både nogle gamle badmintonketsjere og nogle nye fjerbolde i skabet.** (*There are both some old badminton rackets and some new shuttlecocks in the cabinet.*)

4    Used nominally, **nogen/nogle** refers to people, meaning *someone/somebody* or *anyone/anybody*, while **noget** refers to things or abstract matters, meaning *something* or *anything*.

   **Kender du <u>nogen</u>, der spiller bratsch?** (*Do you know anyone who plays the viola?*)

   **Er der sket <u>noget</u> i klubhuset?** (*Has something happened in the clubhouse?*)

   <u>Nogle</u> **mener, det er farligt at flyve dragefly.** (*Some think that hang-gliding is dangerous.*)

5    **Ingen/ikke nogen** and **ikke noget/intet** mean *no*.

   a    **Ingen** is used with:

      ▶    countable common gender nouns.
        **Carla har <u>ingen</u> sovepose.** (*Carla has no sleeping bag.*)

      ▶    countable plural nouns.
        **Holger har <u>ingen</u> skøjter.** (*Holger has no ice skates.*)

      ▶    uncountable common gender nouns.
        **Anton har næsten <u>ingen</u> fritid.** (*Anton has almost no free time.*)

   b    **Ikke nogen** is used with:

      ▶    countable common gender nouns.
        **Carla har <u>ikke nogen</u> sovepose.** (*Carla does not have a sleeping bag.*)

      ▶    countable plural nouns.
        **Holger har <u>ikke nogen</u> skøjter.** (*Holger does not have any ice skates.*)

**c** **Ikke noget** is used with:

- ▶ countable neuter nouns.
  **Der er ikke noget museum, han ikke har været på, og ikke noget kunstværk, han ikke kender.** (*There is no museum where he hasn't been, and no piece of art he doesn't know.*)

- ▶ uncountable nouns.
  **Anton har næsten ikke noget fritid.** (*Anton has almost no free time.*)

**d** **Intet** is used with singular neuter nouns.
**Der er intet museum, han ikke har været på, og intet kunstværk han ikke kender.**
(*There is no museum where he hasn't been, and no piece of art he doesn't know.*)

6 Used nominally, **ingen** and **ikke nogen** refer to people, meaning *nobody, no one* or *not …  anyone*, while **ingenting** and **ikke noget** refer to things, meaning *nothing* or *not … anything*.

**Der er næsten ingen, som er til sejlads i aften.** (*There is almost nobody attending the sailing course tonight.*)

**Der er ikke noget, jeg nyder mere end at ride en tur i skoven.** (*There is nothing I enjoy more than going for a ride on a horse in the forest.*)

> The expression **at gå til noget** *means* to attend classes *(receive instruction in something on a regular basis), e.g.* **Han går til trommer om mandagen.** (He has drum lessons on Mondays.) **At være til noget** *means that the person is at the place where he/she is having lessons:* **Hvor er Mads? Han er til svømning.** (Where is Mads? He is at his swimming class.)

7 **Nogen** and **ingen** have the genitive forms **nogens** and **ingens** which can be used both attributively and nominally.

**Er det her nogens private kajak, eller tilhører den kajakklubben?** (*Is this someone's private kayak, or does it belong to the kayak club?*)

**De petanquekugler, som ligger på banen, er de nogens?** (*Those pétanque balls on the pitch – do they belong to someone?*)

**Det var ingens skyld, at han styrtede på sin mountainbike.** (*It was nobody's fault that he fell off his mountain bike.*)

8 **Ingen/intet/ingenting** adhere to these grammatical rules:

**a** they are always used as the subject of a clause.
~~Ikke noget gik galt til stævnet.~~
**Ingenting gik galt til stævnet.**
(*Nothing went wrong at the tournament.*)
As shown in the example, **ikke noget** cannot be used as the subject of the clause. In this case **ingenting** is the only choice.

**b** they cannot normally be part of a prepositional complement.
~~Når jeg træner, tænker jeg på ingenting.~~
**Når jeg træner, tænker jeg ikke på noget.**
(*During training, I don't think about anything.*)

**c** they are placed in the clausal adverb position, even when functioning as an object.

~~Lone har sagt ingenting om, at hun er begyndt at styrketræne.~~

Lone har <u>ingenting</u> sagt om, at hun er begyndt at styrketræne.

(*Lone has said nothing about the fact that she has started working out.*)

*In informal contexts,* **ikke nogen/ikke noget** *are used more often than* **ingen/ingenting/intet***. It's worth noting that* **ingen/ingenting/intet** *are stronger and more emphatic, often corresponding to* at all, *as in* **Jeg har intet mad i køleskabet.** (I have no food [at all] in the fridge.)

**B  Complete the sentences with ingen, ingenting, ikke nogen or ikke noget.**

1 Min fodboldklub har _____ træner for tiden.

2 _____ vil tage ud og bowle med mig.

3 Jeg kan ikke gøre mit modelskib færdigt; jeg har _____ lim.

4 Mine børn har _____ fritidsaktiviteter, der foregår indendørs.

5 Lidt motion er bedre end _____.

9 **Hver/hvert** means *every* or *each*. While **hver** is used with countable common gender nouns, **hvert** is used with countable neuter nouns.

**Han gik en tur med hunden <u>hver</u> morgen.** (*He went for a walk with the dog every morning.*)

**<u>Hvert</u> bordtennisbord har sit eget net og tilhørende bat.** (*Each table-tennis table has its own net and rackets.*)

*The meaning of* **hver/hvert** *can be reinforced by the addition of* **eneste** *to mean* every single: **Hun løb et maraton hvert eneste år.** (She ran a marathon every single year.)

10 **Hel/helt/hele** means *whole* or *entire*. **Hel** is used with countable common gender nouns and **helt** is used with countable neuter nouns. **Hele** is used with countable plural nouns and in definite structures (i.e. in noun phrases where English would use the definite article).

**Astrid spillede en <u>hel</u> sonate af Mozart uden nogen fejl.** (*Astrid played a whole sonata by Mozart without any mistakes.*)

Note that in definite structures, the definite form of the adjective (**hele**) is not used with the definite article, but with the definite form of the noun.

**Han gennemførte <u>hele</u> triatlonen uden nogen pauser.** (*He completed the entire triathlon without any breaks.*)

11 **Al/alt/alle** means *all*. **Al** is used with uncountable common gender nouns and **alt** is used with uncountable neuter nouns. **Alle** is used with countable plural nouns.

**Pigerne brugte <u>al</u> pladsen til at slå vejrmøller på.** (*The girls used all the space to do cartwheels.*)

**Vi kunne ikke spille på banen, for <u>alt</u> kunstgræsset var ødelagt.** (*We couldn't play on the pitch as all the AstroTurf was damaged.*)

**<u>Alle</u> kanoerne var udlejede, så vi kunne ikke tage på kanotur den dag.** (*All the canoes had been hired out so we couldn't go canoeing that day.*)

Used nominally, **alt** refers to things, meaning *everything*, while **alle** refers to people, meaning *everybody* or *everyone*.

**Hun ved <u>alt</u> om de forskellige sportsgrene ved OL.** (*She knows everything about the different Olympic disciplines.*)

**<u>Alle</u> spillerne på holdet skulle med til finalen.** (*All the players on the team were going to the final.*)

> *Danish does not use as many acronyms and abbreviations as English. However, for* **verdensmesterskaber** (world championships) *and* **europamesterskaber** (European championships), *the abbreviations* **VM** *and* **EM** *are normally used. Note also* **OL** *for* **De olympiske lege** (Olympic Games). *In football, the World Cup is referred to as* **VM** *and the UEFA European Championship as* **EM**.

12  **Mange** means *many* or *a lot* and is used with countable plural nouns. **Meget** means *much* or *a lot* and is used with uncountable nouns. Both of these quantifiers have a comparative and a superlative form.

| Positive | Comparative | Superlative |
|---|---|---|
| **mange** (*many*) | **flere** (*more*) | **flest** (*most*) |
| **meget** (*much*) | **mere** (*more*) | **mest** (*most*) |

**Ole går til <u>mange</u> fritidsaktiviteter, nok <u>flere</u> end Hans gør.** (*Ole goes to many leisure activities, probably more than Hans does.*)

**Hun havde ikke <u>meget</u> plads til sin keramikovn, så hun lejede et værksted for at få lidt <u>mere</u> plads.** (*She didn't have much room for her pottery kiln so she rented a workshop to get a bit more space.*)

> *You might notice that the comparative and superlative forms are the same in English but different in Danish. If you are in doubt when forming the comparative and superlative forms, it might help to begin with the positive form: if English uses* many, *you will know that the noun is countable* (**mange**), *but if English uses* much, *the noun is uncountable* (**meget**).

**13** **Få** means *few* and **nogle få** means *a few*. Both are used with countable plural nouns. **Lidt** means *a little* and is used with uncountable nouns. **Få** and **lidt** have comparative and superlative forms.

| Positive | Comparative | Superlative |
|---|---|---|
| få (*few*) | færre (*fewer*) | færrest (*fewest*) |
| lidt (*little*) | mindre (*less*) | mindst (*least*) |

**Jeg kender kun <u>nogle få</u> mænd, som strikker og hækler.** (*I know only a few men who knit and crochet.*)

**Han havde altid <u>mindre</u> energi sidst på ugen.** (*He always had less energy at the end of the week.*)

**C** **Choose the correct word.**

1 Det er ikke _____ (al/alle) danskere, der elsker håndbold.

2 _____ (hver/hvert) mandag morgen er der _____ (få/færre) i svømmehallen end om tirsdagen.

3 Hun er _____ (ingen/intet) Wozniacki, men hun elsker at spille tennis i sin fritid.

4 Der er _____ (mange/meget) nye sportsgrene, som burde være med ved OL.

5 En _____ (hel/helt) pattegris ville være perfekt til vores sommerfest.

6 _____ (nogen/nogle) børn kan ikke lide at få hovedet under vand.

**D** **Choose the correct form of mange, få, meget or lidt.**

1 _____ (flere/mere) kvinder end mænd udnytter kulturtilbud.

2 De _____ (færreste/mindste) teenagere dyrker nok motion.

3 Min datter bruger _____ (mange/meget) tid på computerspil.

4 I dag lever de _____ (fleste/meste) handicappede aktive liv.

5 Jeg har _____ (flere/mindre) lyst til at tage på kursus nu, end da jeg var yngre.

6 Der var _____ (mange/meget) grunde til, at min kone og jeg begyndte at lære spansk.

**14** **Nok** means *enough* and is used with countable plural nouns and uncountable nouns.

**Hun har ikke <u>nok</u> mod til at springe i faldskærm.** (*She doesn't have enough courage to parachute.*)

Unlike other quantifiers, **nok** can be placed after the noun.

**Hun har ikke mod <u>nok</u> til at springe i faldskærm.** (*She doesn't have courage enough to parachute.*)

**15** **Begge** means *both* and is used with countable plural nouns. It can be used both attributively and nominally. When used nominally, **begge** is sometimes used alone, or otherwise is often combined with the words **to** (*two*) or **dele** (*parts*): **begge to/begge dele**. In many cases all three would be correct, but there is a tendency to use **begge to** when referring to specific people or things (normally in the definite form) and **begge dele** when referring to more general or abstract things (often in the indefinite form).

**Hun kunne ikke vælge mellem de to klaverlærere. De var begge to meget dygtige.** (*She couldn't choose between the two piano teachers. They were both very skilled.*)

**Skal jeg leje langrends- eller slalomski? Begge dele er sjovt.** (*Should I rent cross-country or alpine skis? Both are fun.*)

*When the English* both *is part of the expression* both … and…, *you cannot use* **begge**. *In this case the correct structure is* **både … og…**, *e.g.* **Jeg kan lide både at snorkle og dykke med iltflaske.** (I like both snorkelling and scuba diving.)

**E  Complete the sentences with the quantifiers in the box.**

> **al – begge – ikke noget – hele – hvert – nok**

1  Der har været to kunstudstillinger om landskabsmalere i år, og _____ var fantastiske.
2  Jeg var faktisk ret træt, men jeg så _____ koncerten alligevel.
3  Han sad altid dårligt i teatret, fordi han ikke havde _____ penge til de gode sæder.
4  _____ eneste år arrangerede skolen en stor kulturfestival.
5  Han havde _____ musikken liggende på sin mobiltelefon.
6  Jeg har _____ imod opera, men jeg foretrækker ballet.

# Vocabulary

**F  Sort these sports activities according to where they take place.**

> **faldskærmsudspring – golf – dykning – kunstskøjteløb – langrend – sejlads – håndbold – rytmisk gymnastik – svæveflyvning – skihop – synkronsvømning – roning – højdespring**

| | |
|---|---|
| **på vand** | |
| **i vand** | |
| **is** | |
| **sne** | |
| **luft** | |
| **land** | |

**G  Match the objects with the correct activity.**

| | Objects | | Activity |
|---|---|---|---|
| 1 | en kugle | a | *roning* |
| 2 | en ketsjer | b | *hockey* |
| 3 | en åre | c | *tennis* |
| 4 | en stav | d | *portrætmaling* |
| 5 | en saddel | e | *svømning* |
| 6 | en badedragt | f | *petanque* |
| 7 | en pensel | g | *sammenspil* |
| 8 | et nodestativ | h | *ridning* |

 # Reading

**H** Read this description of the Danish folk high school. Then answer the question.

Hvem deltager som regel i de lange højskoleophold?

_____

> ## Hvad er en højskole?
>
> En folkehøjskole er en kostskole, hvor man bor på skolen og modtager undervisning i fag og emner, som man interesserer sig for. Mange højskoler har et specifikt fokus, for eksempel musik, billedkunst, sport, journalistik, dans, teater eller filosofi. Der er ingen adgangskrav eller eksamener: De ca. 70 højskoler i Danmark er for alle. De fleste højskoler har både lange og korte kurser. Det er typisk unge mellem 18 og 25 år, som tager på lange kurser (op til 40 uger), før de begynder på deres uddannelse. De korte kurser varer en eller to uger, og her er det ofte voksne, pensionister eller børnefamilier, der deltager. På alle kurser lægges der vægt på fællesskab og den enkeltes personlige udvikling. Et højskoleophold giver deltagerne en oplevelse for livet.

**I** Now read Lena, Jakob and Asger's descriptions of their experiences at different folk high schools in Denmark, and answer the questions.

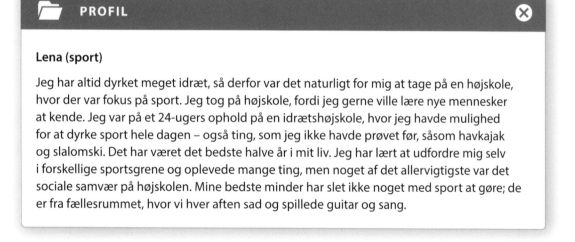

**PROFIL**

**Lena (sport)**

Jeg har altid dyrket meget idræt, så derfor var det naturligt for mig at tage på en højskole, hvor der var fokus på sport. Jeg tog på højskole, fordi jeg gerne ville lære nye mennesker at kende. Jeg var på et 24-ugers ophold på en idrætshøjskole, hvor jeg havde mulighed for at dyrke sport hele dagen – også ting, som jeg ikke havde prøvet før, såsom havkajak og slalomski. Det har været det bedste halve år i mit liv. Jeg har lært at udfordre mig selv i forskellige sportsgrene og oplevede mange ting, men noget af det allervigtigste var det sociale samvær på højskolen. Mine bedste minder har slet ikke noget med sport at gøre; de er fra fællesrummet, hvor vi hver aften sad og spillede guitar og sang.

**PROFIL**

### Jakob (musik)

Efter gymnasiet var jeg ikke sikker på, hvad jeg ville. Jeg vidste, at jeg ville på universitetet, men jeg kunne ikke bestemme mig for, om jeg skulle studere matematik eller noget mere kreativt. Jeg ville gerne begge dele. Derfor besluttede jeg mig for at tage på højskole for at få lidt tid til at tænke over fremtiden. Jeg ville også gerne spille mere musik, så jeg søgte en plads på en højskole med dygtige musiklærere og et intensivt musikkursus. Jeg har aldrig fortrudt den beslutning. Jeg opholdt mig på højskolen i næsten et år og udviklede mig enormt både personligt og socialt. Jeg fik en masse venner og lærte at tro mere på mig selv. Højskoleopholdet gav mig mod til at prøve at søge ind på musikkonservatoriet. Det lykkedes – jeg kom ind! Det ville aldrig være sket uden min tid på højskolen.

 **PROFIL**

### Asger (skriveværksted)

Jeg valgte at tage på højskole, fordi jeg altid har haft lyst til at skrive fiktion. Det var et område, som jeg syntes, jeg ikke var 100% god til, og som jeg gerne ville blive bedre til. Jeg var lidt bange, da jeg besluttede mig for at melde mig til. Jeg kastede mig ud i en situation, hvor jeg var meget sårbar, fordi skrivning altid har været noget meget privat for mig. Jeg valgte alligevel et langt kursus på en højskole, hvor der var et skriveværksted. I begyndelsen var det mest grænseoverskridende for mig, når vi skulle læse noget højt fra vores egne tekster. Men der var ingenting at bekymre sig over. Højskoleopholdet lærte mig at gøre det private til noget socialt. Jeg lærte, at man kan lære sig selv at kende igennem andre mennesker, og at tillid til og respekt for andre er noget af det vigtigste. Jeg vil anbefale alle at tage på højskole.

| **V** | |
|---|---|
| en idræt | *sport* |
| et samvær | *here: camaraderie* |
| et fællesrum | *common room* |
| sårbar | *vulnerable* |
| grænseoverskridende | *[literally] boundary-breaking* |

**1** Hvorfor tog Lena på en højskole, hvor der var fokus på sport?

_____

**2** Hvordan påvirkede det Jakobs fremtid, at han tog på højskole?

_____

**3** Hvorfor var Asger bekymret, da han tog beslutningen om at melde sig til et skrivekursus?

_____

**4** Hvilke grunde giver Lena, Jakob og Asger til, at de valgte at tage på højskole?

_____

_____

**J** **Find the phrases in the Reading that match the English. Identify the quantifiers in the Danish phrases.**

**1** a lot of friends _____

**2** every evening _____

**3** a little time _____

**4** nothing at all to do with _____

**5** both (things) _____

**6** some of the most important (things) _____

**7** there was nothing to worry about _____

**8** read something aloud _____

**K** **Change these verb phrases from the text into their corresponding nouns.**

**Example:** at udvikle sig → _en udvikling_

| | |
|---|---|
| **1** at beslutte sig for | |
| **2** at bekymre sig over | |
| **3** at melde sig til | |
| **4** at anbefale | |
| **5** at vælge | |
| **6** at opholde sig | |
| **7** at opleve | |
| **8** at læse højt | |

 # Writing

**L** Write a text (100–125 words) in which you describe a memory that you have of a sports camp, a school trip, a summer school, a residential music school, a Scout jamboree or similar. You can use the texts in the Reading for inspiration. While writing, think about how you use quantifiers. The following questions might help you organize your text:

▶ Hvornår og hvor længe var du af sted?

▶ Havde dit ophold et særligt tema?

▶ Hvad lærte du af dit ophold (fagligt og personligt)?

▶ Vil du anbefale andre at gøre det samme?

_____

_____

_____

_____

_____

_____

_____

_____

# Self-check

**Tick the box which matches your level of confidence.**

1 = very confident          2 = need more practice          3 = not confident

**Sæt kryds i skemaet for at vise, hvor sikker du føler dig.**

1 = meget sikker          2 = har brug for mere øvelse          3 = usikker

| | 1 | 2 | 3 |
|---|---|---|---|
| Recognize quantifiers. | | | |
| Use quantifiers attributively or nominally. | | | |
| Use quantifiers with countable and uncountable nouns. | | | |
| Can understand the description of events, feelings and wishes. (CEFR B1) | | | |
| Can write accounts of experiences, describing feelings and reactions in simple connected text. (CEFR B1) | | | |

# 14 Jeg anede ikke, det ville blive så sjovt på universitetet

## I had no idea it would be so much fun at university

In this unit you will learn how to:

- ✔ Recognize and use the pluperfect tense.
- ✔ Recognize and use the past future tense.
- ✔ Recognize and use the conditional perfect.

CEFR: Can read correspondence relating to his/her field of interest and readily grasp the essential meaning (B2); Can write letters (or a diary entry) describing experiences and impressions (B1).

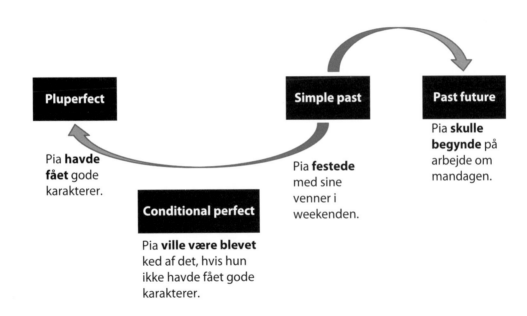

**Pluperfect**

Pia **havde fået** gode karakterer.

**Conditional perfect**

Pia **ville være blevet** ked af det, hvis hun ikke havde fået gode karakterer.

**Simple past**

Pia **festede** med sine venner i weekenden.

**Past future**

Pia **skulle begynde** på arbejde om mandagen.

## Meaning and usage

### Pluperfect, past future and conditional perfect

1 Both the pluperfect and the past future use the simple past as a point of reference.

  a The pluperfect refers to an event or action that occurred in the past before another event or action in the past. In the sentence **Tine købte grammatikbogen, fordi hendes underviser havde anbefalet den til hende** (*Tine bought the grammar book because her teacher had* *recommended it to her*), the point of reference is Tine buying the grammar book, which is expressed using the simple past. However, something else happened before this, namely that her teacher had recommended it to her, and this is expressed using the pluperfect.

**Mads var skuffet, fordi han havde dumpet sin eksamen.** (*Mads was disappointed because he had failed his exam.*)

b The past future, which is also known as the future perfect, refers to an event or action that occurred in the past, but after another event or action in the past. In the example **Tine købte grammatikbogen, fordi hendes hold skulle have en skriftlig prøve efter ferien** (*Tine bought the grammar book because her class was to have a written test after the holidays*), the point of reference is still Tine buying the grammar book, expressed using the simple past. The test, however, is in the future in relation to Tine buying the book, and this is therefore expressed using the past future.

**Mads var bange for, at han ville dumpe sin eksamen.** (*Mads was afraid that he would fail his exam.*)

2 Both the pluperfect and the past future can be used to express something hypothetical or conditional.

**Hvis Klaus <u>havde læst</u> mere af pensum, ville han have fået en højere karakter.** (*If Klaus had read more of the curriculum, he would have got a higher mark.*)

**Klaus <u>ville få</u> højere karakterer, hvis han læste mere af pensum.** (*Klaus would get higher marks if he read more of the curriculum.*)

A Match each pluperfect clause with a clause in the simple past.

| | Pluperfect clause | | SImple past |
|---|---|---|---|
| 1 | Hun havde afsluttet sin praktik hos dyrlægen, | a | og bagefter tog hun på et 6-måneders ophold på en, der lå i Silkeborg. |
| 2 | Hun havde bare gået til dansk i et år, | b | begyndte hun på MA-delen. |
| 3 | Hun havde hørt et foredrag om højskoler i Danmark, | c | fordi hun ikke havde tid til at arbejde. |
| 4 | Hun havde opdateret sit CV, | d | og umiddelbart efter startede hun sit eget hestehospital. |
| 5 | Efter at hun var blevet færdig med sin BA, | e | fordi hun havde lyst til et nyt job. |
| 6 | Hun havde taget et studielån, | f | men hun snakkede sproget flydende. |

B  Identify the past future tense in each of the sentences.

1  Jeg troede faktisk, at jeg ville blive glad for at bo på kollegie.
2  Rasmus og Nete ville begge søge ind på medicinstudiet.
3  Studievejlederen forklarede ham, at han blev nødt til at melde sig til sygeeksamen, hvis han ville være færdig på samme tid som resten af årgangen.
4  Karsten spurgte Sanne, om hun skulle med på rusturen.

3  The conditional perfect is used to describe a hypothetical situation or action in the past which is counterfactual. It usually appears in conditional sentences with a subordinate clause beginning with **hvis** (*if*). When the **hvis** subclause uses the pluperfect, the main clause uses the conditional perfect.

**Jeg <u>ville have fået</u> et 12-tal for mit speciale, hvis jeg havde husket mine fodnoter.**
(*I would have got top marks for my MA dissertation if I had remembered my footnotes.*)

C  Insert the correct conditional perfect form in these sentences.

> **ville have renoveret – ville være blevet – skulle have deltaget –
> ville have ansat – ville have skrevet**

1  Astrid fortalte, at hendes datter _____ i introugen på pædagogseminariet i Odense, hvis hun ikke var kommet på sygehuset.
2  Rektoren forsikrede forældrene om, at skolen _____ kantinen, hvis der havde været flere penge i budgettet.
3  Jeg er ikke i tvivl om, at gymnasiet _____ flere lærere, hvis der havde været flere elever.
4  Han _____ stilen færdig, hvis telefonen ikke havde ringet.
5  Jeg _____ utrolig lykkelig, hvis jeg var kommet ind på jordemoderstudiet.

# How to form the pluperfect, the past future and the conditional perfect

The pluperfect and the past future are both two-verb structures consisting of an auxiliary verb and another verb (the main verb) expressing the action itself. The conditional perfect is a three-verb structure consisting of a two-part auxiliary verb followed by the past participle of the main verb.

1  The pluperfect and the perfect are very similar in that they use the same auxiliary verbs **at have** and **at være** followed by the past participle of another verb (the main verb). The only difference between forming these two tenses is that in the pluperfect **at have** or **at være** are in the simple past rather than the present.

| Verb group | Perfect | Pluperfect |
|---|---|---|
| **Group 1**<br>past participle ending in -et | **Han <u>har studeret</u> på Arkitektskolen.** (*He has studied at the School of Architecture.*) | **Han <u>havde studeret</u> på Arkitektskolen.** (*He had studied at the School of Architecture.*) |
| **Group 2**<br>past participle ending in -t | **Jeg <u>har sorteret</u> mine notater.** (*I have sorted out my notes.*) | **Jeg <u>havde sorteret</u> mine notater.** (*I had sorted out my notes.*) |
| **Irregular verbs** | **De <u>har valgt</u> den helt rigtige uddannelse.** (*They have chosen just the right education.*) | **De <u>havde valgt</u> den helt rigtige uddannelse.** (*They had chosen just the right education.*) |

*The rather complex rules for determining which verb group a verb belongs to are described in Unit 6. However, the perfect, pluperfect and conditional perfect tenses are easy to master if you know the past participles. It is worthwhile learning the past participles of verbs that have irregular forms. If you learn your 'five a day', you will make a 'healthy' progression.*

2   The past future and the future are also very similar in that they use the same auxiliary verbs, namely **at skulle** or **at ville**, followed by another verb (the main verb) in the infinitive. The only difference between forming these two tenses is that in the past future the auxiliary verbs are in the simple past rather than in the present.

| | Future | Past future |
|---|---|---|
| **at skulle** | **Min kæreste <u>skal læse</u> op til eksamen, så han kan ikke tage med os i biografen.** (*My boyfriend is going to study for his exam, so he can't come with us to the cinema.*) | **Min kæreste <u>skulle læse</u> op til eksamen, så han kunne ikke tage med os i biografen.** (*My boyfriend was going to study for his exam, so he couldn't come with us to the cinema.*) |
| **at ville** | **Han er overbevist om, at forelæsningerne <u>vil være</u> stimulerende.** (*He is convinced that the lectures will be stimulating.*) | **Han var overbevist om, at forelæsningerne <u>ville være</u> stimulerende.** (*He was convinced that the lectures would be stimulating.*) |

a   As with the future, in the past future both **skulle** and **ville** are often used without an infinitive when they are followed by an adverbial – frequently a prepositional phrase – expressing movement to a place.

**Efter to år på franskstudiet, <u>skulle</u> jeg til Frankrig som udvekslingsstuderende.** (*After two years of studying French, I was going to go to France as an exchange student.*)

b   When expressing modality (obligation, probability, permission, etc.), other modal verbs can sometimes replace **ville** and **skulle** as the auxiliary verb in the past future.

**Da han havde afleveret sin ph.d.-afhandling, bestemte han sig for, at han <u>måtte tage</u> en uges ferie.** (*When he had submitted his PhD thesis, he decided that he needed to take a week's holiday.*)

**Hun tænkte, at hun <u>burde tage</u> til Australien for at besøge sin kusine efter studentereksamen.** (*She thought that she ought to go to Australia to visit her cousin after finishing high school.*)

3    The conditional perfect is in most cases formed by using the conditional form of **at have** and **at være** (**at ville** or **at skulle** in the simple past, followed by the infinitive **have** or **være**) followed by the past participle of the main verb expressing the action. It corresponds to the structure *would have* followed by a past participle in English:

**Jeg <u>ville</u> ikke <u>have haft</u> så mange problemer med at løse opgaven, hvis jeg bare havde været mere opmærksom i timen.** (*I would not have had so much trouble solving the task had I just been more attentive during class.*)

a    In conditional sentences using the conditional perfect, **ville** and **skulle** can sometimes be replaced by other modal verbs in the simple past.

**Hvis jeg ikke havde bestået prøven, <u>måtte</u> jeg <u>have brugt</u> hele sommerferien på at studere.** (*If I had not passed the test, I would have had to spend all of the summer holiday studying.*)

 **D    Identify the pluperfect, past future and the conditional perfect forms in the text.**

Det var fredag eftermiddag, og jeg havde haft ugens sidste forelæsning. Der var ikke længe til, at det ville være eksamenstid, så jeg havde besluttet mig for at tage direkte hjem efter min sidste time. Jeg havde forestillet mig, at hvis jeg studerede flittigt, ville jeg måske komme igennem pensum i weekenden og få gode nok karakterer til at bestå førsteårsprøven. Hvis jeg dog bare havde ejet en større portion viljestyrke, så ville det sikkert også være gået sådan… Men selvfølgelig havde der overalt på gangene hængt plakater, der inviterede de studerende til årets største fredagsbar. Jeg havde undgået reklamerne i løbet af ugen. Men sådan skulle det ikke fortsætte, efter at jeg løb ind i min studiekammerat Oskar. Da jeg fortalte ham, at jeg skulle hjem og læse op til eksamen, grinte han højt. «Hvis det havde været onsdag, ville jeg måske have haft sympati med dig. Hvis der havde stået torsdag i kalenderen, ville jeg have tilgivet dig. Men fredag! Helt ærlig, hvad tænker du på, din kylling?». Set i bakspejlet burde jeg nok være gået hjem.

| Pluperfect | Past future | Conditional perfect |
|---|---|---|
|  |  |  |
|  |  |  |
|  |  |  |
|  |  |  |
|  |  |  |

 *Every week on Friday, canteens or similar spaces at Danish universities are transformed into* **fredagsbarer** *(Friday bars) run by student bodies. The various bars have different traditions and events happening throughout the year. For all of them, a special* **fredagsbar** *is* **J-dag** *(J-Day) held every year on the first Friday of November, when Danish breweries launch their special annual Christmas brew,* **juleøl***, and hand out free beer and merchandise.*

**E** **Rewrite these sentences. Change the present tense into the simple past and the perfect into the pluperfect.**

1 Han er ked af, at han ikke har fået en læreplads.

_____

2 Efter at hun har gået på Designskolen i Kolding, syr hun nogle fantastiske kjoler.

_____

3 De ved ikke, om de har lært så meget på kurset.

_____

4 Studievejlederen fortæller Ragna, at universitetet har godkendt hendes ansøgning om eksamen på særlige vilkår.

_____

**F** **Rewrite these sentences. Change the present tense into the simple past and the future into the past future.**

1 Undervisningsministeren synes, at børn skal gå længere tid i skole.

_____

2 I sin tale henvender professoren sig til alle de studerende, der skal begynde på studiet.

_____

3 Pædagogen skriver i brevet til forældrene, at børnene skal på udflugt i april.

_____

4 Studievejlederen mener, at det vil være muligt for mig at gå til sygeeksamen.

_____

**G** **Rewrite these sentences. Change the present tense into the pluperfect, and the future tense (or present tense used as future) into the conditional perfect.**

**Example:** Vi består nok vores mundtlige eksamen, hvis vi øver os. (*present tense used as future*) →
_Vi ville nok have bestået vores mundtlige eksamen, hvis vi havde øvet os._

1 Hvis du kontakter studiekontoret med det samme, vil din SU være på din konto til tiden.

_____

2 Hvis han tror på sig selv, vil han komme ind på Kunstakademiet uden problemer.

_____

3 Vi tager bussen til optagelsesprøven, hvis det regner.

_____

4 Hvis hun ikke er nervøs, vil hendes mundtlige eksamen gå fint.

_____

*University degree courses are free in Denmark. In addition to no-fee education, students enrolled in higher education receive* **Statens Uddannelsesstøtte**, *or* **SU** *for short – the Danish government's student grant offered universally to everybody. Students can receive* **SU** *for a maximum of six years. The monthly grant was 6.090 Danish kroner (equivalent to £720 or $965) in 2018.*

# Vocabulary

H   Match these educational institutions with their appropriate definition in Danish.

> grundskole – folkehøjskole – privatskole –
> konservatorium – universitet – gymnasium

1   _____ : Kostskole for voksne, hvor man studerer det, man har lyst til, uden
    eksamener.

2   _____ : Frivillig skole, som dækker 11.–13. skoleår, og som giver adgang til
    videregående uddannelser.

3   _____ : Institution, som uddanner musikere og musikpædagoger inden for
    klassisk eller rytmisk musik.

4   _____ : Institution for forskning og højere uddannelse i for eksempel
    matematik, sprog og jura.

5   _____ : Skole, som ikke drives af det offentlige.

6   _____ : Tiårig skolegang, som er obligatorisk, hvis man ikke undervises
    i hjemmet.

I   Find the verb that corresponds to these nouns. Then write the pluperfect, past future and
    conditional perfect forms.

| | Noun | Verb (Infinitive) | Pluperfect | Past future | Conditional perfect |
|---|---|---|---|---|---|
| 1 | (et) eksperiment | | | | |
| 2 | (en) forelæsning | | | | |
| 3 | (en) forskning | | | | |
| 4 | (en) undervisning | | | | |
| 5 | (en) uddannelse | | | | |
| 6 | (en) formidling | | | | |

# 📖 Reading

J   Read Cecilie's online diary about starting at university. Then answer the question.

Hvornår blev Cecilie færdig med gymnasiet, og hvad har hun lavet siden da?

_____

_____

_____

## Blog

Hvem ville have troet, at man kunne have så mange sommerfugle i maven! Det var min første dag som universitetsstuderende på Aarhus Universitet i dag. Glad, men havde også rystende knæ. Efter at have boet så længe i en rygsæk i Indien troede jeg, at det ville blive svært at skulle begynde at studere. Men da jeg havde taget beslutningen om at begynde på uni, føltes det helt rigtigt. Underviserne, som jeg har mødt i dag, virker flinke – men også fagligt meget dygtige – og forelæsningsrækkerne lyder så interessante. Mine medstuderende er vildt spændende mennesker, der er lige så spændte på at skulle starte på deres studier som mig. Jeg havde troet, at universitetet ville blive noget, som bare skulle overstås, så jeg kunne få et eksamensbevis, men jeg nyder hvert sekund af det. Hvis jeg havde vidst, hvor inspirerende det var, ville jeg måske ikke have brugt to hele år efter studentereksamen på at rejse. Så kunne jeg være taget på udveksling i stedet.

K  Now read Cecilie's diary entry after her first week at university, and answer the following questions.

## Blog

Min SU er ikke gået i orden endnu. Det betød, at jeg ikke havde penge til at betale for mit kollegieværelse. Det er megairriterende. Jeg havde ellers snakket med SU-kontoret for en måned siden, og de forsikrede mig om, at de havde modtaget min ansøgning, og at alting ville være i orden til studiestart. Men der var ingen penge på min konto. I morges blev jeg nødt til at ringe til min mor for at spørge, om mine forældre kunne låne mig penge til huslejen.

Bortset fra det er alt perfekt. Introugen har faktisk været rigtig fantastisk. Jeg har mødt mine undervisere og fået masser af information om bacheloruddannelsen og dens faglige indhold. Der har også været rigelig med sociale arrangementer. Jeg er lige kommet hjem fra rusturen, som de andetårsstuderende havde arrangeret. Hele min årgang skulle overnatte i en hytte, hvor vi festede hele dagen og hele natten. Jeg kom først i seng klokken otte om morgenen og havde drukket alt for meget – og bussen kom for at hente os klokken ti! Det ville have været surt ikke at komme med den.

Nu er rusugen slut, og jeg glæder mig til for alvor at begynde. Forelæsningerne og holdundervisningen begynder på mandag. Vi fik allerede en pensumliste, før vi begyndte, og jeg troede, at jeg havde købt alle de bøger, vi skulle bruge – men der er kommet en hel del ekstra til. I morgen tager jeg på Statsbiblioteket for at se, om jeg kan få et lånerkort, selvom det er lørdag. Det ville være godt at have det ordnet, før semestret starter.

1 Hvorfor har Cecilie problemer med at betale huslejen for sit kollegieværelse?

_____

_____

2 Hvad har Cecilie lavet i løbet af den første uge?

_____

_____

3 Hvad bestod rusturen af?

_____

_____

4 Hvad skal Cecilie lave i weekenden?

_____

L Match the Danish nouns with their English equivalents.

| 1 | uddannelsesstøtte | a | lecture |
|---|---|---|---|
| 2 | kollegie | b | degree certificate |
| 3 | pensum | c | education |
| 4 | forelæsning | d | student grant |
| 5 | udveksling | e | exchange |
| 6 | eksamensbevis | f | seminar |
| 7 | uddannelse | g | curriculum |
| 8 | holdundervisning | h | residence hall |

M Complete the sentences with one of these pluperfect, past future or conditional perfect phrases from the Reading.

> havde taget – skulle bruge – ville have været – ville låne

1 Han sagde, at han gerne _____ min grammatikbog, når han skulle til eksamen.
2 Det _____ fantastisk, hvis han havde bestået sit speciale med et 10-tal i stedet for et 7-tal.
3 Hun fik sommerfugle i maven, efter at hun _____ beslutningen om at droppe ud af studiet efter to måneder.
4 Jeg _____ lang tid på at finde forelæsningssalen, for jeg var gået ind ad den forkerte dør i bygningen.

**N Find the odd one out.**

1 forsikre | forske | læse | studere
2 klassekammerat | medstuderende | medlem | skoleveninde
3 humaniora | kundskab | samfundsvidenskab | sundhedsvidenskab
4 bachelorgrad | doktorgrad | mastergrad | sværhedsgrad

# Writing

O Write a diary entry (100–125 words) describing your first week at school, at university or in a new job. When you write, think about using the pluperfect, the conditional perfect and the past future. These questions might help you organize your text:

▶ Hvornår begyndte du der, og hvad havde du lavet før?
▶ Hvad lærte du?
▶ Kunne du lide studiet/arbejdet?
▶ Hvordan ville du beskrive det sociale miljø?

_____

_____

_____

_____

_____

_____

_____

_____

_____

_____

# Self-check

**Tick the box which matches your level of confidence.**

1 = very confident      2 = need more practice      3 = not confident

**Sæt kryds i skemaet for at vise, hvor sikker du føler dig.**

1 = meget sikker      2 = har brug for mere øvelse      3 = usikker

|  | 1 | 2 | 3 |
|---|---|---|---|
| Recognize and use the pluperfect. |  |  |  |
| Recognize and use the past future. |  |  |  |
| Recognize and use the conditional perfect. |  |  |  |
| Can read correspondence relating to his/her field of interest and readily grasp the essential meaning. (CEFR B2) |  |  |  |
| Can write letters (or a diary entry) describing experiences and impressions. (CEFR B1) |  |  |  |

# 15 En tiltalt skal dømmes af sine ligemænd

## A defendant will be judged by his or her peers

**In this unit you will learn how to:**

✓ Recognize and form the passive voice.

✓ Use both the **blive** passive and **-s** passive correctly.

✓ Distinguish between passive verbs and **-s** verbs.

CEFR: Can scan longer text in order to locate desired information and understand relevant information in everyday material, such as short official documents (B1); Can write about past events (A2).

| Active voice | Subject (agent) | Active verb | Object |
|---|---|---|---|
| | Politiet | arresterer | forbryderen. |

| Passive voice | Forbryderen | bliver arresteret/ arresteres | af politiet. |
|---|---|---|---|
| | Subject | Passive verb | Adverbial (agent) |

# Meaning and usage

## Active and passive voice

1   The agent of a sentence is whoever or whatever performs the action of the main verb. The majority of sentences are in the active voice, which means that the subject is the agent.

**Demonstranterne kastede flasker mod politiet.** (*The protesters threw bottles at the police.*)

**Demonstrationerne plejer at være fredelige.** (*The protests tend to be peaceful.*)

In the first example the subject (**demonstranterne**) does something (**kaster**), while in the second example the subject (**demonstrationerne**) is something (**plejer at være**). In both cases the subject is the agent of the sentence and so these are both active sentences.

2   If the subject of a sentence is not the agent, i.e. if something happens to the subject, the sentence is passive.

**Mange cyklister blev stoppet af politiet mandag morgen.** (*Many cyclists were stopped by the police on Monday morning.*)

In this sentence the subject (**mange cyklister**) is not the agent as it does not carry out the action, i.e. it is not doing the stopping; it is in fact **politiet** doing the stopping. This makes

**politiet** the agent of the sentence, which is therefore passive. If the agent is present in a passive sentence it is always introduced by the preposition **af** (*by*).

 **A** Change the following sentences from active to passive voice. Remember to use **af** to introduce the agent in the passive voice.

**Example:** Politiet arresterer tyven. → Tyven bliver arresteret af politiet.

1 Dommeren læste dommen op. →_____ blev læst op _____.
2 Advokaten snød klienten. →_____ blev snydt _____.
3 Manden anmelder forbrydelsen. →_____ anmeldes _____.
4 Lommetyve stjæler ofte tegnebøger. →_____ bliver ofte stjålet _____.
5 Samfundet skal hjælpe alle forbrydere. →_____ skal hjælpes _____.
6 Politiet finder sjældent stjålne varer. →_____ findes sjældent _____.

 **B** Look at the verbs in the passive sentences you have just completed in A. Try to identify the two ways in which the passive voice is formed in Danish.

## When to use the passive voice

There are three main reasons for choosing to use a passive rather than an active structure:

1 The agent is unknown or not mentioned.

   **Mange fængselsbetjente bliver udsat for chikane.**
   (*Many prison guards are subjected to harassment.*)

   In this example, it is not known who was behind the harassment.

2 The focus is on something other than the agent.

   **Specialenheden blev tilkaldt for at forhandle med terroristerne.**
   (*The Special Unit was called in to negotiate with the terrorists.*)

   In this example, it is not important who called in the Special Unit. The focus is on the fact that they were called and on the purpose of the call.

3 The agent is long.

   **Svindleren blev overvåget af politiet, som havde været på sporet af ham i over et årti.**
   (*The fraudster was kept under surveillance by the police, who had been on his trail for over a decade.*)

   In the example, the agent (**politiet, som havde været på sporet af ham i over et årti**) is very long and would have been stylistically clumsy.

# How to form the passive voice

## **Blive** passive

1 In most cases the passive voice is constructed by using the auxiliary verb **at blive**, followed by the past participle of the main verb.

   **Han <u>blev afhørt</u> af PET.** (*He was questioned by the National Criminal Investigation Service.*)

2   The **blive** passive is the only option in the perfect tense, which is formed using the auxiliary verb **at være**.

**Den korrupte politiker er blevet fængslet.** (*The corrupt politician has been imprisoned.*)

# -s passive

1   In some cases the passive voice can be constructed by adding **-s** to the infinitive of the main verb. This same form is used both as the passive infinitive and as the passive present tense.

**DNA-beviser bruges mere og mere i kriminalsager.** (*DNA evidence is used more and more in criminal cases.*)

2   The **-s** passive is mostly used after modal verbs (except in the future tense after **at ville**, which is normally formed using the **blive** passive).

**Fingeraftryk kan bruges til at identificere en person.** (*Fingerprints can be used to identify a person.*)

3   In the present tense, both passive voices are used. The **-s** passive, however, is considered more formal.

**Cykler fjernes uden ansvar!** (*Bicycles will be removed without liability!*)

 *A simple past -s passive form does exist, but it is rare today. You might encounter it in some older texts, however. It is formed by adding an -s to the simple past tense active form.*

**Huset ejedes af en berømt smuglerbande.** (The house was owned by a famous smuggling gang.)

The following table summarizes when the **blive** and **-s** passive forms can be used – brackets indicate that a form is less common than the other option:

| | Present | Past | Future | Perfect | Pluperfect | Modal + infinitive | Modal + perfect |
|---|---|---|---|---|---|---|---|
| **blive passive** | bliver erstattet | blev erstattet | vil blive erstattet | er blevet erstattet | var blevet erstattet | (kan blive erstattet) | må være blevet erstattet |
| **-s passive** | erstattes | (erstattedes) | | | | kan erstattes | |

C   **Insert the correct passive form of the verb in brackets.**

1   Hvis du _____ (at mistænke) for noget kriminelt, bliver du normalt først indkaldt til en afhøring.

2   Postkontoret er lukket i dag. Jeg tror, det må være _____ (at røve).

3   Jeg _____ (at stoppe) af politiet i fredags, fordi jeg kørte for stærkt.

4   Avisen mente, at den tiltalte var _____ (at straffe) alt for mildt.

5   »Jeg er _____ (at anklage) på falsk grundlag,« udtalte den tidligere udenrigsminister.

6  Krigsfanger må ikke _____ (at udsætte) for overgreb.

7  Morderen _____ (at skyde) af politiet under flugten fra fængslet.

8  »Jeg tror, at nævningetinget vil _____ (at røre) af din historie,« sagde advokaten.

D  **Change the actives to passive and passives to active. Think about whether you need an agent.**

1  Mord og mordforsøg bliver altid efterforsket af politiet.

_____

2  Unge mennesker downloader mange ulovlige film.

_____

3  Man bør anmelde overtrædelser af narkotikalovgivningen til politiet.

_____

4  De efterladte er blevet tilbudt krisehjælp af vores specialister.

_____

5  Retsvæsenet skal behandle alle på samme måde.

_____

6  Sundhedsstyrelsens kampagne »syv udmeldinger om alkohol« benyttes af de fleste danske kommuner.

_____

_____

7  Pyromanen blev pågrebet af viceværten.

_____

8  Almindelige mennesker må ikke bære knive i Danmark.

_____

# -s verbs

1  Some verbs use the **-s** ending but are not passive. These verbs are mainly used in the present tense though they can also be used in other tenses, particularly in formal contexts. These **-s** verbs can be divided into two groups, namely those that are reciprocal and those that are not.

2  Reciprocal verbs refer to two or more agents that are equally involved in carrying out the meaning of the verb. There are three ways in which the agents can be expressed:

a  the subject is a plural noun or plural pronoun.

**<u>Rockerne</u> sloges om kontrollen over det lokale narkotikasalg.** (*The motorcycle gangs fought for control of local drug sales.*)

**<u>Vi</u> ses i retten!** (*See you in court!*)

**b** the subject consists of two or more agents.

**Stine og Jonas skal giftes, når hun har afsonet sin dom.** (*Stine and Jonas are going to get married once she has served her sentence.*)

**c** with some reciprocal verbs, a singular subject can be used and the reciprocal action can be expressed by the preposition **med**.

**Han skal mødes med advokaten uden for domhuset kl. 16.** (*He is to meet his lawyer outside the courthouse at 4 p.m.*)

*For most of these reciprocal verbs, the past participle form is rarely used. Also remember that most reciprocal verbs have a non-reciprocal counterpart:* **at møde/at mødes, at ringe/at ringes, at se/at ses,** *etc.*

**Jeg møder mange småkriminelle på grund af mit arbejde.** (I meet many petty criminals because of my work.)

The following table contains some of the most common reciprocal verbs:

| Infinitive | Present | Past | Past participle |
|---|---|---|---|
| **at enes** (*to agree*) | enes | enedes | enedes |
| **at mødes** (*to meet each other*) | mødes | mødtes | mødtes |
| **at ringes** (*to call each other*) | ringes | ringedes | ringedes |
| **at ses** (*to see each other*) | ses | sås | sets/sås |
| **at skilles** (*to separate/to part from each other*) | skilles | skiltes | skiltes |
| **at skændes** (*to quarrel*) | skændes | skændtes | skændtes |
| **at slås** (*to fight each other*) | slås | sloges | sloges |
| **at snakkes** (*to talk with each other*) | snakkes | snakkedes | snakkedes |
| **at træffes** (*to meet each other*) | træffes | træffedes/traffes | træffedes |

**3** Some common non-reciprocal **-s** verbs are:

| Infinitive | Present | Past | Past participle |
|---|---|---|---|
| **at findes** (*to exist, be*) | findes | fandtes | fandtes |
| **at længes** (*to long*) | længes | længtes | længtes |
| **at lykkes** (*to succeed*) | lykkes | lykkedes | lykkedes |
| **at mindes** (*to remember*) | mindes | mindedes | mindedes |
| **at skyldes** (*to be due to*) | skyldes | skyldtes | skyldtes |
| **at synes** (*to think*) | synes | syntes | syntes |
| **at trives** (*to enjoy oneself/to thrive*) | trives | trivedes | trivedes |

**Det lykkedes privatdetektiven at opspore hendes mands hemmelige bankkontoer.**
(*The private detective succeeded in tracking down her husband's secret bank accounts.*)

**Ulykken skyldtes promillekørsel.** (*The accident was due to drink-driving.*)

 *The verb* **at lykkes** *is always part of a special structure beginning with* **det** + **lykkes/ lykkedes** + *object form or name of whoever succeeded* + *what was succeeded at expressed as* **at** + *infinitive:* **Det lykkedes Niels at overbevise dommeren om sin uskyld.** (Niels succeeded in convincing the judge that he was innocent.)

E   **Complete the sentences with the -s verb in the box (either reciprocal or non-reciprocal).**

> findes – føles – lykkes – mødes – skyldes – enes – slås

1   Eksperterne bliver lige forundrede, hver gang det _____ hackere at få fat i følsomme oplysninger fra firmaernes servere.
2   Der _____ ingen entydig definition på begrebet »organiseret kriminalitet«.
3   Unge mennesker fra rivaliserende bander aftaler ofte at _____ på øde steder for at

     _____.
4   Han var uenig i lovforslaget og udtalte: »Det _____ måske fornuftigt, men det er som at skyde gråspurve med kanoner«.
5   På det sidste har der været meget fokus på bekæmpelsen af skatteunddragelse. Det

     _____, at staten hvert år mister mange milliarder kroner pga. dette.
6   Da hun taler med sin forsvarer, før hun skal i retten, _____ de om, at hun skal erklære sig uskyldig.

F   **Choose between the -s form and the non -s form in the following sentences.**

1   Min søn og jeg skal **møde/mødes** op i byretten i overmorgen klokken elleve.
2   Politiet ønsker at **snakke/snakkes** med en mistænkelig kvinde, som blev observeret ikke langt fra gerningsstedet.
3   Der **finde/findes** intet, der kan bevise, at min klient var til stede på mordtidspunktet.
4   Kan vi **ringe/ringes** ved, når jeg har snakket med de andre vidner?
5   Vores konsulenter har ikke tid til at **se/ses** på din anmodning før næste måned.
6   Dommere må ofte **træffe/træffes** vanskelige beslutninger.
7   En erfaren efterforsker kan ofte **høre/høres**, om en person taler sandt.
8   Efter retssagen var det ikke muligt for dem at **skille/skilles** som venner.

 # Reading

**G** Read the beginning of the text about being a lay judge. Then answer the question.

Hvorfor er der lægdommere til stede i retssager?

---

◀ | ▶      www.bliv-lægdommer.dk

## Lægdommer

Dette er siden for dig, som allerede er eller skal være lægdommer. Lægdommere er en betegnelse for domsmænd og nævninge, og betegnelsen for en gruppe af nævninge er et nævningeting, hvilket svarer til juryer i andre lande.

Lægdommere spiller en vigtig rolle i vores retssystem. Dette er, fordi en tiltalt skal dømmes af sine ligemænd. Lægdommere har samme ansvar og myndighed som domstolens fagdommer i den enkelte sag, og der er ikke nogen krav til lægdommerens faglige baggrund. Det er kommunen, som vælger lægdommere, så de kan kontaktes, hvis du er interesseret.

Nedenfor findes der svar på nogle generelle spørgsmål.

**H** Now read the rest of the text, and answer the questions.

◀ | ▶      www.bliv-lægdommer.dk

## Hvordan vælges lægdommere?

For hver kommune udvælges der et antal lægdommere, der anses som egnede til at hjælpe dommerne i retssager. Udvælgelsen foretages af grundlisteudvalget, der er et særligt udvalg i hver kommune. Du bliver kontaktet direkte, hvis du bliver udvalgt. Der stilles visse krav til, hvem der kan blive valgt til lægdommer: Blandt andet skal du være fyldt 18 år og være under 70 år, ikke være straffet for alvorlige lovovertrædelser og have valgret til Folketinget. Det er også et vilkår, at du er dansk statsborger og har godt kenskab til dansk og ikke er tunghør.

## Har jeg mødepligt?

Alle, der bliver udtrukket til at gøre tjeneste i en sag, har som udgangspunkt mødepligt: Det er et borgerligt hverv, som du skal udføre. Hvis du vil fritages fra at møde op i en sag, skal du sende en skriftlig ansøgning til den landsret, der har indkaldt dig, så hurtigt som muligt efter indkaldelsen er kommet med posten. En forklaring på, hvorfor du vil fritages, vedlægges, for eksempel en lægeerklæring.

## I hvilke sager deltager lægdommere?

Lægdommere bliver indkaldt for at deltage i straffesager, hvor anklageren vil kræve frihedsstraf. Lægdommere bliver altså ikke indkaldt, hvis der kun kræves bødestraf. Undtagelsen er ved sager, der vurderes at have indgribende betydning for den tiltalte, eller hvis sagen har særlig offentlig interesse. Der er ikke lægdommere i Højesteretssager, da Højesteret ikke tager stilling til skyldsspørgsmål, men udelukkende straffens længde.

1   Hvor gammel skal man være for at kunne blive udvalgt til lægdommer?

_____

2   Hvilke krav stilles der til lægdommere?

_____

_____

3   Hvordan bliver man indkaldt som lægdommer?

_____

4   Hvordan kan man blive fritaget fra at gøre tjeneste som lægdommer?

_____

_____

5   Er der lægdommere i alle retssager?

_____

_____

| et borgerligt hverv | civil duty | en lægeerklæring | medical certificate |
|---|---|---|---|
| et folkeregister | population register | et skyldsspørsmål | question of guilt |
| en kommune | municipality | tunghør | hard of hearing |
| en lægdommer | lay judge | en valgret | right to vote |

**I** Find the verbs in the text in the passive voice that match the following definitions. Write both the passive structure and the infinitive of the main verb.

| | Definition | Passive structure | Infinitive |
|---|---|---|---|
| Example | at vælge tilfældigt | bliver udtrukket | at udtrække |
| 1 | at afsige dom | | |
| 2 | at sætte sig i forbindelse med | | |
| 3 | at udpege | | |
| 4 | at spare, at lade slippe | | |
| 5 | at tilføje | | |
| 6 | at invitere/beordre til møde | | |
| 7 | at ville have noget | | |

**J** Find the odd one out.

1 domstol | lænestol | retssystem | højesteret
2 autoritet | magt | myndighed | rådgiver
3 region | kommune | område | stat
4 betingelse | forudsætning | udvikling | vilkår
5 attest | bekræftelse | erklæring | pjece
6 ansat | arbejdsgiver | afdelingsleder | chef
7 bøde | fængsel | gevinst | straf
8 advarsel | afgørelse | beslutning | bestemmelse

**K** Choose the prefix **mis-**, **til-** or **u-** to make the word that matches the English in brackets.

1 _____skyldig (*innocent*)
2 en _____tanke (*a suspicion*)
3 at _____tale (*to charge, prosecute*)
4 _____lovlig (*illegal*)
5 _____myndig (*under age*)
6 at _____handle (*to abuse*)
7 at _____stå (*to confess*)
8 _____betinget (*unconditional*)

# Writing

L   Write a brief description (100–125 words) of a crime you have witnessed or read about.
    When summarizing and describing the events, focus on using the passive voice and -s
    verbs. The following questions may help you to structure your description:

▶   Hvad slags kriminalitet blev du vidne til?
▶   Hvad skete der?
▶   Blev politiet tilkaldt?
▶   Hvordan endte det?
▶   Hvordan reagerede du?

_____

_____

_____

_____

_____

_____

_____

_____

_____

_____

# Self-check

**Tick the box which matches your level of confidence.**

1 = very confident        2 = need more practice        3 = not confident

**Sæt kryds i skemaet for at vise, hvor sikker du føler dig.**

1 = meget sikker        2 = har brug for mere øvelse    3 = usikker

|  | 1 | 2 | 3 |
|---|---|---|---|
| Recognize and form the passive voice. | | | |
| Use both the **blive** passive and **-s** passive correctly. | | | |
| Distinguish between passive verbs and **-s** verbs. | | | |
| Can scan longer text in order to locate desired information and understand relevant information in everyday material, such as short official documents. (CEFR B1) | | | |
| Can write about past events. (CEFR A2) | | | |

**In this unit you will learn how to:**

✓ Recognize present and past participles used as adjectives or verbs.

✓ Form present and past participles.

✓ Form complex verb phrases using the present participle.

CEFR: Can summarize, report and give opinions about accumulated factual information on familiar matters with some confidence (B1); Can read articles and reports concerned with contemporary problems in which the writers adopt particular attitudes (book review) (B2).

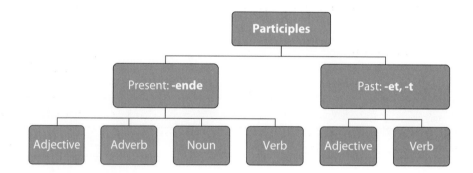

## Meaning and usage

### Present participle

1   Present participles can have different functions. They are most frequently used as adjectives.

**Hun er en vældig <u>charmerende</u> skuespiller.** (*She is a very <u>charming</u> actor.*)

**Regissøren syntes, at skuespilleren var vældig <u>charmerende</u>.** (*The director thought that the actor was very <u>charming</u>.*)

2   Present participles can also be used as adverbs. In this case they are normally used in front of adjectives or other adverbs.

**Hun er <u>imponerende</u> god til at danse.** (*She is <u>remarkably</u> good at dancing.*)

**Hun danser <u>imponerende</u> godt.** (*She dances <u>remarkably</u> well.*)

3   Present participles are often used as nouns when they refer to a group of people who are defined by the verbal activity of the participle.

**Alle <u>de besøgende</u> fik gratis billetter til koncerten.** (*All <u>the visitors</u> received free tickets for the concert.*)

4   Present participles are used after the main verb to indicate the way the action of the main verb is performed. This often corresponds to an English progressive structure.

**Operasangeren trådte <u>syngende</u> frem på scenen.** (*The opera singer stepped onto the stage* <u>*singing*</u>*.*)

# Past participle

1   Past participles can have two functions. They are most frequently used as verbs to form the perfect tense, the pluperfect tense, conditional tenses or the passive voice.

**Efter at *Forbrydelsen* var <u>blevet</u> populær i Danmark og Europa, blev konceptet <u>solgt</u> til USA.** (*After* The Killing *had* <u>*become*</u> *popular in Denmark and Europe, the concept was* <u>*sold*</u> *to the USA.*)

2   Past participles can also be used as adjectives.

**Han var <u>udbrændt</u> før premieren.** (*He was* <u>*burned out*</u> *before the premiere.*)

**»Folk kritiserer altid nye forfattere,« forklarede en <u>forbløffet</u> debutant til DR2.** (*'People always criticize new authors,' a* <u>*surprised*</u> *debutant explained to DR2.*)

 **DR** *or* **Danmarks Radio** *is the Danish equivalent of BBC. It has a number of TV channels and radio stations. Many programmes are available online for free and it is a good resource for self-study. A good starting point is* **DR Bonanza***: www.dr.dk/bonanza, an archival service where you can watch many of the broadcaster's own productions.*

 **A   Identify the present and past participles in this text. Indicate whether they are used as adjectives, adverbs or verbs.**

Jeg kan stadigvæk huske min første audition. Jeg var tretten år gammel og var kørt til København med mine forældre. Jeg har senere fået at vide, at jeg var øretæveindbydende irriterende, for jeg var ikke i tvivl om, at jeg ville få rollen som Hodja i *Hodja fra Pjort*. På teatret kom den ansvarlige smilende over til mig og hilste og sagde, at jeg bare kunne begynde. Jeg blev stående et øjeblik og stirrede lige ud i luften, ville virke imponerende og overlegen, men lige da jeg skulle til at begynde, sagde han: »Tak for det, vi har vist hørt det, vi skulle«. Jeg var chokeret og løb grædende ud i garderoben, hvor jeg blev siddende og græd, indtil min mor hentede mig en halv time senere. Det var sidste gang, jeg var så arrogant til en audition!

|  | **Present participle** | **Past participle** |
|---|---|---|
| **Adjective** |  |  |
| **Adverb** |  |  |
| **Verb** |  |  |

**B** Complete the sentences with present and past participles from the box.

| anspændt – irriterende – kendt – leende – rejsende – rystende |
| --- |

1 Jeg syntes, at udstillingen var _____ dårlig.
2 De _____ på togstationen blev overrasket af en stor flash mob.
3 Dirigenten var meget _____ før koncerten.
4 Publikum kom _____ ud fra komikerens nyeste show.
5 Julia Ormond var allerede en _____ skuespiller, da hun fik tilbudt rollen som Smilla.
6 Det er _____, at alle billetterne til Operafestivalen allerede er udsolgt.

# How to form present participles

1 The present participle is formed by adding **-ende** to the stem of the verb. If the verb doubles the consonant in the infinitive, it also doubles the consonant in the present participle:

| Infinitive | Stem | Present participle |
| --- | --- | --- |
| **at løbe** (*to run*) | **løb** | **løbende** (*running*) |
| **at gå** (*to walk/go*) | **gå** | **gående** (*walking/going*) |
| **at komme** (*to come*) | **kom** | **kommende** (*coming*) |

2 When used as adjectives, the present participles remain unchanged, i.e. they do not add different endings. The comparative and superlative are formed using **mere** (*more*) and **mest** (*most*).

**Det var et <u>provokerende</u> teaterstykke – det <u>mest provokerende</u>, jeg nogensinde har set.** (*It was a <u>provocative</u> play – the <u>most provocative</u> one I have ever seen.*)

3 When used as nouns, present participles are inflected like other adjectives that are used as nouns:

| Singular | | Plural | |
| --- | --- | --- | --- |
| Indefinite | Definite | Indefinite | Definite |
| **en besøgende** (*a visitor*) | **den besøgende** (*the visitor*) | **besøgende** (*visitors*) | **de besøgende** (*the visitors*) |

**Publikum fik mulighed for at snakke med <u>de medvirkende</u> i stykket.** (*The audience got the opportunity to speak to <u>the cast and crew</u> of the play.*)

4 When used as verbs, present participles are preceded by a verb in the present or past tense. This structure is used with:

a verbs of motion, e.g. **at gå** (*to walk*) or **at løbe** (*to run*) followed by a verb expressing feeling or emotions, e.g. **at græde** (*to cry*) or **at smile** (*to smile*).

**Filmen var så rørende, at folk gik <u>grædende</u> hjem fra biografen.** (*The film was so touching that people went home from the cinema <u>crying</u>.*)

Verbs of motion, such as **at komme** (*to come*) or **at bevæge sig** (*to move*), which do not specify the exact method of movement, can be followed by another verb of motion:

**Skuespillerne kom <u>løbende</u> ud på scenen for at modtage det taktfaste bifald.** (*The actors came <u>running</u> on to the stage to receive the rhythmic applause.*)

**b** the verb **at blive** (*to become*) followed by a verb denoting position, such as **at sidde** (*to sit*) and **at ligge** (*to lie*).

**Ludvig Holberg rejste fra Bergen for at studere i København, og han blev <u>boende</u> i Danmark resten af sit liv.** (*Ludvig Holberg left Bergen to study in Copenhagen, and he stayed in Denmark for the rest of his life.*)

The auxiliary verb **at blive** (*become*) can be followed by a present participle, the coordinating conjunction **og** (*and*) and a present or past tense (mirroring the tense of **at blive**): **Han <u>blev stående og tænkte</u> på hende** (*He <u>remained standing and continued to think</u> about her*) . This structure is used to emphasize that the actions expressed by both verbs – **stå** (*stand*) and **tænke** (*think*) – are happening simultaneously. This is particularly common with **stående** (*standing*), **liggende** (*lying*) and **siddende** (*sitting*).

**Folk var så imponerede over pianisten, at de <u>blev stående og klappede</u> længe.** (*People were so impressed by the pianist that they <u>remained standing, clapping,</u> for a long time.*)

**C** Complete the sentences with the present participles from the box.

> afgående – genkendende – gribende – gående – hamrende

**1** Den _____ museumsdirektør holdt en fin tale.
**2** Dokumentaren var meget _____.
**3** Når min nabo øver sig på sin violin, får jeg altid en _____ hovedpine.
**4** Mange i salen nikkede _____, da foredragsholderen snakkede om sine oplevelser.
**5** Demonstranterne råbte: »Giv centrum tilbage til de _____«.

**D** Complete the sentences with the verbs in brackets.

**Example:** Han *kom gående* (at komme + at gå).

**1** Cirkusdirektøren _____ (at gå + at bande) rundt og ledte efter kanonkongen.
**2** Billedhuggeren _____ (at blive + at stå + at hugge), mens hans lærlinge prøvede at slukke branden.
**3** Publikum _____ (at sidde + at måbe) tilbage, da orkestret nægtede at spille videre.
**4** Akrobaten _____ (at komme + at cykle) på sin væltepeter.

# How to form past participles

1   All past participles end in **-et** or **-t**:

| Verb groups | Past participle |
|---|---|
| **Group 1**<br>past tense ending in **-ede** | past participle ending in **-et**<br>**Jeg har <u>arbejdet</u> længe på mit nye album.** (*I have worked/been working on my new album for a long time.*) |
| **Group 2**<br>past tense ending in **-te** | past participle ending in **-t**<br>**Har du <u>brugt</u> en særlig type ler?** (*Have you used a special type of clay?*) |
| **Irregular verbs** | past participle ending in **-et** or **-t**<br>**Jeg har altid <u>været</u> stor fan af Shu-bi-dua.** (*I have always been a big fan of Shu-bi-dua.*) |

2   When used as verbs, past participles are preceded by:

a   **at have** or **at være** in order to form, for example, the perfect and the pluperfect tenses.

**Merete Pryds Helle <u>har vundet</u> De Gyldne Laurbær én gang.** (*Merete Pryds Helle <u>has won</u> the Golden Laurels [a literary prize] once.*)

b   **at blive** in order to form the passive voice.

**I 2017 <u>blev</u> Kirsten Thorup <u>nomineret</u> til Nordisk Råds litteraturpris.** (*In 2017 Kirsten Thorup <u>was nominated</u> for the Nordic Council's Literature Prize.*)

3   When used as adjectives, past participles add inflectional endings:

a   Common gender: no ending is added in the indefinite singular form.

b   Neuter: as past participles always end in **-t**, they add no neuter ending in the indefinite singular form.

c   In the plural and definite:

▶   **Group 1** verbs change the **-et** ending to **-ede**.

**Moderne klassisk musik tiltaler kun et <u>begrænset</u> publikum.** (*Modern classical music only appeals to a <u>limited</u> audience.*)

**Den efterfølgende koncert blev aflyst på grund af den <u>begrænsede</u> publikumsinteresse.** (*The following concert was cancelled due to the <u>limited</u> interest from the public.*)

**På grund af <u>begrænsede</u> transportmuligheder var der ikke mange, der dukkede op til koncerten.** (*Because of <u>limited</u> transport options, not many people came to the concert.*)

▶   **Group 2** verbs add an **-e**.

**Han er blevet en <u>kendt</u> forfatter.** (*He has become a <u>well-known</u> author.*)

**De er begge <u>kendte</u> forfattere.** (*They are both <u>well-known</u> authors.*)

**Hvad hedder det <u>kendte</u> forlag, som udgav Jussi Adler-Olsen på engelsk?** (*What is the name of the <u>well-known</u> publisher that published Jussi Adler-Olsen in English?*)

▶ A small group of past participles used as adjectives have irregular plural and definite forms. Some common ones are:

**at stjæle** (*to steal*) → **stjålne** (*stolen*);

**at finde** (*to find*) → **fundne** (*found*);

**at binde** (*to bind*) → **bundne** (*bound*);

**at fryse** (*to freeze*) → **frosne** (*frozen*);

**at give** (*to give*) → **givne** (*given*);

**at skrive** (*to write*) → **skrevne** (*written*).

**Efter skuespilleren var faldet ned fra scenen, fik han lagt en pose frosne ærter på panden.** (*After the actor fell off the stage, he had a bag of frozen peas put on his forehead.*)

E   **Complete the sentences with the past participle of the verbs in brackets.**

1   Han har _____ (at dirigere) orkestret, siden han var 23 år gammel.

2   _____ (at rette) manuskripter skal altid kopieres, før de sendes ud til forfattere.

3   Hun havde _____ (at øve) soloen i mange timer.

4   Regissøren forsikrede et _____ (at bekymre) publikum om, at skuespilleren ikke var kommet til skadet i faldet.

5   Mange nordiske dramatikere, som Henrik Ibsen, blev _____ (at inspirere) af Georg Brandes.

6   Stykket blev _____ (at kritisere) for slutningen.

7   I malerens atelier stod der mange _____ (at færdiggøre) malerier.

8   De _____ (at stjæle) musikinstrumenter blev heldigvis fundet igen.

# Vocabulary

F   **Complete the following sentences with one of the participles in the box.**

> anerkendte – moderniserede – respekteret – underholdende – udøvende

1   Skolebørn læser nogle gange _____ udgaver af H.C. Andersens eventyr.

2   Det, mange først tænker på, er ofte _____ kunst.

3   Klassiske komedier kan faktisk være ganske _____.

4   Selv _____ kunstnere kan have svært ved at sælge deres værker.

5   Johannes V. Jensen var _____ i sin egen tid.

G   Match these nouns with the entertainments.

> (et) bagtæppe – (en) balkon – (en) filmstjerne – (et) kabinet – (en) kameramand
> – (et) kunstværk – (en) montre – (et) parterre – (en) programvært – (en) udstilling

| Fjernsyn | |
|---|---|
| Museum | |
| Teater | |

# 📖 Reading

H   Read the first part of the book review. Then answer the question.

Hvad var grundene til, at personen købte bogen?

_____

_____

_____

> Det er længe siden, jeg har læst en bog af en krimiforfatter, jeg ikke kendte i
> forvejen. Derfor glædede jeg mig oprigtigt til at læse Jógvan Isaksens *Korsmesse*,
> og jeg blev ikke skuffet. Jeg opdagede faktisk bogen ved et tilfælde, da jeg kom
> gående forbi en boghandel. Jeg blev særligt fanget af den engelske udgaves
> nærmest lysende kugle på bogomslaget, og jeg blev stående længe og tænkte på,
> hvor lyset mon kom fra, og hvad det betød. Jeg besluttede mig for at købe bogen
> og endte med at læse den færdig på en enkelt weekend.

I   Now read the rest of the book review and answer the questions.

Romanen, der er fra 2005, foregår omkring Valborgsaften, som er aftenen før 1. maj. Denne dag er forbundet med det overnaturlige, ondskab og hekse, og det bliver da også hurtigt klart, at alting ikke er, som det burde være.

To britiske miljøaktivister, der er glødende modstandere af hvaljagt, bliver fundet døde blandt hvalkroppene efter en hvaljagt i Torshavn på Færøerne. Privatdetektiven Hannis Martinsson bliver bedt om at undersøge sagen af en repræsentant for organisationen *Guardians of the Sea*. Kort tid efter dør selvsamme repræsentant i et flystyrt, og det står nu klart, at dette ikke bare handler om de to aktivister, og at Martinsson ikke selv kan vide sig sikker.

Mistanken falder hurtigt på de færøske jægere, der er vrede over den globale indblanding i deres traditionelle hvaljagt, men Martinssons efterforskning afslører hurtigt, at mordene trækker tråde til en langt større, international gruppe med helt andre mål og interesser. Lettere bliver det ikke for Martinsson, da det viser sig, at hans efterforskning risikerer at afsløre ting, der kan være ødelæggende for hele landet.

Det har været spændende at læse en bog fra Færøerne, og især fordi den handler om et udfordrende emne. Bogen har bestemt fået mig til at tænke over, hvordan man skal forholde sig til traditioner, man ikke selv er vant til og måske ikke rigtig forstår. Det kan måske lyde lidt snobbet, men det er så let at glemme, at Danmark ikke bare består af København, Odense og Aarhus, og at der gemmer sig historier i alle dele af Kongeriget Danmark. Måske skulle jeg prøve at få fat på noget grønlandsk fiktion næste gang?

1   Hvad er Valborgsaften?

_____

2   Hvad er det, der sætter handlingen i gang?

_____

_____

3   Hvem er det oplagt at mistænke og hvorfor?

_____

_____

**4** Hvilke tanker har bogen sat i gang hos anmelderen?

_____

_____

> 🍎 _Jógvan Isaksen (1950–) is a Faroese author and publisher from Torshavn. Some of his books have been translated into other languages. Published in Faroese in 2005 as_ **Krossmessa,** _the novel from the review was translated into Danish as_ **Korsmesse** _in 2005 and into English as_ Walpurgis Tide _in 2016._

**J**  Find the words in the text that mean the opposite of the following.

**1**  siddende    _____

**2**  sælge    _____

**3**  langsomt    _____

**4**  lokale    _____

**5**  mindre    _____

**6**  skabende    _____

**7**  kedeligt    _____

**8**  huske    _____

**K**  Find words and expressions from the Reading that match these definitions.

**1**  En person, der skriver bøger om kriminalitet.    _____

**2**  Personer, der kæmper for et bedre klima.    _____

**3**  En person, der kan betales for at undersøge noget.    _____

**4**  Alle de landområder, der regeres af den danske regent.    _____

**5**  En genre, der handler om noget, der ikke er virkeligt.    _____

**L**  Split these compounds into the original separate words.

**Example:** miljøaktivister → miljø + aktivister

**1**  krimiforfatter  →  _____ + _____

**2**  bogomslag  →  _____ + _____

**3**  hvalfangst  →  _____ + _____

**4**  privatdetektiv  →  _____ + _____

**5**  flystyrt  →  _____ + _____

# 📝 Writing

**M**  Write a review of a book for a magazine (125–150 words). Include a variety of present and past participles. Focus on using them as adjectives and verbs, but try to include an example of a present participle functioning as an adverb or a noun. These questions may help you to structure your review:

▶  Hvornår læste du bogen, og hvorfor vil du skrive en anmeldelse af den?

▶  Hvad handlede bogen om?

- ▶ Hvad er dens hovedtema?
- ▶ Hvad synes du om den, og ville du anbefale den til andre?

_____

_____

_____

_____

_____

_____

_____

_____

_____

# Self-check

**Tick the box which matches your level of confidence.**

1 = very confident     2 = need more practice     3 = not confident

**Sæt kryds i skemaet for at vise, hvor sikker du føler dig.**

1 = meget sikker     2 = har brug for mere øvelse     3 = usikker

|  | 1 | 2 | 3 |
|---|---|---|---|
| Recognize present and past participles used as adjectives, adverbs, nouns and verbs. |  |  |  |
| Form present and past participles. |  |  |  |
| Form complex verb phrases using the present participle. |  |  |  |
| Can read articles and reports concerned with contemporary problems in which the writers adopt particular attitudes or viewpoints. (CEFR B2) |  |  |  |
| Can summarize, report and give opinion about accumulated factual information on familiar matters with some confidence. (CEFR B1) |  |  |  |

# 17 Det var Mads, som blev kattekonge

It was Mads who became 'king of the cats'

**In this unit you will learn how to:**

✅ Distinguish between real and formal subjects.

✅ Form different types of **det** and **der** sentences.

✅ Recognize and form cleft sentences.

CEFR: Can find and understand relevant information in everyday material, such as letters, brochures and short official documents (B1); Can write notes conveying simple information of immediate relevance to friends, service people, teachers and others who feature in his/her everyday life, getting across comprehensibly the points he/she feels are important (B1).

| Mange påskeæg | er | i butikkerne. |
|---|---|---|
| Subject | Verb | Adverbial |

| Der | er | mange påskeæg | i butikkerne. |
|---|---|---|---|
| Dummy/formal subject | Verb | Real subject | Adverbial |

## Meaning and usage

### Det sentences

1 **Det** can be used as the subject in two different ways: as the real subject and as a dummy (or formal) subject: a subject that carries no meaning but is used for grammatical or stylistic reasons. See these examples:

**Vi købte juletræet i går, og det står inde i stuen nu.** (*We bought the Christmas tree yesterday, and it is in the living room now.*)

Here, **det** is the real subject of the verb **står**. It is a personal pronoun replacing **juletræet**.

**Det er nytårsaften i aften.** (*It is New Year's Eve tonight.*)

Here, **det** is a dummy subject as it does not refer to anything and carries no meaning. It is a purely grammatical subject and is only in the sentence because Danish requires an explicit subject.

2  **Det** and **der** can also be used as dummy subjects in order to postpone the real subject of a sentence. This type of **det/der** sentence is used in three cases:

    a  to present new information, as Danish has a tendency to put that towards the end of the sentence just before any adverbials.

        **Der kommer <u>mange gæster</u> til min datters konfirmation.** (*There will be many guests at my daughter's confirmation.*)

    b  to begin a sentence with simple, short structures, as Danish has a tendency to put more complex structures such as subordinate clauses and infinitives at the end of the sentence.

        **Det er skønt <u>at have tid til at hygge sig med sine venner til en påskefrokost</u>.** (*It is wonderful to have time to enjoy yourself with your friends at an Easter lunch.*)

    c  to put emphasis on a particular element in the sentence for stylistic reasons.

        **Det er <u>med sin familie</u>, man skal holde jul.** (*It's with your family you should celebrate Christmas.*)

A  **Identify whether det is a real or a dummy subject in these sentences.**

| | | Real subject | Dummy subject |
|---|---|---|---|
| 1 | Jeg tror, at <u>det</u> bliver meget koldt nytårsaften. | | |
| 2 | Sanne og Asbjørns bryllup var rigtig flot, men <u>det</u> må have kostet kassen. | | |
| 3 | <u>Det</u> er først til sankthans, at dagene begynder at blive kortere. | | |
| 4 | Børnene synes, at <u>det</u> er en dejlig tradition at male på æg til påske. | | |
| 5 | Har du set juletræet på torvet? Jeg elsker, når <u>det</u> bliver tændt. | | |

B  **Match sentences 1–4 with the correct explanation of why det/der has been used as a dummy subject.**

    1  Det banker på døren! Måske er julemanden kommet?

    2  Det er børnene, der glæder sig mest til juleaften.

    3  Det er mærkeligt, at en stor og tyk mand som julemanden kan komme ned gennem skorstenen.

    4  Der står en mand i rød dragt uden for døren!

    a  There is no real subject in the sentence.

    b  The real subject is a heavy element.

    c  The sentence puts emphasis on one element.

    d  The sentence presents new information.

# How to form **det** and **der** sentences

1   In many cases, **det** corresponds to the use of *it* in English. It can be used without a real subject in these instances:

   a   impersonal sentences about weather and climate conditions.

   **Det regnede d. 5. juni sidste år, og det var virkelig koldt.** (*It rained on 5th June last year, and it was really cold.*)

   b   in other impersonal constructions where there is no clear agent.

   **De var i gang med at hænge julepynt på træet, da det bankede på døren.** (*They were decorating the Christmas tree when there was a knock at the door.*)

2   **Det** is used as dummy subject in the following chief cases:

   a   in sentences about time.

   **Det er pinsedag på søndag.** (*It is Whitsunday next Sunday.*)

   b   when the real subject is in the infinitive.

   **Det er kun lovligt at fyre fyrværkeri af fra d. 27. december til d. 1. januar.** (*It is only legal to set off fireworks between 27th December and 1st January.*)

   c   when the real subject is a subordinate clause.

   **Det er kært, når børnehavebørnene går i Lucia-optog d. 13. december.** (*It is cute when the nursery children walk in the Lucia procession on 13th December.*)

   d   in a number of impersonal constructions, e.g. **det lader til, at…** (*it seems as if…*), **det gør ondt (i min finger)** (*it [my finger] hurts*), **det sker/forekommer** (*it happens*), **det lykkes mig at** (*I succeed in…*).

   **Det lader til, at der kommer mange til demonstrationen d. 1. maj for at fejre arbejdernes internationale kampdag.** (*It seems as if there will be many people at the demonstration on 1st May to celebrate International Workers' Day.*)

In English, it *can be used as the formal subject when an -ing construction is the real subject, e.g.* It was nice seeing the Midsummer Night bonfire. *When translating such sentences into Danish, you will need to use either an infinitive* (**Det var dejligt at se sankthansbålet**) *or paraphrase according to the context with a subordinate clause* (**Det var dejligt, da jeg så sankthansbålet**).

3   In many cases, **der** corresponds to *there* when it is used as dummy subject in English. There are a number of cases where Danish prefers to move the real subject to later in the sentence and use **der** as the dummy subject. This construction is particularly used in these instances:

   a   with intransitive verbs expressing existence or non-existence, such as **at være** (*to be*), **at findes** (*to exist*) or **at mangle** (*to lack*).

**Der findes mange sønderjyske juletraditioner.** (*There are many Christmas traditions in Southern Jutland.*)

b    with intransitive verbs expressing position, such as **at ligge** (*to lie*), **at stå** (*to stand*) or **at hænge** (*to hang*).

**Der står stearinlys i mange vinduer om aftenen d. 4. maj, hvor man mindes Danmarks befrielsesdag.** (*There are candles in many windows on the evening of 4th May when Denmark's liberation day is commemorated.*)

c    with intransitive verbs expressing movement, such as **at gå** (*to walk*), **at komme** (*to come*) or **at løbe** (*to run*).

**Der løb mange børn rundt om juletræet på torvet.** (*Many children were running around the Christmas tree in the square.*)

In these constructions with intransitive verbs (a–c), the real subject is usually an indefinite noun phrase or an indefinite pronoun.

d    often with verbs in the passive form both with and without a real subject.

**Der hørtes mange glade børnestemmer fra salen, hvor fastelavnsfesten blev holdt.** (*The voices of many happy children were heard from the hall where the fastelavn party [carnival festivities on the Monday before Shrove Tuesday] was held.*)

**Der blev sunget mange julesalmer, og der blev danset om juletræet.** (*There was singing of many Christmas carols, and there was dancing around the Christmas tree.*)

e    in expressions indicating temporal or spatial distance, and in which **at være** is used as the verb.

**»I aften er det juleaften. Der er længe, længe til«.** (*'Tonight it is Christmas Eve. It is a long, long time till then.' [Danish children's song]*)

**Der er kun to måneder til dåbsfesten.** (*It is only two months until the baptism party.*)

f    when describing a place in expressions with an adjective.

**Der er altid så hyggeligt hjemme hos mormor i julen.** (*It is always so nice at grandma's at Christmas.*)

*Both* **Der står mange retter og bliver kolde på tag selv-bordet** (There are many dishes getting cold at the buffet) *and* **Mange retter står og bliver kolde på tag selv-bordet** (Many dishes are getting cold at the buffet) *are grammatically correct. The difference between these constructions is stylistic: using* **der** *is the normal and unmarked structure, while not using* **der** *sounds more formal or literary.*

4    **Det** can be used stylistically to give emphasis to a specific part of the sentence. These types of sentences are normally referred to as 'cleft sentences' because they split something that could be expressed in a simple sentence into a complex structure using a main clause and a subordinate clause. The structure of the sentence is **det** followed by **er** or **var**, depending on the tense of the original sentence, followed by the focus element. Contrary to English, if the focus element is a pronoun, it will be in the object case, even if the pronoun appears as the grammatical subject of the original sentence.

**Hun** købte anden til mortensaften. (*She bought the duck for St Martin's Eve.*)

→ Det var <u>hende</u>, som købte anden til mortensaften. (*It was she who bought the duck for St Martin's Eve.*)

The flexibility offered by **det** cleft sentences can best be illustrated by looking at the different ways in which a sentence such as **Hun gav ham et påskeæg i april** (*She gave him an Easter egg in April*) can be rewritten focusing on different parts of the sentence.

a   Focusing on the subject, in which case the subject is followed by a relative clause introduced by **der** or **som**.

   **Det var <u>hende</u>, der/som gav ham et påskeæg i april.** (*It was she who gave him an Easter egg in April.*)

b   Focusing on the direct object, which is followed by a relative clause.

   **Det var <u>et påskeæg</u>, (som) hun gav ham i april.** (*It was an Easter egg she gave him in April.*)

c   Focusing on the indirect object, which is followed by a relative clause.

   **Det var <u>ham</u>, (som) hun gav et påskeæg i april.** (*It was him to whom she gave an Easter egg in April.*)

d   Focusing on the adverbial, followed by an **at**-clause.

   **Det var <u>i april</u>, at hun gav ham et påskeæg.** (*It was in April that she gave him an Easter egg.*)

**C   Translate these sentences where there is no real subject from English into Danish.**

1   It was raining too much for the Midsummer Night bonfire.

   _____

2   It is at Easter that you eat chocolate eggs.

   _____

3   It is the almond that you have to find in the rice pudding.

   _____

4   There were many children at the school's Easter disco.

   _____

 **Risalamande** *is a typical dessert eaten after Christmas dinner in Denmark. Despite its name, deriving from French* **riz à l'amande** *(rice with almonds), it is not known in France. It consists of cold rice porridge mixed with whipped cream and chopped almonds. A sweet and warm sauce made from cherries is served on top. A whole almond is hidden in the* **risalamande** *and whoever finds it receives a small gift, often a marzipan pig.*

**D   Change these sentences using det to form cleft sentences emphasizing the underlined element.**

**Example:** Sankthansaften er <u>d. 23. juni.</u> → Det er d. 23. juni, at det er sankthansaften.

1   Butikkerne har mest travlt <u>i julen.</u>

   _____

2   <u>De</u> er blevet gift på rådhuset.

_____

3   Han lavede <u>en islagkage med hindbær</u> til nytårsaften.

_____

4   Jeg dansede hele natten <u>til mine forældres sølvbryllup</u>.

_____

5   Danskere fejrer jul <u>d. 24. december</u>.

_____

5   Cleft sentences with **der** are used to introduce new information or to separate an element or a unit from a larger group. Like cleft sentences with **det**, they are formed by transposing a meaning which could be expressed in one clause into a main clause and a subordinate clause.

**Nogen har spist kransekagen.** (*Somebody has eaten the kransekage [sweet marzipan cake served at weddings and on New Year's Eve].*)
→ **Der er nogen, der/som har spist kransekagen.** (*There is somebody who has eaten the kransekage.*)

Note the difference in meaning between the original sentence and the cleft sentence in the following case, where the cleft sentence separates an element from the larger group.

**Danskere spiser ikke flæskesteg juleaften.** (*Danes [in general] do not eat roast pork on Christmas Eve.*)
→ **Der er danskere, som ikke spiser flæskesteg juleaften.** (*There are [some] Danes who do not eat roast pork on Christmas Eve.*)

E   **Rewrite these sentences into cleft sentences using der.**

   **Example:** Mange julegaver ligger ikke under juletræet. →
          *Der er mange julegaver, som ikke ligger under juletræet.*

1   Mange børn klæder sig ud til fastelavn.

_____

2   Danskere holder ikke jul d. 24. december.

_____

3   Nogle par fejrer valentinsdag ved at tage ud at spise.

_____

4   Færre danskere fejrer mortensaften nu end førhen.

_____

5   Ingen nåede at se Dronningens nytårstale klokken seks.

_____

**Fastelavn** *is the name for* Shrovetide *or* Carnival *in the Nordic region. It consists of three days which start with* **fastelavnssøndag** (Shrove Sunday) *and continue with* **fastelavnsmandag** (Shrove Monday) *and* **hvide tirsdag** (Shrove Tuesday/Fat Tuesday/Pancake Day). *The term* **fastelavn** *originally meant* fast-evening *and refers to the day before Lent. Danish traditions linked to this festivity include* **fastelavnsriset**, *decorated branches of trees (generally birch),* **at slå katten af tønden**, *a piñata-like tradition where a wooden barrel filled with sweets is batted, and* **fastelavnsboller** (Shrovetide buns), *a sweet bun normally filled with whipped cream and jam.*

# Vocabulary

**F** Complete the **det** and **der** sentences with verbs from the box. Then write the sentences without the cleft, as in the example.

> markerer – sender – inviterer – pynter – holder –ønsker

**Example:** Der er flere nutidige traditioner, som *markerer* oprindelige hedenske skikke. →
*Flere nutidige traditioner markerer gamle hedenske skikke.*

1 Det er næste år, at vi _____ jul i Sverige. →
_____

2 Der er flere butikker på gågaden, som _____ op til påske. →
_____

3 Det er hans jubilæum, vi _____ til på mandag. →
_____

4 Der er mange, som _____ hende tillykke med dagen. →
_____

5 Det er børn, som _____ gækkebreve før påske. →
_____

**Et gækkebrev** *is a letter sent anonymously to a family member or friend in the weeks leading up to Easter. It consists of a piece of paper with cut-outs, a dried snowbell and a small poem asking the receiver to guess who the sender is. It often ends with the line* **mit navn det står med prikker…** *(my name is written in dots…). If the person who receives the letter is not able to guess who the sender is before Easter, he/she must give the sender an Easter egg.*

**G** Match the celebrations with the times/dates.

| | Celebration | | Time/Date |
|---|---|---|---|
| 1 | arbejdernes dag | a | efter 50 års ægteskab |
| 2 | fastelavn | b | i syvende klasse |
| 3 | juleaften | c | d. 23. juni |
| 4 | konfirmation | d | syv uger før første påskedag |
| 5 | Kristi himmelfartsdag | e | to dage før påskesøndag |
| 6 | langfredag | f | 40 dage efter påskesøndag |
| 7 | guldbryllup | g | d. 1. maj |
| 8 | sankthans | h | d. 24. december |

 Reading

H   Read the invitation to the fastelavn party. Then answer the question.

Hvad er det, man skal gøre, for at blive »Fastelavnsmester«?

_____

## KOM OG SLÅ KATTEN AF TØNDEN – VI INVITERER TIL FASTELAVNSFEST I BÆSTRUP IDRÆTSFORENING

Det glæder os at invitere til Bæstrup Idrætsforenings årlige fastelavnsfest for børn og voksne **lørdag d. 10. februar 2018 kl. 14–17**. Festen bliver som altid arrangeret af bestyrelsen og afholdes i klubhuset ved siden af Bæstrups Idrætshal.

Kom og deltag i festlighederne, og slå katten af tønden. Der er selvfølgelig flotte præmier for bedste udklædning.

Efter tøndeslagningen vil der blive serveret fastelavnsboller og te/kaffe. Til børnene vil der også være et sted, hvor de kan lave pynt til deres egne fastelavnsris.

Vi håber, at rigtig mange har lyst til at møde op til en hyggelig eftermiddag.

I år bliver der en ekstra konkurrence. Svar på de fire spørgsmål nedenfor, og aflevér svarene, når I tilmelder jer. Den, der kommer med de bedste og mest korrekte svar, bliver årets »Fastelavnsmester« og vinder et årskort til svømmehallen. Vinderens svar bliver lagt ud på idrætsforeningens hjemmeside efter festen.

1   Hvor stammer traditionen med fastelavn fra?
2   Hvorfor slår vi katten af tønden?
3   Hvorfor spiser vi fastelavnsboller?
4   Hvor stammer traditionen med fastelavnsris fra?

For at tilmelde sig skal man aflevere blanketten i idrætsforeningens postkasse uden for kontoret i hallen.

Vel mødt!

_____

_____

Vi vil gerne komme til Bæstrup Idrætsforenings fastelavnsfest:

Voksne: _____ (antal)

Børn: _____ (antal)

Navn: _____

I   Now read Bæstrup Idrætsforenings website, and answer the questions.

 www.baestrup-if.dk

Vi ønsker alle vinderne ved årets fastelavnsfest i idrætshallen et stort tillykke:

▶ Det var Mads Rohde (fra lørdagsfodboldholdet), der blev kattekonge.
▶ Det var Rie Jensen (fra gymnastikholdet om tirsdagen), der blev kat-tedronning.
▶ Det var (Kloge) Åge Knudsen (far til Andreas fra det lille svømmehold), der blev »Fastelavnsmester« i konkurrencen.

Åges svar kan du læse her:

1   Oprindeligt fejrede man fastelavn for at markere overgangen mellem sommer og vinter. Siden blev traditionerne blandet sammen med den katolske kirkes faste, som starter syv uger før påske. Efter Reformationen i 1536 holdt man fast i nogle af de traditioner, der var forbundet med fastelavn.
2   Det er en mærkelig tradition at slå katten af tønden. Man stiller sig i kø for at prøve at slå en tønde i stykker med et bat! Men det var endnu mærkeligere i gamle dage. Dengang – og helt op til 1800-tallet – var der en levende kat i tønden. Man mente, at katten symboliserede ondskab, og at man kunne slippe af med det onde på den måde. Det er bedre med de papirkatte og slik, vi har i tønden i dag. Det er ham eller hende, der først slår bunden ud af tønden, som bliver kattedronning, og den, der slår det sidste bræt ned, som bliver kattekonge.
3   De fastelavnsris med bånd, pynt og slik, vi kender i dag, var ikke så festlige i gamle dage. Fastelavnsriset stammer fra 1700-tallet, hvor man brugte grene (ofte fra en birk) til at rise (det betyder slå) hinanden. Riset symboliserer frugtbarhed, og man kunne måske være heldig at overføre noget frugtbarhed til personen, der blev riset. I dag er det den, der står først op om morgenen fastelavnsmandag, som »pisker« resten af familien ud af sengen. Senere på dagen skal de bage (eller købe) fastelavnsboller til personen.
4   Fastelavnsboller er en del af den katolske tradition, som stammer fra dengang, man fejrede hvide tirsdag, som var den sidste dag, inden fasten begyndte. Man spiste derfor en masse hvide ting – æg, sukker og hvedemel for eksempel – som var ting, man ikke måtte spise under fasten. De dejlige boller med creme og syltetøj skal man spise, når det er fastelavn. Uhm!

| **V** | en overgang | *transition* | **en bund** | *bottom* |
| | en kø | *queue* | **en frugtbarhed** | *fertility* |
| | en pynt | *decoration* | **at piske** | *to whip* |

1 Hvem blev kattedronning, og hvad har han/hun gjort for at blive det?

_____

2 Hvad var der i fastelavnstønden førhen, og hvad er der i den nu?

_____

3 Hvorfor kalder man dagen efter fastelavnsmandag for hvide tirsdag?

_____

4 Hvad kan man gøre, hvis man vågner tidligt fastelavnsmandag?

_____

_____

**J** **Replace the bracketed words in the sentences with the verb phrases from the box.**

| **holder fast i – symboliserer – slipper af med – blander – stammer fra – overfører** |

1 Gennem film og tv-programmer (flytter) _____ man mange traditioner og skikke fra USA til Europa.

2 Halloween (har sin oprindelse) i _____ USA.

3 I Danmark (mikser) _____ man mange hedenske traditioner med kristne højtider.

4 Stjernen på juletræet (repræsenterer) _____ stjernen over stalden i Betlehem fra juleevangeliet.

5 Man (fortsætter) _____ den katolske tradition med at spise fastelavnsboller, selvom man ikke faster længere.

6 Det er dejligt, når vi (bliver fri for) _____ ansvar og forpligtelser i julen og kan slappe af.

K   These verbs are all from the text. Fill in the table with their corresponding nouns, as in the example.

| | Verb | Noun |
|---|---|---|
| Example | at markere | *en markering* |
| 1 | at blande | |
| 2 | at invitere | |
| 3 | at deltage | |
| 4 | at arrangere | |
| 5 | at fejre | |
| 6 | at bage | |
| 7 | at ønske | |
| 8 | at tilmelde | |

# ✏️ Writing

L   Write an invitation to an event or a private party (100–125 words). Try to use some **det** and **der** structures, particularly to emphasize what the programme and/or entertainment content of the event or party is. These questions may help you to structure your invitation:

▶   Hvem er inviteret?
▶   Hvornår og hvor skal festen/markeringen holdes?
▶   Hvad er anledningen?
▶   Hvad er programmet for markeringen/hvordan skal du underholde dine gæster?

_____
_____
_____
_____
_____
_____
_____
_____
_____
_____
_____

# Self-check

**Tick the box which matches your level of confidence.**

1 = very confident     2 = need more practice     3 = not confident

**Sæt kryds i skemaet for at vise, hvor sikker du føler dig.**

1 = meget sikker     2 = har brug for mere øvelse     3 = usikker

| | 1 | 2 | 3 |
|---|---|---|---|
| Distinguish between real and formal subjects. | | | |
| Form different types of **det** and **der** sentences. | | | |
| Recognize and form cleft sentences. | | | |
| Can find and understand relevant information in everyday material, such as letters, brochures and short official documents. (CEFR B1) | | | |
| Can write notes conveying simple information of immediate relevance to friends, service people, teachers and others who feature in his/her everyday life, getting across comprehensibly the points he/she feels are important. (CEFR B1) | | | |

# 18 Danmarks første syrerockplade – på dansk

Denmark's first acid rock album – in Danish

In this unit you will learn how to:

✓ Use the genitive **-s** and form possessive constructions with prepositions.

✓ Form compound nouns.

✓ Understand the difference in meaning when compound nouns are split up.

CEFR: Can scan quickly through long and complex texts, locating relevant details (B2); Can summarize, report and give opinions about accumulated factual information on familiar matters with some confidence (B1).

## Meaning and usage

### Genitive **-s** and possession expressed with prepositions

1   The genitive **-s** is a possessive marker, similar to *-'s* in English. It is a simple way of demonstrating possession, belonging or other types of relationship between nouns.

**Svend har en guitar.** → **Det er <u>Svends</u> guitar.** (*Svend has a guitar.* → *It is Svend's guitar.*)

**Kristina har et klaver.** → **Det er <u>Kristinas</u> klaver.** (*Kristina has a piano.* → *It is Kristina's piano.*)

**Det er den største koncert i programmet.** → **Det er <u>programmets</u> største koncert.** (*It is the biggest concert in the programme.* → *It is the programme's biggest concert.*)

The **-s** genitive is the default way of indicating possession in Danish. This is also usually the case when English uses *of* to indicate possession, e.g. **trommens rytme** (*the beat of the drum*).

2 There are some instances where Danish can use a construction with a preposition to assign possession in phrases where English typically uses *of*. This table lists some of these constructions:

| Preposition | Usage | Example |
|---|---|---|
| af | with nouns of the senses; to indicate membership of/affiliation with a group | **Lyden af musik strømmede ud af højtalerne.** (*The sound of music came out of the speakers.*) |
| | | **Han var stor fan af Gasolin.** (*He was a great fan of Gasolin [Danish band].*) |
| for | to indicate responsibility, leadership or similar | **Brian Epstein var manager for The Beatles.** (*Brian Epstein was the manager of The Beatles.*) |
| | | **Bob Dylan er et stort forbillede for mange sangskrivere.** (*Bob Dylan is a great inspiration for many songwriters.*) |
| i | to indicate assigned roles in a group, club, etc. | **Hun kendte trommeslageren i bandet.** (*She knew the drummer in the band.*) |
| på | to assign names, prices and qualities | **TV2 er både navnet på en dansk tv-kanal og et dansk band.** (*TV2 is the name of both a Danish TV channel and a Danish band.*) |
| | | **Prisen på albummer er faldet siden mp3-formatet blev indført.** (*The price of albums has decreased since the introduction of the MP3 format.*) |
| | | **Hvad er farven på pladecoveret?** (*What is the colour of the record cover?*) |
| til | to indicate a creator's ownership of a work; to describe a physical feature providing access to something else | **Carl Nielsen er komponist til operaen** *Maskarade.* (*Carl Nielsen is the composer of the opera Maskarade.*) |
| | | **Døren til øvelokalet var låst.** (*The door to/of the rehearsal room was locked.*) |
| | | **Anne Linnet kommer fra en forstad til Aarhus, som hedder Åbyhøj.** (*Anne Linnet [a Danish musician and composer] comes from a suburb of Aarhus called Åbyhøj.*) |

3  The examples in the table which use a prepositional phrase to express possession can also be formed in Danish through use of the genitive **-s** construction.

**Døren til øvelokalet** → **øvelokalets dør**

**Forbilledet for sangskrivere** → **sangskrivernes forbillede**

4  In other instances the use of the preposition *of* to link two nouns in English cannot be rendered with a structure using the genitive **-s**. This is, for instance, the case in the following examples where Danish uses prepositions to link two nouns:

a  in partitive constructions (where Danish uses the preposition **af**).

**Halvdelen af bandet sang falsk.** (*Half of the band sang out of tune.*)

b  with lists, surveys, maps, etc. (where Danish uses the preposition **over**).

**Hitlisten udgiver en liste over de mest solgte albummer i Danmark.** (*The official chart-compiling organization publishes a list of the best-selling albums in Denmark.*)

**Dansk Folkemindesamling har lavet en optegnelse over tidlig dansk folkemusik.** (*The Danish Folklore Collection has made a catalogue of early Danish folk music.*)

c  with subject specialities in higher education (where Danish uses the preposition **i**)

**Han er professor i renæssancemusik på universitetet.** (*He is professor of Renaissance Music at the university.*)

A  **Identify the possessive relationships (using either the -s genitive or a prepositional construction) in this newspaper announcement about the Eurovision Song Contest in 1964.**

Så er det blevet tid til årets europæiske melodigrandprix! Alle husker, hvor spændende det var, da Danmark vandt sangkonkurrencens prestigefyldte førsteplads sidste år med Grethe og Jørgen Ingmanns optræden i London. Parrets sang »Dansevise« er blevet et stort hit og er blevet spillet på landets radiokanaler mange gange i løbet af året. Forfatteren til »Dansevise«, Sejr Volmer-Sørensen, har flere gange været konferencier til det danske melodigrandprix. Men det bliver Lotte Wæver, som skal præsentere konkurrencen i Tivolis Koncertsal i år. Titlen på den danske sang i år er »Sangen om dig«, og den er sunget af Bjørn Tidemand. Listen over de andre sange bringes i morgendagens avis.

**B** Looking at A, identify which form is used for adjectives in a possessive construction, including after an -s genitive.

# How to form the -s genitive

1 The **-s** genitive is formed by adding an **-s** to the end of the person or thing that is the owner, possessor or originator.

**Er det Hannes cello?** (*Is that Hanne's cello?*)

**Min datters trommer er lidt larmende.** (*My daughter's drums are a bit noisy.*)

2 Unlike in English, no apostrophe is used before the **-s**. Apostrophes are, however, used instead of the **-s** ending to show possession when the owner, possessor or originator already ends in an **-s**, **-x** or **-z**.

**Thomas' musiklærer har aflyst timen.** (*Thomas's music instructor has cancelled his lesson.*)

**Alex' optræden gik godt.** (*Alex's performance went well.*)

**Viz' violinstreng sprang under koncerten.** (*Viz's violin string broke during the concert.*)

3 Apostrophe + **-s** is used after abbreviations.

**USA's store musiknavne spiller for det meste i København, når de er på turné i Europa.** (*The big musical names from the USA usually play Copenhagen when they are touring Europe.*)

There are two exceptions to this rule:

a After acronyms (i.e. abbreviations pronounced as words), it is permitted to omit the apostrophe.

**FIFA's/FIFAs officielle sange er flersprogede.** (*FIFA's official anthems are multilingual.*)

b Abbreviations ending with a full stop do not have an apostrophe. This is also the case with ordinal numbers (written in numerals), which end in a full stop. They indicate possession by adding **-s** as per the general rule.

**Jeg har købt en 200 kr.s billet til Danmarks Radios pigekors koncert.** (*I have bought a 200-kroner ticket for the Danish national broadcaster's girls' choir concert.*)

**Dronning Margrethe d. 2.s scenografi til filmen De vilde svaner fik stor ros.** (*Queen Margrethe II's scenography for the film The Wild Swans was highly acclaimed.*)

---

 *There are a handful of words and expressions in Danish that have irregular genitive endings because they arrived through Latin. These are often to do with Christianity.*

**Jesus → Jesu**    *e.g.* **Jesu historie** (the story of Jesus)
**Kristus → Kristi**    *e.g.* **f.Kr.** (BC) = **før Kristi fødsel** (before the birth of Christ)

*Likewise, names of saints can also appear with their Latin genitive endings when they occur in names of streets, buildings, etc., for example* **Anne → Annæ** *e.g.* **Sankt Annæ Gade** (Saint Anne's Street).

4   If the owner comprises multiple words, the genitive **-s** is usually added to the last word. This is known as the group genitive.

**Bang & Olufsens højtalersystemer er anerkendte.** (*Bang & Olufsen's speaker systems are renowned.*)

**Forsangeren er en af mine venners datter.** (*The lead singer is the daughter of one of my friends.*)

**Den danske jazzmusiker Niels-Henning Ørsted Pedersens basspil var i verdensklasse.** (*The Danish jazz musician Niels-Henning Ørsted Pedersen's bass playing was world class.*)

**Tom og Sarahs børn har dannet et band.** (*Tom and Sarah's children have put a band together.*)

In the last example, the children are the ones that Tom and Sarah have together. If the sentence had been **Toms og Sarahs børn,** it would have referred to the children Tom and Sarah have separately.

**C   Create possessive constructions for the following things and concepts, using both genitive -s and constructions with prepositional phrases.**

|  | Owner | Object owned | Genitive -s | Possession expressed with prepositional phrase |
|---|---|---|---|---|
| Example | pladen | navn | pladens navn | navnet på pladen |
| 1 | koncertsalen | vindue | | |
| 2 | gruppen | bassist | | |
| 3 | Danmark | hovedstad | | |
| 4 | guitaren | mærke | | |
| 5 | røgen | lugt | | |
| 6 | billetten | pris | | |
| 7 | forfatteren | den nye Kim Larsen-biografi | | |

# Meaning and usage

## Compound nouns

1   In Danish, new nouns can be created by constructing compounds from two or more words. These compounds will have a different meaning from when their component parts are used separately. Compound nouns can be created from different types of words, as in these examples (and this is not an exhaustive list):

noun + noun:          **violin + streng → violinstreng** (*violin string*)

verb + noun:          **øve + lokale → øvelokale** (*rehearsal room*)

adjective + noun:     **høj + messe → højmesse** (*high mass*)

2   It is perfectly possible to combine more than two words, and more than two types of word.

**firser + pop + sang** → **firserpopsang** (*eighties pop song*)

**pige + kor (+s) + dirigent** → **pigekorsdirigent** (*girls' choir conductor*)

*In Danish, compound words can get quite long. In Hans Christian Andersen's story* **Hyrdinden og skorstensfejeren** (The Shepherdess and the Chimney Sweep), *one of the characters has the famously long title of* **Gedebukkebensoverogundergeneralkrigskommandersergent** (*usually translated as* Major-General-Field-Sergeant-Commander-Billy-Goat's Legs).

3   Although adjectives can be used to form a compound noun, it is more usual for them to be used separately to describe a noun. When an adjective becomes part of a compound noun, it is usually to describe a more specific concept.

**en stor tromme** (*a big drum* [*any drum which is big*])

**en stortromme** (*a bass drum in a drum kit* [*a specific category of drum*])

# How to form compound nouns

1   Many compound nouns are formed simply by joining the constituent parts together to form one word.

**guitar + solo** → **guitarsolo** (*guitar solo*)

**kammer + musik** → **kammermusik** (*chamber music*)

**node + stativ** → **nodestativ** (*music stand*)

2   Other compounds may use either the letter **-e-** or the letter **-s-** after certain components to bind the words together.

**dreng + e + stemme** → **drengestemme** (*boy's voice*)

**verden + s + præmiere** → **verdenspræmiere** (*world premiere*)

3   Although there is no simple way to know whether a joining **-e-** or **-s-** is needed, each specific part that goes to form a compound noun will normally work the same way regardless of what other words it is joined onto. So if a part of a compound noun is followed by an **-e-**, by an **-s-**, or if it has no joining letter after it, then it is likely to follow that pattern consistently.

## guitar + ...

**guitarspiller** (*guitar player*)
**guitarrock** (*guitar rock*)

## dreng + e + ...

**drengekor** (*boys' choir*)
**drengeband** (*boy band*)

**verden + s + …**

**verdensberømt** (*world-famous*)

**verdensklasse** (*world class*)

D  **Create compound nouns to match the definitions.**

**Example:** En sonate spillet på klaver → *en klaversonate*

1  Et band, som spiller rock         _____

2  En bog med noder i         _____

3  En koncert, hvor man sidder udendørs     _____

4  Instrumenter, man stryger (med en bue)    _____

5  Et kor, som synger gospel         _____

6  En saxofon, man bruger til at spille jazz    _____

7  En turné rundt i verden         _____

8  En stok, som en dirigent bruger      _____

 E  **Study this violinist's list of things she needs to buy before her concert tour. Identify whether any logic determines the gender of compound nouns.**

> *Ting, jeg skal købe før koncerten:*
> - *en violinkuffert*
> - *et violinstativ*
> - *en violinstreng til E og A*
> - *en violinbue*
> - *et violinbueetui*

 *It is important to note that compound nouns are written as one word in Danish, unlike in English, where they are normally written as separate words, e.g.* concert programme *instead of* **koncertprogram**. *Partly due to the influence of English, many Danes incorrectly split up compound nouns, which can potentially change the meaning considerably, sometimes with hilarious consequences. These mistakes are called* **særskrivningsfejl**.

# Vocabulary

 F  **The text shows some classic examples where compound nouns mean something completely different if they are split up. Complete the table with the correct, joined compounds and their meanings. Then add the very different approximate meanings of the split compounds.**

I aftes efter koncerten gik vi ned i hotellets bar. Vi bestilte et glas <u>rød vin</u> og nogle <u>lamme frikadeller</u>, for vi var blevet sultne. Bagefter snakkede vi lidt med en <u>bar pige</u>, som hed Eva. Det var ikke nogen dyb samtale: Hun fortalte os, at <u>tygge gummi</u> var det bedste, hun vidste. Hun spurgte os også, om vi var <u>dyre elskere</u>, for hun havde en kat. Mens vi spiste, viste Eva os en artikel i avisen med overskriften »<u>Katte dør</u> for 500 kroner«. Det var en billig løsning, syntes hun.

| | Compound noun (correctly written) | Meaning | Noun incorrectly split | Approximate meaning |
|---|---|---|---|---|
| Example | rødvin | red wine (a category of wine) | rød vin | a wine which is (particularly) red |
| 1 | | | lamme frikadeller | |
| 2 | | | bar pige | |
| 3 | | | tygge gummi | |
| 4 | | | dyre elskere | |
| 5 | | | katte dør | |

G  Match these compound nouns with their definitions.

> trækbasun – mundharmonika – blokfløjte –
> kontrabas – stemmegaffel – rytmeæg – sækkepibe

1  Et instrument, som laver en tone, oftest kammertonen, når man slår på det.

_____

2  Et hult instrument, ofte lavet af plastic, og som indeholder små korn.

_____

3  Det dybeste strygeinstrument med form som en stor cello. _____

4  Et blæseinstrument, hvor luften blæses ind i en læderpose, der er forsynet med tonerør.

_____

5  Et lille, fladt, aflangt blæseinstrument af metal med huller, der giver forskellige toner, alt efter om man puster eller trækker luft gennem dem. _____

6  En enkel fløjte af træ (eller kunststof) med næbformet mundstykke.

_____

7  Et instrument, hvor tonehøjden reguleres, ved at man forskyder det U-formede metalrør. Kaldes også en trombone. _____

H  Write your own definitions in Danish of the following nouns describing musical terms.

1  en akkord

_____

2  en dur

_____

3  en sangtekst

_____

4  et slagtøj

_____

5  en forstærker

_____

6  et omkvæd

_____

7  en tromme

_____

8  en mol

_____

# 📖 Reading

I  **Read the beginning of this short feature from a music magazine about a famous Danish singer-songwriter. Then answer the question.**

Hvornår spillede Steppeulvene deres sidste koncert – og hvorfor blev det gruppens sidste?

_____

---

### EIK, ITSI BITSI OG NEPAL

Eik Skaløe blev født i 1943 og voksede op i Københavns nordvestkvarter. Han var meget politisk aktiv i 1960'erne, især i Kampagnen mod Atomkraft, indtil han i 1966 dannede bandet Steppeulvene sammen med sin ven Stig Møller. Steppeulvenes eneste album, *Hip*, som oprindelig hed *Trip*, udkom i 1967 og er Danmarks første rockplade – på dansk. Pladen har opnået kultstatus, og Skaløe bliver ofte sammenlignet med The Doors' Jim Morrison, mens hans lyriske tekster betragtes som en dansk version af beatnikpoesien. Gruppens sidste optræden var ved *Love in*-koncerten i København i sommeren 1967. Kort efter tog Eik Skaløe på en rejse mod Nepal, som han aldrig kom tilbage fra.

---

**(en) atomkraft** *nuclear power*

**en optræden** *performance*

J   Read the rest of the feature, and answer the questions.

---

I oktober 1968 blev Eik Skaløe fundet død uden for byen Ferozepore på grænsen mellem Pakistan og Indien. Som mange andre unge i tresserne havde han fulgt »the Hippie Trail«, lokket af rutens løfte om møder med fremmede og eksotiske kulturer. Ved siden af den 25-årige musikers krop fandt man et afskedsbrev på engelsk, hvor der stod: »Til myndighederne: Som I sikkert ved, er dette et planlagt selvmord, som er udført af mig selv. Ingen er skyldig, undtagen den onde person inden i mig. Tilgiv mig, Eik Skaløe.«

Før sin død var Eik Skaløe kæreste med Iben Nagel Rasmussen, datter af den kendte danske forfatter Halfdan Rasmussen. I 1993 udgav Nagel Rasmussen de breve, som Skaløe havde skrevet til hende i tresserne. Titlen på bogen er *Breve til en veninde*, og den indeholder kærestebreve fra tiden både før og under Skaløes sidste rejse.

Steppeulvenes musik har levet videre efter Skaløes død. Numrene på *Hip* bliver sommetider klassificeret som gammeldags psykedelisk syrerock, men de har alligevel vundet popularitet blandt senere generationers unge. I de seneste år har Steppeulvene fået en renæssance – især efter 2015, hvor Ole Christian Madsens film *Steppeulven* blev lanceret i biograferne. Filmen – som også bliver kaldt *Itsi Bitsi* efter en sang om Iben fra *Hip* – er en biografisk skildring af Eiks kærlighed til Iben, en pige som ikke ville lade sig binde til én mand, men som udlevede mottoet om fri kærlighed og sex. Den handler også om stofmisbrug og om poesiens og musikkens magiske magt.

---

1   Hvorfor var Eik Skaløe i Indien/Pakistan?

_____

2   Hvad er indholdet i bogen *Breve til en veninde*?

_____

_____

**3** Hvorfor har Steppeulvenes musik for nylig fået en renæssance?

_____

_____

<table>
<tr><td>**at lokke**</td><td>_lure_</td><td>**(en) syrerock**</td><td>_acid rock_</td></tr>
<tr><td>**et løfte**</td><td>_promise_</td><td>**et stofmisbrug**</td><td>_drug addiction_</td></tr>
<tr><td>**myndighederne**</td><td>_authorities_</td><td></td><td></td></tr>
</table>

# Writing

K   Write a short introductory article (125–150 words) for a music magazine about a singer or a musician. Use the text about Eik Skaløe for inspiration. Try to use possessive constructions and plenty of compound nouns.

▶   Hvor kommer hun/han fra?

▶   Hvilke(t) instrument(er) spiller hun/han?

▶   Hvilken slags musik spiller hun/han?

▶   På hvilken måde har hun/han gjort sig bemærket musikalsk eller personligt?

_____

_____

_____

_____

_____

_____

_____

_____

_____

_____

# Self-check

**Tick the box which matches your level of confidence.**

   1 = very confident        2 = need more practice        3 = not confident

**Sæt kryds i skemaet for at vise, hvor sikker du føler dig.**

   1 = meget sikker        2 = har brug for mere øvelse        3 = usikker

| | 1 | 2 | 3 |
|---|---|---|---|
| Use the genitive -s and form possessive constructions with prepositions. | | | |
| Form compound nouns. | | | |
| Understand the difference in meaning when compound nouns are split up. | | | |
| Can scan quickly through long and complex texts, locating relevant details. (CEFR B2) | | | |
| Can summarize, report and give opinions about accumulated factual information on familiar matters with some confidence. (CEFR B1) | | | |

 **Man kan ikke binde ånd**

You cannot tie down a person's spirit

**In this unit you will learn how to:**

✔ Understand the different verbs expressing thought.

✔ Use the correct prepositions for agreement and disagreement.

**CEFR:** Can understand specialized texts outside his/her field, provided he/she can use a dictionary occasionally to confirm his/her interpretation of terminology (B2); Can express opinions and beliefs (B2).

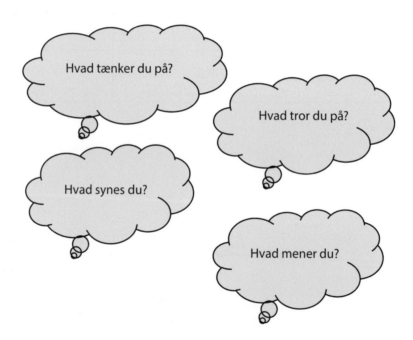

# Meaning and usage

## 'Thinking' in Danish

1 In Danish, there are several different verbs that can be used for talking about thought, opinions or beliefs, depending on what kind of thought is involved.

**Jeg tænker ofte på ytringsfrihed.** (*I often think about freedom of speech.*)

**Jeg tror, at Europa kommer til at forandre sig meget inden for det næste årti.** (*I think that Europe will change a lot within the next decade.*)

**Jeg synes, at hun har en fornuftig holdning.** (*I think that she has a sensible position.*)

**Jeg mener, at alt litteratur er politisk.** (*I think that all literature is political.*)

2   The verb **at tænke** is used to describe the general process or act of thinking about something, without any necessary opinions or belief. It can imply reflection or dwelling on a given matter (**at tænke på noget**).

**Nogle danskere tænkte kun på deres egen økonomiske gevinst under 2. verdenskrig.** (*Some Danes only thought about their own financial gain during the Second World War.*)

**Tænker du aldrig på, hvor heldige vi er at have menneskerettigheder?** (*Don't you ever think about how lucky we are to have human rights?*)

**At tænke** used with the preposition **over** expresses a contemplative thinking process over time.

**Jeg har længe tænkt over, hvordan det mon var at gå i skole under den tyske besættelse.** (*I have been wondering for a long time how it might have been going to school during the German occupation.*)

Used reflexively (**at tænke sig**), it can be used to talk about imagining something or considering a choice. It often appears with **kunne** (**at kunne tænke sig**).

**Kunne du tænke dig at blive medlem af en græsrodsbevægelse?** (*Could you imagine becoming/Would you like to become a member of a grassroots movement?*)

3   The verb **at tro** is used when something is believed but not based on personal experience or firm evidence. Either the information is not known for certain, or there is no way of knowing yet, but it can – in theory – be verified later. It might also imply indirect knowledge.

**Jeg tror, at det må være krævende at være statsminister.** (*I think it must be demanding being a prime minister [not that it's a job I've done personally, but maybe I can imagine or have heard that it is supposed to be hard].*)

This verb can also express belief or faith, for instance in terms of convictions held or in a religious sense.

**Vores parti tror på lighed og retfærdighed.** (*Our party believes in equality and justice.*)

**Efter skandalen troede ingen på, at regeringen ville blive siddende.** (*After the scandal, nobody believed that the government would remain in power.*)

4   The verb **at synes** expresses opinions that are based on a person's own experience or subjective opinion. This is based upon feeling and not something that can be verified as true or false. It can often be translated into English with *to find*.

**De syntes, at FN's generalsekretærs tale var meget indholdsrig.** (*They thought/found that the speech by the Secretary-General of the United Nations was very substantial [having listened to it].*)

**Jeg synes, at den nye partiforkvinde er det rigtige valg til posten.** (*I think/find that the new leader of the party is the right choice for the position [for example, based on my direct knowledge of the other candidates or because I have listened to her].*)

Sometimes, direct experience may only be implied, in which case the use of **at synes** shows that the opinion is based on experience, whereas the use of **at tro** shows a belief based on less firm evidence.

**Han synes, at det var hårdt at være embedsmand under krigen.** (*He thinks that it was hard being a civil servant during the war [he knows, as he used to be one].*)

**Han tror, at det var hårdt at være embedsmand under krigen.** (*He thinks that it was hard being a civil servant during the war [he can imagine, but he doesn't know because he was not one].*)

A   **Complete the conversation with the correct form of tro or synes.**

> Hvad _____ **(1)** du om den danske regerings samarbejde med den tyske besættelsesmagt under krigen?

> Jeg er ikke helt sikker på, hvad jeg skal _____ **(2)** om det. Jeg _____ **(3)** måske, at det var en svær beslutning at tage. Men jeg _____ **(4)** faktisk ikke, at de havde andre muligheder i 1940. Jeg _____ **(5)** bare ikke, at de skulle have fortsat samarbejdet helt frem til 1943.

> Jeg _____ **(6)**, at du har ret. Jeg _____ **(7)**, regeringen _____ **(8)**, at de kunne beskytte den danske befolkning.

5   The verb **at mene** expresses opinions based upon strong conviction or expert knowledge.
**Jeg mener, at alle, som kan, bør protestere mod uretfærdigheder.** (*I think [am of the opinion] that everybody who is capable ought to protest against injustices.*)

**Alfred Nobel mente, at fred var vigtigt.** (*Alfred Nobel thought that peace was important.*)

This verb can also translate as *to mean*, but only in the sense of what some<u>body</u> means to say (not what some<u>thing</u> means, in which case the verb **at betyde** is used).

**Jeg forstår ikke, hvad du mener.** (*I don't understand what you mean.*)

**Hvad betyder populisme egentligt?** (*What does populism actually mean?*)

**B** Decide whether or not the correct verbs have been used in these sentences (**tænke/tro/synes/mene**). Correct the incorrect verbs.

1 Han synes, at der er over 6000 danskere, der døde som følge af 2. verdenskrig. Er det sandt?

_____

2 Rune arbejder som frivillig i en menneskerettighedsorganisation nu, og han tror, at det er rigtig spændende.

_____

3 Jeg mener, at verdensfreden måske vil blive forstyrret i det næste årti.

_____

4 Partiet tror, at ytringsfriheden er det vigtigste fundament for demokratiet.

_____

# How to form expressions of thought

**C** Complete the table with the simple past and perfect tense forms of the four verbs meaning _to think_.

| | Infinitive | Present | Simple past | Perfect |
|---|---|---|---|---|
| 1 | at tænke | tænker | | |
| 2 | at tro | tror | | |
| 3 | at synes | synes | | |
| 4 | at mene | mener | | |

1 When a statement of thought or opinion refers to something negative, it is more common to place **ikke** (or other similar adverbials) with the verb in the main clause expressing the thought itself (**tænke/tro/synes/mene**) rather than in the subordinate clause. Other verbs describing thought or opinion, such as **at håbe** (_to hope_) or **at forestille sig** (_to imagine_) likewise usually place **ikke** in the main clause, despite the adverbial logically negating the statement in the subordinate clause.

**Han troede ikke, at det nye lovforslag ville blive gennemført.** (_He didn't think that the new bill would pass._)

**Jeg håber ikke, at din oldefar blev sur, da jeg snakkede om krigen.** (_I hope your great-grandfather did not get angry when I was talking about the war._)

2 Another useful set of expressions when discussing opinions is concerned with agreement and disagreement, using the adjectives **enig** (_in agreement_) and **uenig** (_in disagreement_).

**Han er enig med hende i, at det er en borgerpligt at stemme.** (_He agrees with her that it is a civic duty to vote._)

**De blev enige om at udskyde afstemningen.** (*They agreed to postpone the vote.*)

**Hun er uenig med ham i, at vi bør have flere folkeafstemninger.** (*She disagrees with him that we should have more referendums.*)

Note that the preposition which is placed before the topic that the speaker agrees or disagrees with changes.

**at være (u)enig med nogen** (*to (dis)agree with somebody*)

**at være (u)enig i noget** (*to (dis)agree with something [that somebody says]*)

**at være (u)enig om noget** (*to (dis)agree about something [when both sides are united in agreement/when both sides disagree]*)

D  **Complete the sentences with the correct prepositions (i/med/om).**

1  Partierne er blevet enige _____ at samarbejde.
2  Er du uenig _____ hans udtalelse?
3  De var helt enige _____ hinanden _____, at der skulle ske noget.
4  Kan vi blive enige _____ at være uenige?
5  Han var fuldstændig uenig _____ hende _____, at resultatet var godt.
6  Jeg er ikke enig _____, at flertallet altid skal bestemme.

# Vocabulary

E  **Match these words related to the struggle for human rights with their definitions.**

> asyl – bevægelsesfrihed – fængsel – kønsdiskriminering – levestandard –
> racisme – respekt – slaveri – statsborgerskab – ytringsfrihed

1  Når man viser, at andre personer er værdige. _____
2  Det forhold, en person eller gruppe lever under. _____
3  Beskyttelse for politiske flygtninge og andre forfulgte personer. _____
4  Det at kunne bevæge sig frit over fx landegrænser. _____
5  Et sted, hvor mennesker, der ikke må bevæge sig frit omkring, bor.

_____

6  Når et menneske ejer et andet menneske. _____
7  Fordomme og diskriminering på grund af køn. _____
8  Det juridiske forhold mellem et individ og en stat, som giver rettigheder og pligter.

_____

9  Retten til at sige, hvad man vil. _____
10  Fordomme og diskriminering på grund af etnicitet. _____

F   Complete the sentences with the nouns in the box.

> bånd – pligt – skæbne – trods – ånd – sjæl – kærtegn

1   Man har _____ til at hjælpe folk, der bliver forfulgt.
2   De to elskende gav hinanden kys og _____, før han tog af sted til fronten.
3   Mennesket består både af krop, _____ og _____.
4   Der blev både knyttet _____ og skabt fjendskab mellem danskere under krigen.
5   Det blev mange kulturpersonligheders _____, at de måtte gå i eksil.
6   Den danske hær sænkede i _____ nogle af militærets skibe, så tyskerne ikke kunne bruge dem.

G   Reorder the words to complete the sentences summarizing some key beliefs of these Nobel Peace Prize winners. // indicates a separate clause.

> »Et barn, en lærer, en blyant og en bog kan forandre verden.«
> – Malala Yousafzai

1   Malala Yousafzai mener, at…

beskedent / verden / selv / uddannelsestilbud / forandre / et / kan

_____.

> »Da jeg gik ud af døren mod porten, som ville føre til min frihed, vidste jeg, at hvis jeg ikke lagde min bitterhed og mit had bag mig, ville jeg fortsætte med at være i fængsel.«
> – Nelson Mandela

2   Nelson Mandela mente, at…

måtte / had / lægge / sig / og / bitterhed / bag / han // ud / da / slap / af / fængslet / han

_____

_____.

> »Den som rækker hånden ud for at standse historiens hjul, vil få knust sine fingre.«
> – Lech Wałęsa

3   Lech Wałęsa mener, at…

for / at / vejen / det / historiens / er / fremmarch / stå / i / farligt

_____.

»Vent ikke på ledere; gør det selv, mellem et menneske og et andet.«

– Moder Teresa

4   Moder Teresa mente, at…

niveau / alle / menneskeligt / på / ansvar / må / tage / et

_____ .

»Det er de unge, som skal skabe fremtiden og gøre verden til et bedre sted at leve i.«

– Fridtjof Nansen

5   Fridtjof Nansen mente, at…

til / i / samfundet / man / kan / de / tiltro / unge / stor / have

_____ .

# 📖 Reading

H   **Read this short article summarizing the story behind a song from the German occupation of Denmark. Then answer the question.**

Hvorfor var sangen »Man binder os på mund og hånd« ikke med i revyen *Dyveke* fra starten?

_____

### Med pennen som våben

Under den tyske besættelse af Danmark fra 1940–45 var dansk kunstnerisk produktion underlagt censur. Litteratur, kunst og teater fra perioden kunne kun behandle temaer som fred, frihed, besættelse og protest i en implicit form, der gjorde det svært for den tyske besættelsesmagt at opfatte budskabet.

Prøverne til revyen *Dyveke* startede d. 8. april 1940 – dagen før besættelsen. Poul Henningsen (PH) havde skrevet en anti-nazistisk og provokerende tekst til showet, som besættelsesmagten straks forbød, og han blev derfor nødt til at skrive en ny sangtekst. Det blev til »Man binder os på mund og hånd«, en smuk tekst med en sørgmodig tango-melodi. Sangen blev sunget af Liva Weel, og det danske publikum forstod straks den skjulte mening i sangen.

PH flygtede i 1943 til Sverige, hvor han fortsatte sine skriverier til støtte for Danmarks frihedskamp.

| | | | |
|---|---|---|---|
| **at opfatte** | *perceive* | **en støtte** | *support* |
| **en revy** | *cabaret* | **sørgmodig** | *sorrowful* |
| **skjult** | *hidden* | **at være underlagt** | *be subjected to* |

*Liva Weel (1897–1952) was a Danish actor and singer, who is known in particular for her interpretations of revue songs (**revysange**) written by Poul Henningsen (text) and Kai Normann Andersen (music). You can find many of her songs online. Reading lyrics and listening to songs that you like in a foreign language is also a great way of building vocabulary.*

I Read the poem, and answer the questions.

# Man binder os på mund og hånd (1940)

*Tekst: Poul Henningsen*
*Melodi: Kai Normann Andersen*

Gribe efter blanke ting
vil hvert et lille grådigt barn.
Binde andre med en ring
gør man som helbefar'n.
Tænk, hvor har man stået tit
og delt et vindues paradis.
Helle, helle, det er mit!
Og livet går på samme vis:

Man binder os på mund og hånd
med vanens tusind stramme bånd,
og det er besværligt at flagre sig fri.
Vi leger skjul hos en, som ved
at skærme os mod ensomhed
med søde kontrakter, vi luller os i.
Kunne vi forbyde de tre ord: Jeg lover dig,
var vi vist i kærlighed på mere ærlig vej.
De ord, vi svor med hånd og mund,
de gælder kun den korte stund,
til glæden er borte og alting forbi.

Kærlighed og ægteskab,
hvad kommer de hinanden ved?
Kedsomhedens tomme gab
til kæben går af led.
Elskov er den vilde blomst,
i gartnerhænder går den ud.
Skærmet får den sin bekomst,
men blomstrer hedt i storm og slud.

Man binder os på mund og hånd
med vanens tusind stramme bånd,
men ingen kan ejes. Vi flagrer os fri.
I alle kærtegn er en flugt,
de røde sansers vilde flugt,
fra pligternes travle fortrampede sti.
Du må ikke eje mig, jeg ejer ikke dig.
Alle mine kys er ikke ja og ikke nej.
De ord, vi svor med hånd og mund,
de gælder kun den svimle stund,
det netop er kysset fra dig, jeg kan li'.

Møde hvad der venter os,
og ingen ved, hvordan det går –
Bære skæbnen uden trods
hvad der så forestår.
Glad ved hver en venlighed,
men uden tro at det bli'r ved.
Søge fred idet vi ved,
at vi har ingen krav på fred.

Man binder os på mund os hånd,
men man kan ikke binde ånd,
og ingen er fangne, når tanken er fri.
Vi har en indre fæstning her,
som styrkes i sit eget værd,
når bare vi kæmper for det, vi kan li´.
Den, som holder sjælen rank, ka´ aldrig blive træl.
Ingen ka' regere det, som vi bestemmer selv.
Det lover vi med hånd og mund
i mørket før en morgenstund,
at drømmen om frihed bli'r aldrig forbi.

| blank | shiny | helle | interjection: *bags/dibs (used in children's play to claim first go, etc.)* |
|---|---|---|---|
| **at få sin bekomst** | *to be punished* | | |
| **fortrampede** | *very worn by usage (road)* | **at lege skjul** | *to play hide-and-seek* |
| **et gab** | *yawn* | **at lulle** | *to lull* |
| **grådig** | *greedy* | **svimmel** | *dizzy* |
| **helbefaren** | *skilled* | | |

*As these are the lyrics to a song, you may notice that the word order is not always standard, and many words are spelt in a non-standard way to indicate the way they need to be sung in order to fit the melody (**helbefar'n** – **helbefaren**; **li'** – **lide**; **ka'** – **kan**; **bli'r** – **bliver**). Adjustments like these are also often used in poetry.*

1 Hvilke overskrifter synes du, man kunne give hver af de tre strofer?

_____

2 Hvordan er forholdet mellem kærlighed og ægteskab beskrevet i anden strofe?

_____

_____

3 Hvad tror du, Poul Henningsen mente med »Man binder os på mund og hånd, men man kan ikke binde ånd«?

_____

_____

4 Hvad mener teksten, man kan gøre for at undgå at »blive træl«?

_____

_____

**J   Match the verbal phrases with their equivalent expressions from the lyrics.**

1 at nærme sig
2 at beskytte
3 at fortsætte
4 at komme i en forkert position
5 at være stolt og modig
6 at have ret til

a   at have krav på
b   at forestå
c   at holde ryggen rank
d   at blive ved
e   at skærme
f   at gå af led

K   Replace the underlined words from the lyrics in the text with a synonym from the box. Make sure the new word fits syntactically into the original text by altering its article or adjective if necessary.

> (en) slave – (en) sex – (en) måde – (et) øjeblik – (en) smal vej – (en) rutine

1   Og livet går på samme vis. _____
2   De gælder kun den korte stund. _____
3   Elskov er den vilde blomst. _____
4   I alle kærtegn er en flugt, de røde sansers vilde flugt, fra pligternes travle fortrampede sti. _____
5   Man binder os på mund og hånd med vanens tusind stramme bånd. _____
6   Den, som holder sjælen rank, ka' aldrig blive træl. _____

# Writing

L   Write an introductory text to a poem or a song which has had historical or cultural significance. You can use the introduction to »**Man binder os på mund og hånd**« for inspiration. Remember to use the correct verbs and prepositions. You might want to use the following questions for inspiration:

▶   Hvilken historisk sammenhæng blev digtet/sangteksten skrevet i?
▶   Hvad, mener du, er tekstens budskab?
▶   Hvilken betydning har den for dig?
▶   Synes du, at teksten er relevant i dag?

_____

_____

_____

_____

_____

_____

_____

_____

_____

_____

_____

_____

_____

# Self-check

**Tick the box which matches your level of confidence.**

1 = very confident      2 = need more practice      3 = not confident

**Sæt kryds i skemaet for at vise, hvor sikker du føler dig.**

1 = meget sikker      2 = har brug for mere øvelse      3 = usikker

| | 1 | 2 | 3 |
|---|---|---|---|
| Understand the different verbs expressing thought. | | | |
| Use the correct prepositions for agreement and disagreement. | | | |
| Can understand specialized texts outside his/her field, provided he/she can use a dictionary occasionally to confirm his/her interpretation of terminology. (CEFR B2) | | | |
| Can express opinions and beliefs. (CEFR B2) | | | |

 **Nogle mener, at det danske sprog vil uddø**

## Some think that the Danish language will become extinct

**In this unit you will learn how to:**

✓ Recognize indirect speech.

✓ Form indirect speech using a variety of structures.

✓ Use a variety of reporting verbs.

**CEFR:** Can understand articles and reports concerned with contemporary problems in which the writers adopt particular stances or viewpoints (B2); Can write brief reports to a standard conventionalized format (B1).

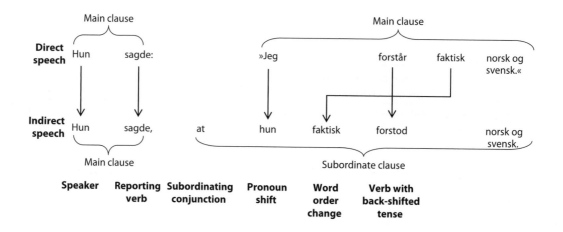

# Meaning and usage

## Indirect speech

1   Texts often refer to what other people or sources have said or thought. One way of doing this is to use direct speech quoting the source. Normally this is the preferred choice when the precise wording is important. In this case the quotation is placed in quotation marks.

**Ministeren sagde: »Det er utrolig vigtigt, og en grundsten i regeringens politik, at alle børn lærer engelsk i dag, så de kan klare sig i fremtiden.«** (*The Minister said: 'It is incredibly important, and a cornerstone in the government's policy, that all children today learn English, so they will be able to manage in the future.'*)

2   In many cases, however, indirect speech (sometimes called reported speech) may be chosen instead. This is preferred when the focus is not so much on the exact words used by the source being referred to, but on the message. This may be because the exact wording is not important or simply because it is not known. An advantage to using indirect speech is that it does not break the flow of the text.

**Ministeren sagde, at det er utrolig vigtigt, at alle børn lærer engelsk.** (*The Minister said that it is incredibly important that all children learn English.*)

**Min tante sagde noget om, at hun ville melde sig til et aftenskolekursus i italiensk.** (*My aunt said something about her wanting to sign up for an Italian evening course.*)

**A   Match the direct speech with the indirect speech.**

| | Direct speech | | Indirect speech |
|---|---|---|---|
| 1 | Han udtalte: »Vi har brug for bedre dansklærere.« | a | Han spurgte sin mor, hvorfor hun ikke snakkede dansk med sine norske venner. |
| 2 | Læreren sagde: »Krydsord kan bruges til at lære nye ord.« | b | På avisens forside står der, at medierne bør bruge mere dialekt. |
| 3 | På avisens forside står der: »Medierne bør bruge mere dialekt.« | c | Han udtalte, at vi har brug for bedre dansklærere. |
| 4 | Han spurgte sin mor: »Hvorfor snakker du ikke dansk med dine norske venner?« | d | Han sagde til Maria, at hun måtte holde op med at bande hele tiden. |
| 5 | »Maria, du må holde op med at bande hele tiden,« sagde han. | e | Læreren sagde, at krydsord kan bruges til at lære nye ord. |

**B   Look at the sentences in A. List the types of changes that happen when direct speech is transformed to indirect. Indicate where these changes occur.**

1   _____
2   _____
3   _____
4   _____
5   _____

# How to form indirect speech

1   When changing a sentence from direct to indirect speech, a number of things need to be considered. The main clause will show <u>how the message was expressed</u>, using verbs such as **at sige** (*to say*), **at spørge** (*to ask*), **at råbe** (*to shout*), or **at hviske** (*to whisper*), while the subordinate clause will contain ***the content of the message itself***.

Direct speech: »***Bruger danskere flere bandeord end briter?*«** <u>spurgte</u> han. (*'Do Danes use more swear words than British people?,' he asked.*)

Indirect speech: **Han <u>spurgte</u>, *om danskere bruger flere bandeord end briter*.** (*He asked whether Danes used/use more swear words than British people.*)

**2** The main clause consists of a <u>subject</u>, which will be the person or people who have uttered the message, and a **reporting verb**, which indicates how the message was expressed.

Direct speech: »**Hvordan siger man** *bilingual* **på dansk?**« <u>spurgte</u> <u>han</u>. ('*How do you say* bilingual *in Danish?,' he asked.*)

Indirect speech: <u>Han</u> <u>spurgte</u>, **hvordan man siger** *bilingual* **på dansk.** (*He asked how you said/ say* bilingual *in Danish.*)

**3** The message is transformed from a main clause to a subordinate clause introduced by a subordinating conjunction.

**a** **Om** is used to introduce a *yes/no* question.

Direct speech: »**Vil I også lære nyt komma?**« **spurgte læreren.** ('*Do you also want to learn the new comma rules?,' asked the teacher.*)

Indirect speech: **Læreren spurgte dem,** <u>om</u> **de også ville lære nyt komma.** (*The teacher asked them whether they also wanted to learn the new comma rules.*)

**b** Question words are used to introduce a question which in direct speech started with a question word.

Direct speech: **Underviseren spurgte:** »**Hvorfor har I valgt at læse dansk?**« (*The tutor asked: 'Why have you chosen to study Danish?'*)

Indirect speech: **Underviseren spurgte dem,** <u>hvorfor</u> **de havde valgt at læse dansk.** (*The tutor asked them why they had chosen to study Danish.*)

**c** **At** is used in all other cases.

Direct speech: **Dansk Sprognævn konstaterede:** »**Dansk sprog er under pres.**« (*The Danish Language Council noted: 'Danish is under pressure.'*)

Indirect speech: **Dansk Sprognævn konstaterede,** <u>at</u> **dansk er under pres.** (*The Danish Language Council noted that Danish was under pressure.*)

*Since the transformation from direct to indirect speech involves a change from a main to a subordinate clause, you should try to remember the differences in word order between these two types of clauses. The most obvious one is the fact that clausal adverbs come between subject and verb in a subordinate clause.*

**4** The change from direct into indirect speech can cause changes to the tenses used:

**a** If the reporting verb is in the present, the future or the perfect tense, the verbs of the direct speech normally stay the same:

| Direct speech | | »Jeg studerer dansk.«<br>(*I study/am studying Danish.*) |
|---|---|---|
| **Indirect speech** | Reporting verb in the present | **Han <u>siger</u>, at han studerer dansk.**<br>(*He says that he studies/is studying Danish.*) |
| | Reporting verb in the future | **Han <u>vil fortælle</u> sine forældre, at han studerer dansk.**<br>(*He is going to tell his parents that he studies/is studying Danish.*) |
| | Reporting verb in the perfect tense | **Han <u>har fortalt</u> mig, at han studerer dansk.**<br>(*He has told me that he studies/is studying Danish.*) |

**b** If the reporting verb is in the past tense, the verbs of direct speech are normally back-shifted in tense when they are changed to form indirect speech.

Direct speech: »**Jeg <u>læste</u> en artikel om de forskellige dialekter i Vestjylland,**« **fortalte hun.** (*'I read an article on the different dialects in Western Jutland,' she said.*)

Indirect speech: **Hun fortalte, at hun <u>havde læst</u> en artikel om de forskellige dialekter i Vestjylland.** (*She said that she had read an article on the different dialects in Western Jutland.*)

**c** However, when the verb in direct speech is in the present or in the future, there are two options available in indirect speech:

▶ If the verb is in the future tense, it can either be left in the future to indicate that the action has still not happened yet, or it can be back-shifted using the past future to indicate that the action was going to take place, but that it might now have happened.

Direct speech:

»**Jeg skal deltage i en konference om flersprogede børn,**« **fortalte hun.**
(*'I am going to take part in a conference on multilingual children,' she said.*)

Indirect speech:

Option 1: **Hun fortalte, at hun skal deltage i en konference om flersprogede børn.**
(*She said that she was going to take part in a conference on multilingual children.*)

Option 2: **Hun fortalte, at hun skulle deltage i en konference om flersprogede børn.**
(*She said that she was going to take part in a conference on multilingual children.*)

Note that English more frequently than Danish uses the past tense to convey a past, present or future action when the reporting verb is in the past.

▶ If the verb is in the present tense, it can be kept in the present to indicate that it is a general statement or something that is still pertinent. Alternatively, it can be back-shifted using the simple past to indicate or focus on the fact that the action has now taken place.

Direct speech:

»**Jeg læser en bog om skandinavisk sproghistorie,**« **fortalte han.** (*'I am reading a book about Scandinavian language history,' he said.*)

Indirect speech:

Option 1: **Han fortalte, at han læser en bog om skandinavisk sproghistorie.** (*He said that he was reading a book about Scandinavian language history.*)

Option 2: **Han fortalte, at han læste en bog om skandinavisk sproghistorie.** (*He said that he was reading a book about Scandinavian language history.*)

The table shows the most general rules concerning the relationship between tenses in direct and indirect speech when the reporting verb is in the simple past:

| Direct speech | Indirect speech |
|---|---|
| **Future**<br><br>»**Han <u>skal studere</u> dansk næste år.**«<br>(*'He is going to study Danish next year.'*) | **Future**<br><br>**Han sagde, at han <u>skal studere</u> dansk næste år.**<br>(*He said that he was/is going to study Danish next year.*) |
| | **Past future**<br><br>**Han sagde, at han <u>skulle studere</u> dansk året efter.**<br>(*He said that he was going to study Danish the following year.*) |
| **Present**<br><br>»**Han <u>studerer</u> dansk.**«<br>(*'He studies/is studying Danish.'*) | **Present**<br><br>**Han sagde, at <u>han studerer</u> dansk.**<br>(*He said that he studied/was studying (studies/is studying) Danish.*) |
| | **Simple past**<br><br>**Han sagde, at han <u>studerede</u> dansk.**<br>(*He said that he studied/was studying Danish.*) |
| **Perfect tense**<br><br>»**Han <u>har studeret</u> dansk.**«<br>(*'He has studied Danish.'*) | **Pluperfect**<br><br>**Han sagde, at han <u>havde studeret</u> dansk.**<br>(*He said that he had studied Danish.*) |
| **Simple past**<br><br>»**Han <u>studerede</u> dansk.**«<br>(*'He studied Danish.'*) | **Pluperfect**<br><br>**Han sagde, at han <u>havde studeret</u> dansk.**<br>(*He said that he had studied Danish.*) |
| **Pluperfect**<br><br>»**Han <u>havde studeret</u> dansk.**«<br>(*'He had studied Danish.'*) | **Pluperfect**<br><br>**Han sagde, at han <u>havde studeret</u> dansk.**<br>(*He said that he had studied Danish.*) |

5 Changing from direct speech to indirect speech often involves a shift in point of view, so it is important to change the pronouns where necessary.

Direct speech: »**<u>Vi</u> skal til at bruge engelsk som arbejdssprog i <u>vores</u> koncern.**« (*'We are going to start using English as the working language of our company.'*)

Indirect speech: **De sagde, at <u>de</u> skulle til at bruge engelsk som arbejdssprog i <u>deres</u> koncern.** (*They said that they were going to start using English as the working language of their company.*)

6 The transformation from direct to indirect speech will often mean a change of time and place, so it is important to change adverbials of time and place where necessary.

Direct speech: »**Jeg skal mødes <u>her</u> med min læsegruppe <u>i morgen</u>.**« (*'I am going to meet my study group here tomorrow.'*)

Indirect speech: **Hun sagde, at hun skulle mødes <u>her/der/i sin lejlighed</u> med sin læsegruppe <u>dagen efter</u>.** (*She said that she was going to meet her study group here/there/in her flat the following day.*)

7   The imperative cannot be used in indirect speech. This means that when the imperative is used in direct speech, it will need to be rephrased in indirect speech by adding a pronoun and using a modal verb.

Direct speech: **Læreren sagde: »Brug ikke et maskinoversættelsesprogram til jeres afleveringer!«** (*The teacher said: 'Do not use a machine translation application for your assignments!'*)

Indirect speech: **Læreren sagde, at <u>de</u> ikke <u>skulle/måtte bruge</u> et maskinoversættelsesprogram til deres afleveringer.** (*The teacher said that they should not use a machine translation application for their assignments.*)

C   **Insert the correct pronouns in the indirect speech.**

| Direct speech | Indirect speech |
|---|---|
| 1 | Rasmus spurgte: »Hvorfor skal vi lære tysk?« | Rasmus spurgte, hvorfor _____ skulle lære tysk. |
| 2 | Forelæseren sagde til os: »I skal huske at tage jeres grammatikbog med næste uge.« | Forelæseren sagde, at _____ skulle huske at tage _____ grammatikbog med ugen efter. |
| 3 | Faren spurgte sprogforskeren: »Kan vores barn lære både mit og min kones sprog samtidig?« | Faren spurgte sprogforskeren, om _____ barn kunne lære både _____ og _____ kones sprog samtidig. |
| 4 | »Jeg kan flere ord end min storesøster,« hævdede lillesøsteren. | Lillesøsteren hævdede, at _____ kunne flere ord end _____ storesøster. |

D   **Choose the correct subordinating conjunction.**

1   Læreren påstår, _____ (at/om/hvorfor) det altid er vigtigt at arbejde med udtale.

2   Jeg spekulerede på, _____ (at/om/når) det er rigtigt, at man skal se et nyt ord seks eller syv gange i forskellige kontekster, før man husker det.

3   Han understregede, _____ (at/om/hvad) man bør skrive en kladde, før man skriver selve teksten.

4   Bibliotekaren forklarede, _____ (at/om/hvor) på biblioteket ordbøgerne stod.

5   Hun spurgte, _____ (at/om/hvis) det var rigtigt, at sjællandsk dialekt har haft tre grammatiske køn indtil for nylig.

6   Lingvisten forklarede, _____ (hvad/hvorfor/om) man siger »æ hus« i stedet for »huset« i Vestjylland.

**E** Indicate whether the underlined verb forms in indirect speech have been changed correctly. Correct them if they are wrong.

| | Direct speech | Indirect speech | Right | Wrong |
|---|---|---|---|---|
| 1 | Journalisten sagde: »Ungdomssprog blev ikke påvirket så meget af amerikanske tv-serier før i tiden.« | Journalisten sagde, at ungdomssprog ikke <u>ville blive påvirket</u> så meget af amerikanske tv-serier før i tiden. | | _____ _____ |
| 2 | Drengen udbrød: »Jeg vil være sprogforsker som min mor, når jeg bliver voksen.« | Drengen udbrød, at han <u>ville være</u> sprogforsker som sin mor, når han <u>bliver</u> voksen. | | _____ _____ |
| 3 | Jeg sidder i toget og tænker: »Hvorfor lærer folk, der arbejder i DSB, ikke at udtale stednavne korrekt?« | Jeg sidder i bussen og tænker på, hvorfor folk, der arbejder i DSB, ikke <u>lærte</u> at udtale stednavne korrekt. | | _____ _____ |
| 4 | Min kone sagde: »Jeg er begyndt at læse en bog om, hvordan dansk udviklede sig i 1800-tallet.« | Mine kone sagde, at hun <u>var begyndt</u> at læse en bog om, hvordan dansk udviklede sig i 1800-tallet. | | _____ _____ |

**F** Change the following sentences into indirect speech.

1 Redaktøren råbte: »Mads er altså nødt til at lære at stave avisens navn rigtigt!«

_____

2 Yvonne udtalte: »Jeg lærte først engelsk som voksen.«

_____

3 Bo spurgte Sahira: »Hvorfor snakker du ikke dit modersmål med dine forældre?«

_____

4 Karoline udbrød smilende: »I dag har jeg fået at vide, at jeg har fået støtte til et forskningsprojekt om tosprogede børn.«

_____

_____

# Vocabulary

**G** Complete the table with the missing reporting verbs and nouns.

| | Verb | Noun |
|---|---|---|
| 1 | at antyde | |
| 2 | | en bekræftelse |
| 3 | at mene | |
| 4 | | en indrømmelse |
| 5 | | en indvending |
| 6 | at oplyse | |
| 7 | | en protest |
| 8 | at tilføje | |

**H Match the words with their definitions.**

| | | | |
|---|---|---|---|
| 1 | dialekt | a | de ord, som en person bruger eller forstår |
| 2 | grammatik | b | når to eller flere sprog bliver talt i et område |
| 3 | minoritetssprog | c | læren, som beskriver, hvordan et sprog er opbygget |
| 4 | ordforråd | d | måden, man siger noget på |
| 5 | ordstilling | e | sprog, som bliver brugt af et mindretal |
| 6 | sprogblanding | f | sprogform, som er speciel for en del af et større område |
| 7 | udtale | g | rækkefølge af ord i en sætning |

# Reading

**I Read the first part of this blog. Then answer the question.**

Hvad er det, nogle danskere er bekymrede over?

_____

_____

## Blog

På det sidste er jeg blevet meget interesseret i sproghistorie, og i hvordan det danske sprog har udviklet sig igennem tiden. Jeg har læst mange interessante artikler og har også hørt nogle podcasts om emnet. Mange siger, at dansk er under pres fra engelsk, som bliver introduceret som arbejdssprog i mange virksomheder og som undervisningssprog på universiteterne. Flere frygter, at engelsk vinder for stort indpas i Danmark, og nogle tror, at dansk helt vil uddø i fremtiden. En af de ting, som folk er forargede over, er, at man bytter helt almindelige danske ord ud med engelske. Nu går man for eksempel »på *sale*, når man *shopper*« i stedet for at »gå på udsalg, når man handler«. Men skal vi være bekymrede over sprogets forandring, eller kan sprogets udvikling ses som en naturlig del af vores moderne internationale identitet?

**J** Now read the rest of the blog post, and answer the following questions.

## Blog

Den engelske indflydelse på dansk sker på flere niveauer. Det handler først og fremmest om en leksikal udvikling med nye ord, der bliver tilføjet (fx »at booste«, »en bodybuilder«, »en workshop«) eller engelske udtryk, der bliver oversat til dansk (fx »hav en god dag« – *have a nice day*). Men engelsk påvirker også dansk ordstilling, så man nu kan se skilte, der siger »venligst gå ombord« for korrekt dansk »gå venligst ombord«. Engelsk er også skyld i mange forkerte apostroffer (som i »Jensen's Salatbar«) og opdelte navneord (»en *bar pige*, der sælger *fad øl*«). Er dansk som sprog truet?

»Påvirkningen af det danske sprog fra andre sprog er ikke et nyt fænomen,« skriver forfatteren til en artikel. Journalisten citerer Ebba Hjort, som er redaktør på et værk om dansk sproghistorie. Hjort forklarer, at dansk faktisk er blevet meget mere påvirket af tysk end engelsk: »Kun én procent af ordene i en normaltekst stammer fra engelsk, fire til otte procent stammer fra græsk og latin, to til fire procent er fra fransk, mens 16–17 procent kommer fra tysk«. Hun er ikke bekymret for den engelske invasion og konkluderer, at det danske sprog nok skal klare sig.

Påvirkningen kan også ses som en positiv tilførsel, som gør det danske sprog mere kreativt. Det synes for eksempel Niels Davidsen-Nielsen, som er tidligere formand for Dansk Sprognævn. Han pointerer: »Hver gang, man tager et nyt ord ind, så får man en nuancerigdom med, som man kan udfolde«.

Inger Stage, som er forkvinde i Dansk Magisterforening, raser derimod over, at man er begyndt at bruge mere engelsk. Hun mener, at indførslen af engelsk som undervisningssprog på universiteterne truer det danske sprog. Hun hævder: »Hvis man ikke bruger dansk på det højeste niveau, der hvor ny viden skabes og formidles, så ender det som et museumssprog«. Hvad synes du?

1 På hvilke måder påvirker engelsk det danske sprog?

_____

_____

2 Er engelsk det sprog, som har haft størst indflydelse på dansk?

_____

_____

**3** Hvordan kan engelsk være med til at berige dansk?

_____

_____

**4** Hvorfor er Inger Stage imod, at man bruger engelsk som undervisningssprog på universiteterne?

_____

_____

**K** Find all the reporting verbs that are used with direct or indirect speech in the text. List them with their subject. Write the infinitive and translate into English.

| | Reporting verbs with their subject (as they appear in the text) | Reporting verbs (in the infinitive) | English translation (in the infinitive) |
|---|---|---|---|
| Example | Mange siger | at sige | to say |
| 1 | | | |
| 2 | | | |
| 3 | | | |
| 4 | | | |
| 5 | | | |
| 6 | | | |
| 7 | | | |
| 8 | | | |
| 9 | | | |

**Dansk Sprognævn** (The Danish Language Council) _is a government research institution charged with monitoring the Danish language and providing information and advice about its linguistic development and usage. The institution is, for example, responsible for collecting new words and for publishing_ **Retskrivningsordbogen**, _the official dictionary of Danish standard orthography. Anybody can call its phone service where language experts will help you with questions about Danish language usage. Its website (www.dsn.dk) contains a lot of useful information._

**L**  In each set, choose the option which would make a grammatically impossible sentence.

| | | |
|---|---|---|
| **1** | Han spekulerede på, | at dansk er blevet påvirket af andre sprog. |
| | | hvordan andre sprog har påvirket dansk. |
| | | hvilke sprog der har haft indflydelse på dansk. |
| | | om andre sprog har haft indflydelse på dansk. |
| **2** | Forskeren spurgte forskellige sprogeksperter og -brugere, | hvordan det danske sprog havde udviklet sig. |
| | | hvordan har det danske sprog udviklet sig. |
| | | hvad der sker med det danske sprog. |
| | | hvad der skete med det danske sprog. |
| **3** | Hun pointerer, at | sproglige ændringer faktisk ikke er noget nyt. |
| | | sprog altid er i udvikling. |
| | | sprog altid vil ændre sig. |
| | | sproglige ændringer vil altid finde sted. |
| **4** | Han forklarer, | at den tyske påvirkning skete i middelalderen. |
| | | hvorfor den tyske påvirkning fandt sted i middelalderen. |
| | | hvornår den tyske påvirkning fandt sted. |
| | | hvorfor skete den tyske påvirkning i middelalderen. |

# ✎ Writing

**M**  Write a summary (100–125 words) of a factual article or documentary. When summarizing people's arguments, focus on using indirect speech and include a variety of reporting verbs. The following questions may help you to structure your summary:

▶  Hvad handlede artiklen/udsendelsen om?
▶  Hvad mente de forskellige personer?
▶  Kan du opsummere deres udtalelser?

_____

_____

_____

_____

_____

_____

_____

_____

_____

_____

_____

_____

_____

# Self-check

**Tick the box which matches your level of confidence.**

1 = very confident          2 = need more practice          3 = not confident

**Sæt kryds i skemaet for at vise, hvor sikker du føler dig.**

1 = meget sikker          2 = har brug for mere øvelse          3 = usikker

| | 1 | 2 | 3 |
|---|---|---|---|
| Recognize indirect speech. | | | |
| Form indirect speech using a variety of structures. | | | |
| Use a variety of reporting verbs. | | | |
| Can understand articles and reports concerned with contemporary problems in which the writers adopt particular stances or viewpoints. (CEFR B2) | | | |
| Can write very brief reports to a standard conventionalized format. (CEFR B1) | | | |

Where sample answers are not supplied for writing exercises, the reading text for the relevant unit is considered to be a suitable model.

# Unit 1

## A

**Now:** har, deler, er (fourth), sidder; **Regularly:** læser, klager, foretrækker, undgår, står (op) (second), er (second), giver, regner; **General fact:** ved, er (first); **Dramatic:** ringer, beder, står (op) (first), tager; **Future plan:** planlægger, er (third) kommer (til)

## B

1 elsker, er 2 spørger, kan 3 bliver, spiser 4 ved, bor, har 5 synes, er 6 regner, spiser

**Pattern:** Most present-tense verbs end in **-er** or **-r**. Very few end in **-s** and some have unique irregular forms.

## C

**-er:** elsker, spørger, bliver, spiser, regner; **-r:** bor, har; **-s:** synes; **Modal verbs:** kan; **Irregular verbs:** er, ved

## D

1 sidder og tjekker 2 er i gang med 3 står 4 laver 5 står og snakker

## E

1 Skriv et brev til farfar. 2 Gå med din lillesøster i swimmingpoolen. 3 Pak soveposerne sammen. 4 Drik ikke alkohol, lige før du skal flyve.

## F

1 en bestilling – at bestille – bestiller – bestil 2 et besøg – at besøge – besøger – besøg 3 et fly – at flyve – flyver – flyv 4 et trek – at trekke – trekker – trek 5 en oplevelse – at opleve – oplever – oplev 6 en overnatning – at overnatte – overnatter – overnat

## G

1 glæder 2 håber 3 står 4 ved 5 elsker

## H

Han håber at se dyr, han ellers kun har læst om, og opleve naturen og de lokale skikke. Desuden håber han at lære nye sider af Katrine/at lære Katrine bedre at kende.

## I

1 Fordi han glemmer at vække hende, mens han ser på solopgangen. 2 Solen i Kenya er meget stærkere end i Danmark. Selvom det fortsat er sommer i Danmark, er det overskyet, og det støvregner. De eneste vilde dyr i Danmark er ræve og egern. 3 Hun er i gang med at downloade billederne fra turen. 4 Da de stod/står ved Victoriasøen, og deres ansigter smeltede/smelter sammen i vandet.

## J

1 safari 2 pattedyr 3 skik 4 nyde 5 horisont 6 støvregne 7 sortere

## K

**Danmark:** støvregne, egern, overskyet, ræv, trist; **Kenya:** kattedyr, kølig morgenluft, løve, pattedyr, safari, giraf, stærk sol, Victoriasøen, næsehorn

# Unit 2

## A

1 Mange vælger at tage deres uddannelse og få et arbejde 2 går de fleste børn i både vuggestue og børnehave 3 Mødre kan tage 14 ugers barselsorlov i Danmark efter fødsel; fædre kan kun tage to uger 4 Efter barselsorloven kan forældrene tage 32 ugers forældreorlov 5 laver de fleste madpakker til deres skolebørn 6 Først skiftede han ble på hende; så varmede han mælken i mikrobølgeovnen; til sidst lagde han hende i vuggen

## B

1 så 2 men 3 for 4 eller 5 så 6 men 7 og 8 eller

## C

In Sentence 2 the clausal adverb does not come immediately after the subject and the verb. The direct object **hende** comes immediately after the subject and the verb.

## D

1 Hvorfor vil du ikke spise frokost hos din tante? 2 Da hans bedstefar blev dement, flyttede han ind på et plejehjem. 3 Min oldemor har jeg aldrig mødt. 4 De har altid haft mange plejebørn.
5 Jeg tog bussen til lufthavnen, så jeg kunne læse avisen. 6 Mange kvinder kan ikke lide at amme på offentlige steder. 7 Som lokalpolitiker har hun engageret sig i debatten om nedlæggelsen af sygehuset. 8 Min farfar blev fuld til festen, så jeg fulgte ham hjem. 9 Imram går til yoga, for han vil være mere smidig.

## E

1 Et adoptivbarn får altid samme rettigheder 2 Adoption kan kun finde sted 3 men i henhold til retningslinjerne bør ansøgerne ikke være over 45 år 4 Normalt er det kun ægtefæller 5 Ansøgerne skal selvfølgelig have en stabil økonomi.

## F

**Stressed:** 2 ham 3 der 6 hende 7 her
**Unstressed:** 1 ham, den 4 der 5 hende 8 her

## G

**1** Min tante kom tilfældigvis forbi i dag ved aftensmadstid. **2** Vi kan sagtens komme og hjælpe med at lave mad til barnedåben. **3** I har forhåbentligt husket jeres forældres bryllupsdag. **4** Hun vil under ingen omstændigheder begraves ved siden af sin ex-mand. **5** Jeg kom for resten til at spilde et glas vin på tæppet. **6** Efter skilsmissen har hun i hvert fald ret til at se børnene hver weekend.

## H

**1**b **2**b **3**c **4**a **5**c **6**b

## I

Han er ikke blevet inviteret, fordi han er faldet i unåde hos sine forældre. Hans søster Linda blev begravet for nogle måneder siden, og han kom ikke til hendes begravelse.

## J

**1** Hun vil ikke afsløre, hvad Christian siger, for ikke at ødelægge læserens oplevelse, når de selv ser filmen. **2** Det er en bevægelse, som blev startet af Lars von Trier og Thomas Vinterberg. Ideen var at film skulle være mere autentiske og traditionelle. **3** Hun ser den igen, fordi hun syntes det var en fantastisk film, og fordi hun gerne ville opfange flere detaljer. **4** Hun ved det ikke, men hun tror, at det er, fordi hun var for ung, da den gik i biograferne.

## K

**1**b **2**d **3**f **4**a **5**h (literally 'to curl one's toes') **6**i **7**g **8**e **9**c

## L

**1** en ankomst **2** at tale **3** et fald **4** at begrave **5** en afsløring **6** et forbud **7** at bevæge (sig) **8** at feste **9** en start

# Unit 3

## A

**1** en, et **2** en, et **3** et, en

## B

**Common:** café, fisker, kok, ko, pande, pandekage, portion, servitrice, vin
**Neuter:** folk, får, spækbræt, vindue

## C

Overall, more nouns belong to the common gender than the neuter gender (about 75% of all nouns in Danish are common gender, and almost all new words that enter the language become common gender).

## D

mælken, æggene, blandingen (x2), vandet, varmen, pølserne (x3), kasserollen, smørret, køleskabet, stegepanden, luften, pandekagerne (x2), osten.

The endings for definite nouns are: **-en**, **-et** (singular definite), **-erne**, **-ene** (plural definite).

## E

**Plural indefinite: -(e)r, -e** or nothing; **Plural definite: -(e)rne** or **-ene**

## F

1 vandmeloner 2 granatæbler 3 blåbær (compund noun – last component is **bær**, which is a single-syllable noun) 4 stole 5 løg 6 handsker 7 svende 8 citroner

## G

1 bærret 2 ålen 3 glasset 4 hakkebøffen 5 flæskestegen 6 valnødden

## H

1 venner 2 drenge 3 pandekager 4 pølser 5 allergier 6 æg 7 ting 8 kort 9 computerspil 10 bøger (irregular)

## I

1 c., 1, en ananas, ananassen, ananasser, ananasserne 2 c., 2, en kniv, kniven, knive, knivene 3 n., 1, et skærebræt, skærebrættet, skærebrætter, skærebrætterne 4 c., irregular, en gulerod, guleroden, gulerødder, gulerødderne 5 c., irregular, en gås, gåsen, gæs, gæssene 6 c., 2, en kok, kokken, kokke, kokkene 7 c., 1, en kartoffel, kartoflen, kartofler, kartoflerne 8 n., 1, et køkken, køkkenet, køkkener, køkkenerne 9 n., 3, et jordbær, jordbærret, jordbær, jordbærrene 10 c., 1, en tomat, tomaten, tomater, tomaterne 11 c., 2, en slagter, slagteren, slagtere, slagterne

## J

Answers will vary, but here are a few possible responses: **Morgenmad:** havregrød, banan, en kop kaffe; **Frokost:** to skiver rugbrød med leverpostej og spegepølse, et glas mælk og et æble; **Aftensmad:** svinemørbrad med ovnbagte kartofler og salat, et stort glas vand; **Mellemmåltider:** en portion yoghurt med mysli, småkager og en kop jasminte

## K

1 syltetøj (the others are all root vegetables) 2 sodavand (the others are all alcoholic drinks) 3 suppe (the others are all snack foods) 4 kotelet (the others are all types of fish) 5 pizza (the others are all traditional Danish dishes)

## L

Det var kun anmelderen og hendes kæreste, som spiste på restauranten. Der var ingen andre kunder.

## M

**1** Han havde læst en anmeldelse, der var meget positiv. **2** Han er kritisk over for restauranten, ikke over for tjeneren, som betjente ham og hans kæreste. **3** Begge dele var udsolgte. **4** Ejeren forklarer, at det er, fordi restaurantens mikrobølgeovn ikke fungerer så godt.

# Unit 4

## A

**1**e **2**a **3**d **4**b **5**c

## B

**1** kunne **2** skal, skullet **3** ville, villet **4** må, måtte **5** burdet

## C

The simple past forms of the main modal verbs are identical to the infinitive (minus **at**).

## D

**1** skyldes **2** bruge **3** sortere **4** gå, at se **5** overleve **6** gå, at have

## E

**1** skal/må (main verb can be omitted) **2** bør vide **3** skal spise **4** må/skal (main verb can be omitted) **5** tør ikke gå **6** vil (main verb can be omitted) **7** skal/må (main verb can be omitted) **8** skulle (main verb can be omitted)

## F

**1** kommer **2** vil være **3** bliver/vil blive **4** er **5** skal holde/holder **6** kommer **7** tager **8** kommer til at regne/skal regne (if the speaker is trying to impose his or her will on the weather)

## G

**1** I morgen skal jeg cykle på arbejde. **2** Skal du lave mad med økologiske grøntsager i fremtiden? **3** Han skal køre i bil til Odense på lørdag. **4** Jeg skal lave bål, selvom vejret er dårligt. **5** Næste år skal jeg plante jordbær i haven. **6** Hun skal huske at slukke lyset, før hun går.

## H

Sentence 3: Han skal i bil til Odense på lørdag.

## I

1 regn 2 tåget 3 sol 4 skyet 5 skinne, slud 6 byger, torden 7 sne, isslag 8 hagle

## J

1c C 2e B 3f A 4a E 5b F 6d D

## K

**Miljøbevidst:** 2, 5, 8, 10, 11, 12; **Ikke miljøbevidst:** 1, 3, 4, 6, 7, 9

## L

Hvis vandstanden stiger på grund af den globale opvarmning, vil Danmark blive påvirket, fordi landet ligger så lavt.

## M

1 Redaktøren skriver, at den globale opvarmning skyldes menneskers aktiviteter, der forårsager $CO_2$-udslip og slipper drivhusgasser ud i atmosfæren. 2 Lokale varer skal ikke fragtes langt med fly, skib eller lastbil, og derfor forurener de mindre. 3 Han skriver, at mange skovområder bliver ryddet for at skabe plads til kvægbrug og producere foder til dyrene. 4 Han foreslår, at familien tager på cykelferie, så de undgår en forurenende flyrejse.

## N

Responses will vary, but should include the same key elements as the following model answer:

Jeg bor på en ø syd for Fyn. Vi har varmere vejr end i resten af Danmark, fordi øen ligger sydligt og er omgivet af vand. Det er som om, vejret har ændret sig allerede. De sidste år har der været ikke været sne om vinteren, men mere regn og storm om sommeren. Er det den globale opvarmning, man kan mærke? Hvis havene stiger, fordi indlandsisen smelter, vil min ø være i farezonen. Den ligger lavt, og vi skal nok bygge nogle diger. Jeg tænker meget over miljøet og klimaforandring. Jeg prøver at være miljøbevidst og siger til mine venner, at de skal sortere affald og spare på energien. Vi bør også alle sammen bruge offentlig transport eller cykle mere.

# Unit 5

## A

1 de 2 den 3 det 4 deres, de

## B

1 elsker 2 kom sig 3 brændte sig 4 føler 5 lægge 6 keder mig 7 øve jer 8 stoppe

## C

The object form and the reflexive form are the same except for in the third person singular and third person plural.

## D

Advarsel til jer (obj.), som skal købe ny støvsuger!

Min kone overraskede mig (obj.) med en Minusi-støvsuger for seks måneder siden, og jeg (subj.) blev rigtig glad, men nu er den (subj.) begyndt at suge virkelig dårligt. Butikken har set på den (obj.) og har fortalt os (obj.), at det (subj) er vores egen skyld, fordi vi (subj.) ikke har skiftet posen ofte nok. Man (subj.) skal åbenbart skifte posen meget oftere, end vi (subj.) troede. Så jeg (subj.) vil gerne advare jer (obj.) alle, før I (subj.) begår samme fejl som os (obj.).

## E

1 jeg 2 hende, hun, han, hende, han, hun, det 3 os 4 Man, dem 5 sig

## F

1 giftede sig 2 at tabe jer 3 glæder os 4 ønsket sig 5 at slå dig 6 skynd dig/jer

## G

1 sit (Jan), sin (Jan) 2 vores (vi), deres (de/naboerne), vores (vi) 3 sin (Shamina), hendes (Shamina) 4 sine (Kamilla), deres (venner), hendes (Kamilla) 5 sin (Martin), jeres (onkel og tante), mit (Martin) 6 min (Nora), dit (Pei-Sze) 7 min (jeg), dens (rive), dens (rive)

## H

1 sit 2 sine 3 hendes 4 sin

## I

Only first and second person singular have different forms of the non-reflexive possessive pronouns. There are only specific reflexive possessive pronoun forms of the third person singular.

## J

1 vores, min, deres 2 Min, sin, hans 3 jeres, deres 4 sin, hendes

## K

1 b fjernbetjening 2 a elkedel 3 d stavmikser 4 c mandelkværn 5 e farveprinter 6 f badevægt

## L

**Stue:** brændeovn, fladskærm, højttalere, bornholmerur; **Badeværelse:** barbermaskine, hårtrimmer, hårtørrer; **Garage:** højtryksspuler, motorsav; **Køkken:** fryser, køleskab, komfur, mikrobølgeovn, brødrister

## M

Merete forventer at få et positivt svar, fordi hun regner med, at hendes forsikring dækker i denne slags tilfælde. Hun håber derfor på at få en ny brødrister.

## N

**1** Nej, fejlen er ekstremt sjælden. **2** Ifølge deres juridiske afdeling ligger ansvaret hos forretningen. **3** Forretningen håber, at Merete vil gå på nettet og skrive en positiv anmeldelse af dens kundeservice, fordi mange kunder benytter sig af andre kunders vurderinger og kommentarer, før de selv køber noget. **4** Alle de kunder, som skriver en anmeldelse på nettet, kan vinde.

## O

**1**d **2**e **3**b **4**f **5**c **6**a

## P

**1** en sælger **2** en vejledning **3** at lugte **4** en forsikring **5** at starte **6** at beklage (sig) **7** en oplevelse **8** en undskyldning

# Unit 6

## A

**1** relates to Explanation 1 **2** relates to Explanation 3 **3** relates to Explanation 2 **4** relates to Explanation 4

## B

**1–3:** har **4:** er

## C

**1** opereret (Group 1) **2** blevet (irregular) **3** haft (irregular), været (irregular) **4** blødt (Group 2)

## D

**1** har haft **2** har givet **3** har fået **4** har gjort **5** har forbundet **6** har spurgt

## E

**1** er **2** har **3** er **4** er **5** har **6** er (**er** is used as auxiliary verb in this case because **at begynde** is used intransitively, i.e. occurring without an object.)

## F

**1**b **2**f **3**d **4**e **5**a **6**c

## G

**1** har haft **2** har konsulteret **3** har virket **4** har undersøgt **5** har beroliget **6** har (ikke) brækket.

## H

**1**c **2**b **3**f **4**a **5**d **6**e

## I

**1** har aldrig prøvet **2** har altid lidt **3** har endnu ikke fundet **4** har allerede givet **5** har (du) nogensinde fået **6** er lige kørt

## J

Kirsten har været meget syg i en hel uge og er kørt på sygehuset. Hun er frustreret, fordi hun har siddet og ventet i venteværelset i to timer, og fordi man endnu ikke har fortalt hende, hvornår hun kan se en læge.

## K

**1** Hun har haft ondt i maven og har kastet op. Måske har hun også haft feber. **2** Lægen har taget blodprøver og lavet en gynækologisk undersøgelse. Hun sender også Kirsten til røntgen. **3** Hun har blindtarmsbetændelse. **4** Hun er blevet opereret og skriver til sine venner for at berolige dem.

## L

**1** opvågningsstue **2** blodprøver **3** røntgen **4** venteværelset **5** bedøvelse **6** underlivsundersøgelse

## M

**1** at få **2** at tage **3** at konsultere **4** at være **5** at operere **6** at køre **7** at høre **8** at drikke **9** at skrive **10** at have

## N

Responses will vary, but should include the same key elements as the following model answer:

Jeg er vågnet! Tusind tak for alle hilsnerne, I har postet på min væg. Det har gjort godt at læse alle de søde beskeder. Selvom jeg ikke har sovet så meget, føler jeg mig godt tilpas. Jeg har spist lidt havregrød og drukket en masse juice. Jeg følte mig lidt alene i går nat, men nu har min mor besøgt mig, og min veninde Lene har også lige kigget forbi med en buket blomster. Alle har været utrolig søde her på sygehuset! De har sagt, at jeg allerede kan komme hjem i morgen. Jubii! Jeg glæder mig selvfølgelig – jeg synes, jeg har haft nok spænding i mit liv det sidste døgn!

# Unit 7

## A

**1** gamle **2** fin **3** store, fantastiske **4** varm, dejlig **5** stresset, irriteret **6** forskellige

## B

The main rules are that adjectives have no special endings (**gul** → **gul**) if accompanying a common gender noun; a **-t** ending (**gul** → **gult**) if accompanying a neuter noun; and an **-e** ending (**gul** → **gule**) if accompanying anything plural or as a direct part of a definite construction.

## C

**1** ny **2** grønt **3** norsk **4** billige **5** gamle **6** røde, blå **7** groft **8** grimme

## D

**1** egen **2** lille **3** eget **4** eget **5** små **6** lille **7** egne **8** lille

## E

**1** de røde (strømper), disse blå **2** den svenske (trøje), den lille, den store **3** det nye (supermarked), denne skønne (by) **4** de lilla (kjoler), de sorte.

## F

**1**i **2**g **3**c **4**j **5**a **6**e **7**f **8**h **9**d **10**b

## G

**1** spændt **2** skuffet **3** vilde med **4** glade for/tilfredse med **5** ked af **6** tilfredse med/glade for

## H

Helles venindes bryllup er om to uger, og fordi hun vil bytte sættet, skal hun selvfølgelig have tid til at finde noget nyt tøj til festen.

## I

**1** Helle har købt en grøn kjole, en kort sort jakke og et par sorte leggings i *Det festlige klædeskab*, som er en tøjbutik, som ligger på Strøget. **2** Sanne fra kundeservice skriver, at Helle kan bytte tøjet ved at sende det retur med posten. Bagefter vil Helle få en speciel kode, som hun vil kunne bruge online. Hun kan også få pengene retur. **3** Helle er utilfreds, fordi kjolens ene ærme er misfarvet, fordi der er et stort hul i leggingsene, og fordi der mangler en knap i den sorte jakke. **4** På butikkens hjemmeside har Helle fundet det nye tøj, som hun gerne vil have: en ny grøn kjole med korte ærmer, en ny sølvgrå jakke og de samme leggings som før.

# Unit 8

## A

**1** hurtigt **2** aldrig **3** gerne **4** ikke **5** kun

## B

**1** normalt **2** dårligt **3** langt **4** mildt **5** smukt **6** nysgerrigt **7** ondt **8** pænt **9** relativt **10** formelt

## C

Adverbs of location end in **-e**. If their equivalent adverb of motion ends in a short stressed vowel followed by a consonant, the consonant is doubled. Special attention must be given to the forms of **ovre/over**.

## D

**1** hjemme **2** frem **3** ovre **4** ud, henne **5** Oppe **6** hen

## E

In main clauses, clausal adverbs (or sentence adverbs) are usually placed immediately after the subject and the finite verb (e.g. **Hun sagde altid…**), whereas they are placed immediately before the finite verb in subordinate clauses (e.g. **der ikke var…**).

## F

**1** Demokrati er <u>ikke bare</u> en ret. Det er <u>også</u> en pligt. **2** Grundloven bør <u>altid</u> gælde. **3** Den politiske situation vil <u>sikkert</u> ændre sig i fremtiden. **4** Der er mange, som <u>stadigvæk ikke</u> stemmer til kommunalvalg./Der er <u>stadigvæk ikke</u> mange, som stemmer til kommunalvalg.

## G

**1** Socialdemokratiet **2** Venstre **3** Det Konservative Folkeparti **4** Dansk Folkeparti **5** Radikale Venstre **6** Socialistisk Folkeparti **7** Nye Borgerlige **8** Enhedslisten

## H

1g 2e 3a 4h 5f 6c 7b 8d

## I

**1** næsten altid **2** nogle gange **3** Efter **4** betydelig **5** For tiden **6** bedre **7** aldrig **8** tilbage **9** igen

## J

Kongen havde hørt, hvad demonstranter havde gjort i andre europæiske lande. Han var bange for, at demonstranterne ville afsætte ham fuldstændigt.

## K

**1** Danmark blev et konstitutionelt monarki i 1849. **2** Fordi kvinder og fattige ikke havde stemmeret før 1915. **3** I 1901 blev der indført parlamentarisme i Danmark, og regeringen kunne herefter kun fungere, hvis den ikke havde et flertal imod sig. **4** Kvinder fik lov til at blive regenter, og Grønland fik en ny status som amt.

# Unit 9

## A

**1** største (stor) **2** flere (mange) **3** højere (høj) **4** hurtigere (hurtig) **5** bedst (god) **6** højeste (høj) **7** ældste, ældre (gammel) **8** flest (mange)

## B

The subordinate conjunction **end** is used for making comparisons in Danish. It is equivalent to the English *than*.

## C

**1** Det er mere komfortabelt. **2** Den er længere. **3** Det er højere. **4** Det er mere spændende. **5** Det er nordligere/mere nordligt. **6** Den er ældre. **7** Hun er mere kendt. **8** Den er mere turistet.

## D

**1** flest **2** mest **3** største **4** højeste **5** mindste **6** mest alkoholiseret **7** lykkeligste/mest lykkelige **8** bedste

## E

**1** ikke (lige) så højt **2** ikke (lige) så stor **3** ikke (lige) så dyb **4** lige så koldt **5** lige så langt

## F

**1** bar, barere, barest **2** dyrket, mere dyrket, mest dyrket **3** øde, mere øde, mest øde **4** flad, fladere, fladest **5** grøn, grønnere, grønnest **6** iset, mere iset, mest iset **7** lavtliggende, lavere liggende/ mere lavtliggende, lavest liggende/mest lavtliggende **8** bjergrig, mere bjergrig, mest bjergrig **9** smal, smallere, smallest **10** fredfyldt, mere fredfyldt, mest fredfyldt **11** stille, mere stille, mest stille **12** stenet, mere stenet, mest stenet **13** kort, kortere, kortest **14** blød, blødere, blødest **15** stejl, stejlere, stejlest **16** tropisk, mere tropisk, mest tropisk **17** våd, vådere, vådest **18** bred, bredere, bredest **19** vindblæst, mere vindblæst, mest vindblæst **20** skovklædt, mere skovklædt, mest skovklædt

## G

**1**g **2**c **3**h **4**f **5**a **6**d **7**e **8**b

## H

Marstal har de fleste indbyggere og er dermed Ærøs største by.

## I

**1** Der er gode cykelruter, og man kan også tage gratis med de offentlige busser. **2** Mange udenlandske par begyndte at komme til Ærø for at blive gift. Det er en stor forretning for øen. **3** Det hentyder både til, at Ærø er en ø (og derfor omgivet af vand) og til øens unikke kvalitet. **4** Ærø har meget vedvarende energi (både mange solfangere og vindmøller), der forsyner øen med elektricitet og varme. Prisen blev givet for disse initiativer.

# Unit 10

## A

**1** læser **2** snakkede **3** oprettede **4** rejste, bruger

## B

The examples indicate that the past tense is formed by adding either **-te** or **-ede** to the stem of the verb.

## C

**Group 1:** oprettede (at oprette), plejede (at pleje), lavede (at lave), snakkede (at snakke), mistede (at miste); **Group 2:** sendte (at sende), brugte (at bruge), begyndte (at begynde), skete (at ske); **Irregular:** var (at være), havde (at have), fortsatte (at fortsætte), skrev (at skrive), kunne (at kunne), kom (at komme), skulle (at skulle)

## D

**1** blev **2** fandt **3** fik **4** hjalp **5** kom **6** så **7** sagde **8** valgte

## E

**1** Dokumentarfilmen skildrede historien fra både et journalistisk og et kunstnerisk udgangspunkt. **2** Tabloidavisen vinklede sagen uden tanke for de menneskelige omkostninger. **3** De skrev et læserbrev og blandede sig dermed i debatten. **4** En gruppe unge hackede sig ind på ministeriets hjemmeside. **5** På grund af manglende annoncer stoppede gratisavisen uddelingen på togstationer. **6** Redaktionen prioriterede dybdegående journalistik og debat. **7** Public service-radiostationer sikrede, at vi fik et alsidigt udbud af kvalitetsprogrammer. **8** Han skrev en lang kronik om mediernes betydning for politik.

## F

**1** ændrede på **2** klagede over **3** truede med **4** forelæste om **5** perspektiverede til **6** pillede ved

## G

**1** at formidle, formidlede **2** at informere, informerede **3** at interviewe, interviewede **4** at kommunikere, kommunikerede **5** at opdatere, opdaterede **6** at rapportere, rapporterede **7** at underholde, underholdt **8** at ytre, ytrede

## H

**1**h **2**c **3**e **4**f **5**b **6**d **7**g **8**a

## I

De værdsætter begge, at tweets™ er korte og koncise og synes, at det er godt, at man kun får de mest væsentlige informationer.

## J

1 Alle Twitter™-brugerne på nær @OleOpfinder78 og @TomBolaNitte er positive over for Twitter™. 2 @Henrik_HalvigC brugte tweets™ til at formidle sin forskning til den brede befolkning, før han gik på pension. 3 Det vigtigste for hende var at have det sjovt. 4 Før i tiden kunne @IbSkipSkalle ikke så godt lide Twitter™, fordi han gerne ville kunne skrive længere tekster, og fordi han ikke kunne lide forkortelser. 5 Nej, i teksten er der flere ældre Twitter™-brugere (en pensionist, en oldemor og en #surgammelmand).

## K

1 tweetede™, 1, at tweete™ 2 læste, 2, at læse 3 foretrak, irregular, at foretrække 4 hadede, 1, at hade 5 skrev, irregular, at skrive 6 sendte, 2, at sende

## L

1 overveje 2 kedelig 3 forskning 4 ubehagelige 5 truende 6 nemmere

# Unit 11

## A

1 at hun gerne snart vil gå på pension 2 som også er min kollega 3 da projektet var færdigt 4 hvor jeg arbejder; hvem jeg arbejder med 5 fordi jeg ikke synes; at mit nuværende har nok udfordringer 6 Mens jeg spiste frokost; der beskrev et job; jeg tror; jeg vil søge

## B

Subordinate clauses can be introduced with subordinate conjunctions (Sentences 1 **at**, 3 **da**, 5 **fordi, at** 6 **mens**), question words (Sentence 4 **hvor** and **hvem**), relative pronouns (Sentences 2 **som**, 6 **der**) or nothing, i.e. where **at** or **som** have been left out (Sentence 6).

## C

1 Til trods for at 2 så 3 at 4 når 5 som 6 fordi 7 om 8 Hvis

## D

1 når 2 om 3 Hvis 4 da 5 om 6 når

## E

1 hvornår han blev forfremmet 2 hvad de skal have til firmafrokosten 3 hvorfor du mødte så tidligt i dag 4 hvilken pc medarbejderne bedst kan lide 5 hvor mange sider jeg printer om dagen

## F

1 der 2 – (subject is **han**) 3 der 4 der

## G

1 som 2 som/der 3 hvilket (refers to the clauses: **Jeg mener helt sikkert, vi skal holde lukket juleaftensdag**) 4 som 5 hvis 6 hvor 7 hvor 8 hvilket (refers to the clause **Jeg sagde min stilling op i vrede**)

## H

1 (at) 2 som (the relative clause is restrictive as it is needed to understand who **mange** refers to (i.e. people who are not members of the union), but **som** is the subject so it cannot be omitted). 3 (at) 4 som (the relative clause is non-restrictive as the office chair has already been identified as mine; the information in the relative clause thus adds extra, non-essential information). 5 (som) (the relative clause is restrictive as we would not know what kind of tea it was about without it (any tea? No, the tea that you can only buy at the local tea merchant's). As the subject is not **som** but **man**, **som** can be left out). 6 som (the relative clause is restrictive as it is essential to understanding the identity of **folk**, but as the subject is **som**, it cannot be left out).

## I

1 fordi jeg virkelig føler 2 Selvom jeg desværre ikke fik jobbet 3 at han overhovedet ikke skulle gøre sig forhåbninger om forfremmelse 4 Til trods for at jeg aldrig har strejket selv 5 Hvis du helst ikke vil arbejde over 6 hvordan firmaet bedst kunne blive mere miljøvenligt

## J

1 Der var en sød sygeplejerske, <u>der hjalp lægen</u>. 2 Mange mennesker sidder længe, <u>hvilket er dårligt for ryggen</u>. 3 Kender du Paul, <u>hvis kone arbejder i salgsafdelingen?</u> 4 <u>Fordi alle handler om lørdagen</u>, har butikken brug for mere personale. 5 Min kollega har altid kage med om fredagen, <u>hvor alle er trætte</u>. 6 <u>Når det er sommer</u>, spiser jeg min madpakke udenfor.

## K

1f 2e 3c 4b 5h 6g 7d 8a

## L

1 en undersøgelse 2 at afskedige 3 en investering 4 en strejke 5 at håbe 6 at spekulere 7 en udnævnelse 8 en forfremmelse

## M

Stillingen som dansklærer omfatter hovedsagelig undervisning i dansk sprog fra begynderniveau til avanceret.

## N

1 Fordi han drømmer om at prøve noget andet, og fordi han føler sig velkvalificeret til jobbet. 2 Han har en kandidatgrad i dansk og fremmedsprogspædagogik. 3 Han nævner, at hans elever har produceret deres egne små nyhedsudsendelser. 4 Han har både ledet og været en del af teams. I tillæg har han også varetaget kommunikationen mellem lærerne og elevernes aktivitets-og

festudvalg. Han har også meget erfaring med rettearbejde, eksamen – både mundtlig og skriftlig – samt vejledning af større skriftlige opgaver. 5 Han vedlægger sit CV, dokumentation for eksamener ved Københavns Universitet og en udtalelse fra sin nuværende rektor.

## O

1 en studentervogn 2 en nyhedsudsendelse 3 en rektor 4 en kandidatgrad 5 at vinke

# Unit 12

## A

1 i 2 ved 3 om 4 til 5 om 6 af 7 forbi 8 uden

## B

1 Hun ville ikke bo i en boligblok uden elevator. 2 Under renoveringen fandt min onkel 30.000 kroner i pejsen. 3 Stuelejligheden ligger fredeligt ved grønne områder. 4 Der bliver solgt færrest boliger om vinteren. 5 Siden 1950'erne er køkkener blevet større og større. 6 Deres første lejlighed lå over et vaskeri. 7 Hvilken etage bor du på? 8 De ville gerne flytte fra den ulækre kælderlejlighed.

## C

1 continents 2 countries 3 cities 4 islands/archipelagos 5 parts of cities 6 individual mountains

## D

1 over lænestolen 2 under bordet 3 på hylderne 4 i skabet 5 bag sofaen 6 fra loftet 7 foran døren 8 (i)gennem alle værelserne 9 til venstre for vinduet

## E

1 til (mod) 2 i 3 i 4 på 5 for 6 i 7 på 8 fra 9 til 10 i 11 fra 12 i (på) 13 hos

## F

1 I et år. 2 For et år siden. 3 For et år siden. 4 Om et år. 5 I et år. 6 Om et år.

## G

1 om lørdagen 2 i søndags 3 om torsdagen 4 på fredag 5 om mandagen, om tirsdagen 6 på lørdag 7 om onsdagen 8 i fredags

## H

1 efter 2 i 3 til 4 til 5 med 6 på 7 til 8 i 9 ved 10 af 11 over 12 på

## I

**1** ældrebolig **2** lejlighed **3** parcelhus **4** rækkehus **5** kollektiv **6** gård **7** boligblok **8** sommerhus

## J

**1**d **2**g **3**h **4**f **5**c **6**b **7**e **8**a

## K

**1 stue:** sofa, fjernsyn **2 soveværelse:** seng, tøjskab **3 badeværelse:** toilet, bruseniche **4 køkken:** komfur, køleskab **5 loft:** kasser med julepynt, gammelt legetøj **6 bryggers:** vaskemaskine, gummistøvler **7 skur:** cykler, haveredskaber **8 kontor:** skrivebord, arkivskab

## L

Fordi landstedet er blevet ombygget og tilbygget i 2015 og fremstår som en tidssvarende ejendom.

## M

**1** Spisestuen vender mod syd og er malet hvid. **2** Der er en brændeovn i stuen, drivhuset opvarmes med solvarme. Resten af boligen opvarmes med et træpillefyr og fjernvarme. **3** Den egner sig til børnefamilier og sammenbragte familier, samt folk som kan lide natur. **4** Den nye motorvej er kun 8 minutters kørsel fra ejendommen, så det er nemt at komme enten til Silkeborg eller Aarhus.

## N

**1** samtalekøkkenet **2** badeværelset **3** terrassen **4** gæstetoilettet **5** drivhuset/orangeriet **6** spisestuen **7** saunaen **8** stuen på førstesal **9** entréen/forstuen

## O

**1** at give mulighed for **2** at give adgang til **3** at sætte pris på **4** at være velegnet til **5** at være omgivet af

# Unit 13

## A

**1** hele (att.) **2** mange (att.) **3** alle (nom.) **4** ingen (nom.) **5** nok (att.) **6** meget (att.) **7** begge (att.) **8** noget (att.) **9** hver (att.)

## B

**1** ikke nogen/ingen (emphatic) **2** ingen **3** ikke noget/ingen **4** ikke nogen/ingen **5** ingenting/ingen

## C

**1** alle **2** hver, færre **3** ingen **4** mange **5** hel **6** nogle

## D

1 flere 2 færreste 3 meget 4 fleste 5 mindre 6 mange

## E

1 begge 2 hele 3 nok 4 hvert 5 al 6 ikke noget

## F

**på vand:** sejlads, roning; **i vand:** dykning, synkronsvømning; **is:** kunstskøjteløb; **sne:** langrend, skihop; **luft:** faldskærmsudspring, svæveflyvning (højdespring, skihop); **land:** golf, håndbold, rytmisk gymnastik, højdespring

## G

1f 2c 3a 4b 5h 6e 7d 8g

## H

Det er ofte unge mellem 18 og 25 år, som tager på de lange kurser. De tager som regel på højskole, før de begynder på deres uddannelse.

## I

1 Hun havde altid dyrket meget sport, så det var naturligt for hende at vælge en idrætshøjskole. 2 Han fik mod til at søge ind på musikkonservatoriet efter sit ophold på højskolen og kom ind på uddannelsen. 3 Han var bekymret, fordi skrivning altid havde været noget privat for ham. Det var svært for ham at dele sine tekster med andre. 4 Lena ville gerne lære nogle nye mennesker at kende. Jakob vidste ikke, hvilket studie han skulle vælge og ville gerne have lidt tid til at tænke over sin fremtid. Asger ville gerne blive bedre til at skrive.

## J

The quantifiers are underlined in the answers.

1 en masse venner 2 hver aften 3 lidt tid 4 slet ikke noget at gøre med 5 begge (dele) 6 noget af det vigtigste 7 der var ikke ingenting at bekymre sig over 8 læse noget højt

## K

1 en beslutning 2 en bekymring 3 en tilmelding 4 en anbefaling 5 et valg 6 et ophold 7 en oplevelse 8 en højtlæsning

# Unit 14

## A

1d 2f 3a 4e 5b 6c

## B

**1** ville blive **2** ville søge **3** ville være **4** skulle (in this case, **at skulle** in the past future appears without the infinitive as is also often the case in the future tense when **at skulle** or **at ville** are followed by an adverbial.)

## C

**1** skulle have deltaget **2** ville have renoveret **3** ville have ansat **4** ville have skrevet **5** ville være blevet

## D

**Pluperfect:** havde haft, havde besluttet, havde forestillet, havde ejet, havde hængt, havde undgået, havde været, havde stået **Past future:** ville være, ville komme, ville få, skulle fortsætte, skulle (hjem), skulle læse **Conditional perfect:** ville være gået, ville have haft, ville have tilgivet, burde være gået

## E

**1** Han var ked af, at han ikke havde fået en læreplads. **2** Efter at hun havde gået på Designskolen i Kolding, syede hun nogle fantastiske kjoler. **3** De vidste ikke, om de havde lært så meget på kurset. **4** Studievejlederen fortalte Ragna, at universitetet havde godkendt hendes ansøgning om eksamen på særlige vilkår.

## F

**1** Undervisningsministeren syntes, at børn skulle gå længere tid i skole. **2** I sin tale henvendte professoren sig til alle de studerende, der skulle begynde på studiet. **3** Pædagogen skrev i brevet til forældrene, at børnene skulle på en udflugt i april. **4** Studievejlederen mente, at det ville være muligt for mig at komme til sygeeksamen.

## G

**1** Hvis du havde kontaktet studiekontoret med det samme, ville din SU have været på din konto til tiden. **2** Hvis han havde troet på sig selv, ville han være kommet ind på Kunstakademiet uden problemer. **3** Vi ville have taget bussen til optagelsesprøven, hvis det havde regnet. **4** Hvis hun ikke havde været nervøs, ville hendes mundtlige eksamen være gået fint.

## H

**1** folkehøjskole **2** gymnasium **3** konservatorium **4** universitet **5** privatskole **6** grundskole

## I

**1** at eksperimentere, havde eksperimenteret, ville/skulle eksperimentere, ville/skulle have eksperimenteret **2** at forelæse, havde forelæst, ville/skulle forelæse, ville/skulle have forelæst **3** at forske, havde forsket, ville/skulle forske, ville/skulle have forsket **4** at undervise, havde undervist, ville/skulle undervise, ville/skulle have undervist **5** at uddanne, havde uddannet, ville/skulle uddanne, ville/skulle have uddannet **6** at formidle, havde formidlet, ville/skulle formidle, ville/skulle have formidlet

## J

Cecilie har rejst rundt med rygsæk i Indien, siden hun blev færdig med gymnasiet for to år siden.

## K

1 Hun kan ikke betale sin husleje, fordi hendes SU ikke er gået i orden. Der er ikke blevet sat penge ind på hendes konto, og hun har måttet spørge sine forældre, om de ville hjælpe hende. 2 Den første uge har der været introuge på universitetet. Hun har mødt sine undervisere og medstuderende, fået information om bacheloruddannelsen og været på rustur. 3 Rusturen blev arrangeret af andetårsstuderende på studiet og bestod af en hyttetur med fest og overnatning. 4 Cecilie vil/skal på Statsbiblioteket for at se, om hun kan få et lånerkort, fordi hun gerne vil låne de sidste bøger, som står på pensumlisten.

## L

1d 2h 3g 4a 5e 6b 7c 8f

## M

1 ville låne (past future) 2 ville have været (conditional perfect) 3 havde taget (pluperfect) 4 skulle bruge (past future)

## N

1 forsikre (has nothing to do with education) 2 medlem (is not a person you study with) 3 kundskab (does not refer to a university faculty) 4 sværhedsgrad (does not refer to a university degree)

# Unit 15

## A

1 Dommen blev læst op af dommeren. 2 Klienten blev snydt af advokaten. 3 Forbrydelsen anmeldes af manden. 4 Tegnebøger bliver ofte stjålet af lommetyve. 5 Alle forbrydere skal hjælpes af samfundet. 6 Stjålne varer findes sjældent af politiet.

## B

The passive voice can be formed by adding an **-s** to the infinitive or by using the auxiliary verb **at blive** followed by the past participle of the main verb.

## C

1 bliver mistænkt/mistænkes 2 blevet røvet 3 blev stoppet 4 blevet straffet 5 blevet anklaget 6 udsættes 7 blev skudt 8 blive rørt

## D

**1** Politiet efterforsker altid mord og mordforsøg. **2** Mange ulovlige film bliver downloadet/ downloades af unge mennesker. **3** Overtrædelser af narkotikalovgivningen bør anmeldes til politiet. **4** Vores specialister har tilbudt krisehjælp til de efterladte./Vores specialister har tilbudt de efterladte krisehjælp. **5** Alle skal behandles på samme måde af retsvæsenet. **6** De fleste danske kommuner benytter Sundhedsstyrelsens kampagne »syv udmeldinger om alkohol«. **7** Viceværten pågreb pyromanen. **8** Knive må ikke bæres af almindelige mennesker i Danmark.

## E

**1** lykkes **2** findes **3** mødes, slås **4** føles **5** skyldes **6** enes

## F

**1** møde **2** snakke **3** findes **4** ringes **5** se **6** træffe **7** høre **8** skilles

## G

Det er, fordi en tiltalt skal dømmes af sine ligemænd.

## H

**1** Man skal være fyldt 18 år og være under 70 år. **2** Man må ikke være straffet for alvorlige lovovertrædelser, skal have valgret til Folketinget, være dansk statsborger, have et godt kendskab til dansk og ikke være tunghør. **3** Man bliver udvalgt af grundlisteudvalget og modtager indkaldelsen med posten. **4** Man skal/kan sende en skriftlig ansøgning til domstolen og vedlægge en forklaring på, hvorfor man vil fritages, for eksempel en lægeerklæring. **5** Der er lægdommere i straffesager, hvor der kræves frihedsstraf, i alvorlige sager, der vurderes at have indgribende betydning for den tiltalte, og i sager, der har særlig offentlig interesse. Der er ikke lægdommere i Højesteret, fordi der ikke tages stilling til skyldsspørgsmålet.

## I

**1** skal dømmes, at dømme **2** bliver kontaktet/kan kontaktes, at kontakte **3** bliver udvalgt/ udvælges, at udvælge; blive valgt, at vælge **4** vil fritages, at fritage **5** vedlægges, at vedlægge **6** bliver indkaldt, at indkalde **7** kræves, at kræve

## J

**1** lænestol (has nothing to do with the justice system) **2** rådgiver (not related to power and authority) **3** område (is not a jurisdiction) **4** udvikling (does not mean condition or prerequisite) **5** pjece (is not an official document) **6** ansat (simply means employee and does not therefore indicate whether the person has authority over other employees) **7** gevinst (does not relate to punishment) **8** advarsel (does not mean decision)

## K

**1** uskyldig **2** mistanke **3** tiltale **4** ulovlig **5** umyndig **6** mishandle **7** tilstå **8** ubetinget

## L

Responses will vary, but should include the same key elements as the following model answer:

Jeg blev vidne til et mindre trafikuheld for to dage siden. En dame kørte over for rødt lys, og det lykkedes ikke de andre bilister at bremse i tide, så hendes bil blev ramt af en lille varevogn. Politi og ambulancer blev hurtigt tilkaldt, og de ankom hurtigt. Jeg blev bedt om at afgive en forklaring, fordi jeg havde været vidne til ulykken. Heldigvis blev både damen og ham, der kørte varevognen, udskrevet fra hospitalet senere på dagen, så det var kun bilerne, der havde taget skade. Men jeg blev virkelig forskrækket, og nu passer jeg ekstra på i trafikken.

# Unit 16

## A

**Present participles:** øretæveindbydende (adv.), irriterende (adj.), smilende (verb), stående (verb), imponerende (adj.), grædende (verb), siddende (verb)

**Past participles:** kørt (verb), fået (verb), hørt (verb), chokeret (adj.)

## B

1 rystende 2 rejsende 3 anspændt 4 leende 5 kendt 6 irriterende

## C

1 afgående 2 gribende 3 hamrende 4 genkendende 5 gående

## D

1 gik bandende 2 blev stående og huggede 3 sad måbende 4 kom cyklende

## E

1 dirigeret 2 rettede 3 øvet 4 bekymret 5 inspireret 6 kritiseret 7 færdiggjorte 8 stjålne

## F

1 moderniserede 2 udøvende 3 underholdende 4 anerkendte 5 respekteret

## G

**Fjernsyn:** (en) filmstjerne, (en) kameramand, (en) programvært; **Museum:** (et) kabinet, (et) kunstværk, (en) montre, (en) udstilling; **Teater:** (et) bagtæppe, (en) balkon, (et) parterre

## H

Det var længe siden, han/hun havde læst en bog af en krimiforfatter, som han/hun ikke kendte i forvejen. Derudover blev han/hun fanget af den engelske udgaves bogomslag.

## I

**1** Valborgsaften er aftenen før 1. maj, og den er forbundet med det overnaturlige, ondskab og hekse. **2** To britiske miljøaktivister bliver fundet døde blandt hvalkroppene efter en hvaljagt i Torshavn på Færøerne. **3** Det er oplagt at mistænke de færøske jægere, fordi de er vrede over den globale indblanding i deres traditionelle hvaljagt. **4** Anmelderen tænker over, hvordan man skal forholde sig til traditioner, som man ikke selv er vant til og måske ikke rigtig forstår.

## J

**1** stående **2** købe **3** hurtigt **4** globale **5** større **6** ødelæggende **7** spændende **8** glemme

## K

**1** krimiforfatter **2** miljøaktivister **3** privatdetektiv **4** Kongeriget Danmark **5** fiktion

## L

**1** krimi + forfatter **2** bog + om + slag/bog + omslag **3** hval + fangst **4** privat + detektiv **5** fly + styrt

# Unit 17

## A

**1** Dummy subject as it does not refer to anything and carries no meaning. **2** Real subject as it is a personal pronoun referring to **Sanne** and **Asbjørns bryllup**. **3** Dummy subject to put emphasis on a particular element (**til sankthans**) in the sentence for stylistic reasons. **4** Dummy subject to move a more complicated structure (**at male på æg til påske**) towards the end of the sentence. **5** Real subject as it refers to **juletræet**.

## B

1a 2c 3b 4d

## C

**1** Det regnede for meget til sankthansbålet. **2** Det er til påske, at man spiser chokoladeæg. **3** Det er mandlen, som du skal finde i risalamanden. **4** Der var mange børn til skolens påskedisko.

## D

**1** Det er i julen, at butikkerne har mest travlt. **2** Det er dem, som/der er blevet gift på rådhuset. **3** Det var en islagkage med hindbær, som han lavede til nytårsaften. **4** Det var til mine forældres sølvbryllup, at jeg dansede hele natten. **5** Det er d. 24. december, at danskere fejrer jul.

## E

**1** Der er mange børn, som klæder sig ud til fastelavn. **2** Der er danskere, som/der ikke holder jul d. 24. december. **3** Der er nogle par, som/der fejrer valentinsdag ved at tage ud at spise. **4** Der er færre danskere, som/der fejrer mortensaften nu end førhen. **5** Der var ingen, som/der nåede at se Dronningens nytårstale klokken seks.

## F

**1** Vi holder jul i Sverige næste år. **2** Flere butikker på gågaden pynter op til påske. **3** Vi inviterer til hans jubilæum på mandag. **4** Mange ønsker hende tillykke med dagen. **5** Børn sender gækkebreve før påske.

## G

**1**g **2**d **3**h **4**b **5**f **6**e **7**a **8**c

## H

Det, man skal gøre, er at skrive de bedste og mest korrekte svar på de fire spørgsmål og aflevere dem sammen med tilmeldingen.

## I

**1** Det var Mads Rohde, der blev kattekonge. For at blive kattekonge skal man slå det sidste bræt af tønden. **2** Førhen var det en levende kat, som var i tønden./Førhen var der en levende kat i tønden. I dag er tønden fyldt med slik og papirkatte. **3** Man kalder det hvide tirsdag, fordi det var dagen, før fasten begyndte. På den dag spiste man en masse »hvide« ting (æg, sukker og hvedemel); fastelavnsbollerne hører til den dag. **4** Man kan rise de andre i huset op med et fastelavnsris. Senere på dagen skal de bage fastelavnsboller til en.

## J

**1** overfører **2** stammer fra **3** blander **4** symboliserer **5** holder fast i **6** slipper af med

## K

**1** en blanding **2** en invitation **3** en deltagelse/en deltager **4** et arrangement/en arrangør **5** en fejring **6** en bagning/en bager **7** et ønske **8** en tilmelding

# Unit 18

## A

årets europæiske melodigrandprix, sangkonkurrencens prestigefyldte førsteplads, Grethe og Jørgen Ingmanns optræden, parrets sang, landets radiokanaler, forfatteren til »Dansevise«, Tivolis Koncertsal, titlen på den danske sang, listen over de andre sange, morgendagens avis

## B

The definite form of adjectives is used (e.g. **årets** <u>**europæiske**</u> **melodigrandprix,** **sangkonkurrencens** <u>**prestigefyldte**</u> **førsteplads**), as genitive constructions refer to a specific thing in the same way that definite constructions do.

## C

**1** koncertsalens vindue, vinduet til koncertsalen **2** gruppens bassist, bassisten i gruppen **3** Danmarks hovedstad, hovedstaden i Danmark **4** guitarens mærke, mærket på guitaren **5** røgens lugt [the smell of the particular type of smoke], lugten af røg [the smell of smoke] **6** billettens pris, prisen på billetten **7** den nye Kim Larsen-biografis forfatter/forfatteren til den nye Kim Larsen-biografi

## D

**1** et rockband **2** en nodebog **3** en udendørskoncert **4** strygeinstrumenter **5** et gospelkor **6** en jazzsaxofon **7** en verdensturné **8** en dirigentstok

## E

It is the final element of a compound noun which determines its gender. For instance, **kuffert** (*case*) is common gender, so **violinkuffert** (*violin case*) is common gender; **stativ** (*stand*) is neuter gender, so **violinstativ** (*violin stand*) is neuter gender as well.

## F

**1** lammefrikadeller (*meatballs made from lamb*); lamme frikadeller (*lame meatballs*) **2** barpige (*girl who works in a bar*); bar pige (*bare/naked girl*) **3** tyggegummi (*chewing gum*); tygge gummi (*chew rubber*) **4** dyreelskere (*people who love animals*); dyre elskere (*expensive lovers*) **5** kattedør (*cat flap*); katte dør (*cats die*)

## G

**1** (en) stemmegaffel **2** (et) rytmeæg **3** (en) kontrabas **4** (en) sækkepibe **5** (en) mundharmonika **6** (en) blokfløjte **7** (en) trækbasun

## H

**1** Normalt mindst tre toner, der bliver spillet samtidigt, og som udgør en harmoni. **2** En akkord, som opfattes som lys og optimistisk. **3** Den tekst, som man synger til en melodi. **4** Et musikinstrument, der frembringer lyd ved slag, rysten eller skraben; kaldes også for rytmeinstrumenter eller percussion. **5** Et apparat, som er i stand til at forstærke et elektrisk signal, for eksempel fra en elektrisk guitar eller bas. **6** Tekst (og musik), der gentages i slutningen af et vers i en sang. **7** Et musikinstrument, der består af en rund ramme med et skind, og som man slår på med trommestikker eller med hænderne. **8** En akkord, som opfattes som sørgelig. (Answers will vary).

## I

Steppeulvene spillede deres sidste koncert i sommeren 1967. Det blev gruppens sidste koncert, fordi Eik Skaløe rejste fra Danmark kort tid efter. Han kom aldrig tilbage.

**J**

**1** Som mange andre af tidens unge fulgte Eik Skaløe »the Hippie Trail« til Indien og Pakistan, hvor han ønskede at møde eksotiske kulturer. **2** *Breve til en veninde* (udgivet i 1993) indeholder de kærestebreve, som Skaløe skrev til Iben Nagel Rasmussen før og under sin rejse. **3** Steppeulvenes musik har fået en renæssance, efter at Ole Christian Madsens film *Steppeulven* blev lanceret i 2015.

# Unit 19

## A

**1** synes **2** synes **3** tror **4** tror **5** synes **6** synes **7** tror **8** troede

## B

**1** synes → tror **2** tror → synes **3** mener → tror **4** tror → mener/synes

## C

**1** tænkte, har tænkt **2** troede, har troet **3** syntes, har syntes **4** mente, har ment

## D

**1** om **2** i **3** med, om **4** om **5** med, i **6** i

## E

**1** respekt **2** levestandard **3** asyl **4** bevægelsesfrihed **5** fængsel **6** slaveri **7** kønsdiskriminering **8** statsborgerskab **9** ytringsfrihed **10** racisme

## F

**1** pligt **2** kærtegn **3** sjæl, ånd/ånd, sjæl **4** bånd **5** skæbne **6** trods

## G

**1** Selv et beskedent uddannelsestilbud kan forandre verden. **2** Han måtte lægge had og bitterhed (/bitterhed og had) bag sig, da han slap ud af fængslet. **3** Det er farligt at stå i vejen for historiens fremmarch. **4** Alle må tage et ansvar på menneskeligt niveau. **5** Man kan have stor tiltro til de unge i samfundet.

## H

Sangen blev skrevet efter den tyske besættelse af Danmark. En anden sang i *Dyveke* blev censureret af besættelsesmagten, og Poul Henningsen blev derfor nødt til at skrive en ny.

## I

**1** Man kunne for eksempel give stroferne overskrifterne *barndommen, ægteskabet, krigen.* (Answers will vary for this question.) **2** Kærlighed er fri, vild og trives under svære vilkår, mens ægteskabet bygger på vaner, er kedeligt og bindende. **3** Linjerne kunne handle både om ægteskabet (der ikke kan binde den frie tanke om kærlighed) og den tyske censur (der ikke kan forhindre den frie tanke hos de besatte danskere). **4** Man skal holde ryggen rank (være stolt), kæmpe for det man kan lide og lade tanken være fri.

## J

**1**b **2**e **3**d **4**f **5**c **6**a

## K

**1** måde **2** det (korte) øjeblik **3** sex **4** smalle vej **5** rutinens **6** slave

# Unit 20

## A

**1**c **2**e **3**b **4**a **5**d

## B

Quotation marks disappear (Sentences a–e); the direct speech becomes a subordinate clause, introduced by a subordinating conjunction (Sentences a–e); word order changes, due to the fact that the direct speech (main clause) becomes a subordinate clause (Sentence a); pronouns (including possessive pronouns) sometimes change (Sentences a and d); tenses sometimes change (Sentences a and d).

## C

**1** de **2** vi, vores **3** deres, hans, hans **4** hun, sin

## D

**1** at **2** om **3** at **4** hvor **5** om **6** hvorfor

## E

**1** wrong: blev **2** right; wrong: blev **3** wrong: lærer **4** right

## F

**1** Redaktøren råbte, at Mads altså var nødt til at lære at stave avisens navn rigtigt. **2** Yvonne udtalte, at hun først lærte engelsk som voksen. **3** Bo spurgte Sahira, hvorfor hun ikke snakkede sit modersmål med sine forældre./Bo spurgte Sahira, hvorfor hun ikke snakker sit modersmål med sine forældre. **4** Karoline udbrød smilende, at hun samme dag havde fået at vide (/at hun havde fået at vide samme dag), at hun havde fået støtte til et forskningsprojekt om tosprogede børn.

## G

**1** en antydning **2** at bekræfte **3** en mening **4** at indrømme **5** at indvende **6** en oplysning **7** at protestere **8** en tilføjelse

## H

**1**f **2**c **3**e **4**a **5**g **6**b **7**d

## I

Nogle danskere frygter, at dansk vil uddø, fordi engelsk vinder for stort indpas.

## J

**1** Engelsk påvirker det danske sprog både på leksikalt og syntaktisk niveau. Det påvirker også dansk stavning. **2** Nej. Tysk har haft meget større indflydelse på dansk end engelsk. **3** Niels Davidsen-Nielsen mener, at tilførelsen af engelske ord kan give dansk en nuancerigdom. **4** Hun mener, at dansk kan ende som et museumssprog, hvis man ikke bruger det på et højt niveau til at formidle viden.

## K

**1** flere frygter, at frygte, to fear **2** nogle tror, at tro, to believe/think **3** skriver forfatteren til en artikel, at skrive, to write **4** Hjort forklarer, at forklare, to explain **5** Hun konkluderer, at konkludere, to conclude **6** Han pointerer, at pointere, to point out **7** Inger Stage raser (over), at rase (over), to rant **8** Hun mener, at mene, to think/be of the opinion **9** Hun hævder, at hævde, to claim

## L

**1** at dansk er blevet påvirket af andre sprog **2** hvordan har det danske sprog udviklet sig **3** sproglige ændringer vil altid finde sted **4** hvorfor skete den tyske påvirkning i middelalderen

**Active voice** Sentences in which the subject performs the action of the main verb: **Politiet afhørte gerningsmanden** (*The police questioned the perpetrator*). See also **Passive voice**.

**Adjectives** provide more information about nouns and pronouns. They are used to describe attributes, qualities or characteristics, or to classify things. They can stand in front of a **noun**, e.g. **Jeg købte et par <u>sorte</u> leggings** (*I bought a pair of <u>black</u> leggings*) or after a **verb** such as **at være**: **Jakken er <u>lækker</u>** (*The jacket is <u>nice</u>*). In Danish, adjectives inflect according to **gender** (common or neuter), **number** (singular or plural) and form (indefinite or definite).

**Adverbs** typically provide more information about verbs, adjectives or other adverbs: **De råbte <u>højt</u>** (*They yelled <u>loudly</u>*). Some adverbs, called clausal adverbs, modify the entire clause: **Jeg stemmer <u>altid</u> til folketingsvalg** (*I <u>always</u> vote at general elections*).

**Articles** The indefinite articles in Danish are **en** (common) and **et** (neuter), which correspond to English *a/an*. The definite article (*the* in English) is rendered by adding an ending to the noun: **-en** (common), **-et** (neuter) and **-erne** or **-ene** (plural): **en tomat** (*a tomato*) → **tomaten** (*the tomato*) → **tomat<u>erne</u>** (*the tomatoes*). When an **adjective** is used as part of a definite construction, a definite article is added before the adjective: **den** (common), **det** (neuter) and **de** (plural).

**Auxiliary verbs** support the **main verb**. **At have** or **at være** are used to form, for example, the **perfect tense** and **pluperfect**; **at skulle** or **at ville** are used, for example, to form the **future tense** and **past future**; **at blive** is used to form the **passive voice**; and modal verbs are used to express possibility or necessity. See also **Main verbs**.

**Clausal adverbs** See **Adverbs**.

**Clause** Sentences consist of one or more clauses, which are smaller units containing a **verb** and most often also a **subject**: **Han sover meget, fordi han har influenza** (*He sleeps a lot because he has the flu*). Main clauses are also called independent clauses because they can often stand alone: **Han sover meget** (*He sleeps a lot*). Subordinate clauses are also called dependent clauses because they cannot stand alone and require a main clause to make sense. Subordinate clauses are often introduced by a subordinating conjunction: **<u>fordi</u> han har influenza** (*<u>because</u> he has the flu*).

**Compound nouns** are nouns formed by combining two or more words. Sometimes a linking **-e** or **-s** have to be added: **musik** (*music*) + **lærer** (*teacher*) → **musiklærer** (*music teacher*); **verden** (*world*) + **turné** (*tour*) → **verden<u>s</u>turné** (*world tour*).

**Direct object** See **Object**.

**Finite verbs** See **Verbs**.

**Future tense** is normally formed by combining the modal verbs **at skulle** or **at ville** with the bare **infinitive** of the **main verb** (without the **at**). See also **Verbs** and **Infinitive**.

**Gender** is important in Danish as nouns, pronouns and adjectives inflect according to it. There are two genders in Danish: **common**, e.g. **en cykel** (*a bike*) and **neuter**, e.g. **et tog** (*a train*). See also **Nouns** and **Pronouns**.

**Genitive case** shows possession, belonging, or other types of relationship between people or **nouns**. In Danish, the genitive case is formed by adding an **-s** to the person or noun that owns something: **Karls datter hedder Pernille** (*Karl's daughter is called Pernille*). If a word already ends in -**s**, -**x** or -**z**, an apostrophe is added: **Thomas' niece hedder Freja** (*Thomas's niece is called Freja*).

**Imperatives** are used to issue orders and requests and to grant permission. In Danish, the imperative form of **verbs** is the same as the **stem**, whereas in English the imperative form is the same as the bare **infinitive**: <u>Lav</u> **dine lektier!** (<u>*Do*</u> *your homework!*). See also **Stem**.

**Indirect object** See **Object**.

**Infinitive** is the form of a **verb** listed in a dictionary. These come either with the infinitive marker **at** (*to*) or as bare infinitives without **at**: **Han elsker** <u>at lave</u> **lektier** (*He loves* <u>*to do*</u> *his homework*); **Han skal** <u>lave</u> **lektier** (*He will* <u>*do*</u> *his homework*).

**Intransitive/transitive** Intransitive **verbs** cannot be followed by an object, e.g. **Hun sidder** (*She sits/is sitting*), whereas transitive verbs are always followed by a direct and sometimes an indirect object: **Hun spiser et æble** (*She eats/is eating an apple*). Some verbs, such as **at spise**, can, depending on the context, be both intransitive, e.g. **Hun spiser** (*She eats/is eating*) and transitive, e.g. **Hun spiser** <u>et æble</u> (*She eats/is eating an apple*). Both intransitive and transitive verbs can be followed by adverbials: **Hun sidder** <u>i sofaen</u>/**Hun spiser et æble** <u>i sofaen</u> (*She sits/is sitting on the sofa/She eats/is eating an apple* <u>*on the sofa*</u>).

**Main clause** See **Clause**.

**Main verbs** express the verbal action and can be used on their own or with an **auxiliary** verb: **Hun** <u>spiser</u> **et æble/Hun har** <u>spist</u> **et æble** (*She* <u>*eats/is eating*</u> *an apple/She has* <u>*eaten*</u> *an apple*). See also **Auxiliary verbs**.

**Modal verbs** See **Auxiliary verbs**.

**Non-finite verbs** See **Verbs**.

**Nouns** refer to people, things, places, ideas and feelings. Most nouns inflect for number (singular and plural) and can be either indefinite or definite. In Danish, nouns belong to one of two **genders**, and these determine which indefinite singular **article** they are used with: common (**en**) or neuter (**et**). See also **Gender**.

**Number** See **Adjectives** and **Nouns**.

**Object** There are two types of grammatical object in Danish: direct and indirect objects. The direct object is the person or thing affected by the **verb**, i.e. *an apple* in **Hun spiser** <u>et æble</u> (*She eats/is eating* <u>*an apple*</u>). The indirect object is the receiver of the direct object, either concretely or in an abstract way: **Han gav** <u>mig</u> **et æble** (*He gave* <u>*me*</u> *an apple*). A clause can only contain an indirect object if there is also a direct object present. See also **Intransitive/transitive**.

**Participles** There are two types of participle in Danish: past participles, e.g. **skuffet** (*disappointed*), **spist** (*eaten*), and present participles, e.g. **skuffende** (*disappointing*), **spisende** (*eating*). They are used together with other verbs to form complex tenses, e.g. **Forfatteren** <u>har skuffet</u> **sine læsere** (*The author* <u>*has disappointed*</u> *his readers*), but they are also used in other ways, for example as **adjectives**: **en skuffende roman** (*a disappointing novel*). See also **Verbs**.

**Passive voice** Sentences in which the **subject** does not perform the action of the **main verb**. There are two passive constructions in Danish: the **blive** passive, e.g. **Han blev afhørt af politiet i går** (*He was questioned by the police yesterday*) and the **-s** passive, e.g. **Han skal afhøres senere** (*He will be questioned later*). See also **Active voice**.

**Past future** is a two-verb structure. It is formed by combining the past tense of **at ville** or **at skulle** with the infinitive of another **verb** (the **main verb**). **Past future** refers to an event or action that occurred in the past, but after another event or action in the past: **Han var bange for, at han <u>ville komme</u> for sent** (*He was afraid that he <u>would be</u> late*). It can also be used to express something hypothetical or conditional: **Hvis han kom for sent, <u>ville</u> han <u>få</u> en skideballe** (*If he was late, he <u>would get</u> a telling-off*).

**Perfect tense** is (almost) always a two-verb structure. It is formed by combining one of the **auxiliary verbs har** (*has/have*) or **er** (*is/are*) with the past **participle** of the **main verb** expressing the action itself. It is mainly used to connect the past with the present: **Jeg er ikke sulten, fordi jeg <u>har spist</u> et æble** (*I am not hungry because I <u>have eaten</u> an apple*).

**Personal pronouns** See **Pronouns**.

**Pluperfect** is (almost) always a two-verb structure. It is formed by combining one of the **auxiliary verbs havde** (*had*) or **var** (*was/were*) with the past **participle** of the **main verb** expressing the action itself. It is used when something happened before something else in the past: **Jeg var ikke sulten, fordi jeg <u>havde spist</u> et æble** (*I was not hungry because I <u>had eaten</u> an apple*).

**Possessive pronouns** See **Pronouns**.

**Prepositions** are used to indicate a relationship between two or more things, often the position of one thing in relation to another: **Lampen står <u>på</u> hylden** (*The lamp is <u>on</u> the shelf*).

**Pronouns** come in several categories, but common to them all is that they have replaced a **noun** or proper noun, normally one that has already been mentioned: **Grete har en have. <u>Hun</u> arbejder i <u>den</u> hver weekend.** (*Grete has a garden. <u>She</u> works in <u>it</u> every weekend.*) In the example, **Grete** and **en have** have been replaced with the personal pronouns **hun** and **den**. Some personal pronouns have different forms depending on whether or not they are the **subject**. In the example, **hun** was used because it was the subject. Had it instead been the **object** or following a **preposition**, **hende** would have been the correct form: **Gretes bror elsker hendes haveskur. Han bruger næsten ligeså meget tid i <u>det</u> som med <u>hende</u>.** (*Grete's brother loves her garden shed. He spends almost as much time in <u>it</u> as with <u>her</u>.*) Some personal pronouns have different forms depending on the **gender** of the noun they refer to. In the first example, **den** refers back to **en have**, which is common gender, so the common gender pronoun **den** is used. In the second example, the pronoun refers back to **(et) haveskur**, which is neuter, so the neuter pronoun **det** is used.

Another type of pronoun is possessive pronouns, which are used to show ownership or relation. In the previous example, for instance, **hendes** was used instead of **Gretes**. Possessive pronouns can be reflexive possessive, e.g. **Hun tog <u>sin</u> rive og gik** (*She took <u>her</u> [own] rake and left*) or non-reflexive possessive, e.g. **Hun tog <u>hendes</u> rive og gik** (*She took <u>her</u> [someone else's] rake and left*). This is a distinction that English does not have.

Reflexive pronouns are used when the subject is the same as the object: **Han barberer <u>sig</u> før brusebadet** (*He shaves [himself] before his shower*).

**Reflexive pronouns** See **Pronouns**.

**Relative clauses** provide more information about another part of a **clause** or an entire clause itself. They are often introduced by a relative pronoun (e.g. **som** or **der**): **Grete, som har en dejlig have, gav mig et æble** (*Grete, who has a lovely garden, gave me an apple*).

**Relative pronouns** See **Relative clauses**.

**Stem** The stem of a **verb** is the bare infinitive minus the -**e** ending (infinitive: **spise** → stem: **spis**). For verbs whose infinitives do not end in -**e**, the stem is the same as the bare infinitive (infinitive: **gå** → stem: **gå**). See also **Infinitive**.

**Subject** The answer to **hvem/hvad** (*who/what*) is doing the action expressed by the main verb is the subject. In **Hun spiser et æble** (*She eats/is eating an apple*), the question that could be asked would be **Hvem spiser?** (*Who eats/is eating?*) and the answer, **hun** (*she*), is the subject. In the more complex sentence **Musen er blevet spist af katten** (*The mouse was eaten by the cat*), the subject can be found by asking **Hvem er blevet spist?** (*Who has been eaten?*), to which the answer is **musen**.

**Subordinate clause** See **Clause**.

**Tense** Verb tense tells us when something happens, happened or will happen. Some tenses are formed by conjugating the **verb** (present and past tense) whereas others are formed by combining **auxiliary verbs** with a **main verb** (these other main tenses being **perfect**, **pluperfect**, **future** and **past future**).

**Verbs** state what someone or something is doing, feeling or sensing, or where someone or something is. They come in different forms which can be divided into two categories: **finite** and **non-finite**. **Finite** verbs are verbs in the present tense, past tense or the **imperative** form: **Hun <u>spiser</u> et æble** (*She <u>eats/is eating</u> an apple*); all other verb forms are **non-finite** (the present and past **participles** and the **infinitive**): **Hun har <u>spist</u> et æble** (*She has <u>eaten</u> an apple*).

# DANISH–ENGLISH GLOSSARY

## A

| | |
|---|---|
| (en) adfærd | behaviour |
| (et) affald | rubbish |
| (et) afskedsbrev | suicide note |
| at afsætte | to depose |
| alsidig | versatile, many-sided |
| at amme | to breastfeed |
| at anbefale | to recommend |
| (en) anledning | occasion/opportunity |
| (en) anmeldelse | review |
| (en) anvisning | instruction |
| (et) amt | former administrative division (county) |
| (et) ansvar | responsibility |
| (en) atomkraft | nuclear power |

## B

| | |
|---|---|
| et bandeord | swear word |
| (en) behandling | treatment |
| (en) begravelse | funeral |
| at begå | to commit |
| bekymret | worried |
| (en) betjening | service |
| at betragte | to view/consider |
| bevidst | conscious |
| (et) blad | magazine |
| at bløde | to bleed |
| (en) borger | middle-class citizen, bourgeois |
| (et) borgerligt hverv | civil duty |
| (et) brændsel | fuel |
| at bytte | to exchange |

| | |
|---|---|
| (en) børnehave | nursery/pre-school |

## D

| | |
|---|---|
| (et) deltidsjob | part-time job |
| (et) dige | dyke |
| (en) dirigent | conductor (of an orchestra) |
| (en) drivhusgas | greenhouse gas |
| at dyrke | to cultivate |

## E

| | |
|---|---|
| (et) edderkoppespind | spider web |
| (et) EM = europamester-skab | European championship |
| (et) enevælde | absolute monarchy |
| (en) enhed | unit |
| (en) erstatning | replacement/compensation |

## F

| | |
|---|---|
| (en) fagforening | trade union |
| at falde i unåde | to fall in disgrace |
| (en) fejl | error/mistake |
| (et) fjernvarmeværk | district heating plant |
| (et) flertal | majority |
| (et) folkeregister | population register |
| forarget | appalled/offended |
| (et) forbrugerråd | consumer council |
| (en) fordel | advantage |
| at foregå | to take place |
| (en) forelæsning | lecture |
| at formidle | disseminate/communicate |
| (en) forsikring | insurance |

| | | | |
|---|---|---|---|
| (en) forskning | research | at klare sig | to manage |
| at forfremme | to promote (career) | (et) kollektiv | housing co-op |
| (en) forkortelse | abbreviation | (en) kostskole | boarding school |
| (en) forretning | business | (en) kransekage | tower-shaped almond cake |
| at fragte | to ship/transport | | |
| at fremhæve | to highlight | at krumme tæer | to cringe |
| at fri | to propose (marriage) | (en/et) krydsord | crossword |
| | | (et) kvægbrug | livestock (cattle) farming |

## G

| | |
|---|---|
| gammeldags | old-fashioned |
| at genoptage | to resume |
| (en) gågade | pedestrian high street |

at kåre — to award

## L

| | |
|---|---|
| at lade sig friste | to (let oneself) be tempted |

## H

| | |
|---|---|
| hamrende | banging |
| (en) handling | action/plot |
| at have sommerfugle i maven | to be nervous |
| at hoste | to cough |
| (en) husejer | property owner |
| at hævde | to claim |

| | |
|---|---|
| (et) landbrug | farm, agriculture |
| at lindre | to sooth |
| at lokke | to lure |
| lovbestemt | statutory |
| at lugte lunten | to smell a rat |
| lykkelig | happy |
| (en) lægdommer | lay judge |
| (en) lægeerklæring | medical certificate |
| (et) løfte | promise |
| (en) løsning | solution |

## I

| | |
|---|---|
| imidlertid | however |
| imødekommende | inviting/friendly |
| en indføring | introduction |
| at indrømme | to admit |
| indviklet | complicated |

## M

| | |
|---|---|
| (en) markering | celebration/ commemoration |
| (et) mesterværk | masterpiece |
| middelalderen | the Middle Ages |
| miljøvenlig | environmentally friendly |
| (et) mindretal | minority |
| (et) misbrug | addiction |

## K

| | |
|---|---|
| (en) kommune | council |
| at kigge | to look/peep/peer/ browse |
| (en) kirurg | surgeon |

| | | | |
|---|---|---|---|
| (et) modersmål | mother tongue | (en) (elektrisk) pære | bulb |
| (en) myldretid | rush hour | (en) programvært | presenter |
| (en) myndighed | official body | at påstå | assert |
| | | at påvirke | to affect |

## N

| | |
|---|---|
| (et) navneord | noun |
| nogensinde | ever |
| (en) nullermand | dust ball |
| at nyse | to sneeze |

## R

| | |
|---|---|
| at rase (over) | to rant/rage |
| (en) recept | prescription |
| (en) redaktør | editor |
| (et) referat | minutes (from meeting) |

## O

| | |
|---|---|
| offentlig | public |
| OL = De olympiske lege | Olympic Games |
| (en) omkostning | expense |
| (et) område | area |
| at oprette | create |
| oprigtig | sincere |
| (en) optræden | performance |
| (en) overbevisning | conviction |
| overflødig | superfluous |
| overlegen | superior |
| (en) overnatning | overnight stay |
| (en) oversvømmelse | flood |

| | |
|---|---|
| (et) rettearbejde | marking |
| (et) rækkehus | terraced house |

## S

| | |
|---|---|
| at samle | to gather/collect |
| at sammenligne | to compare |
| sankthans | Midsummer |
| (et) selvmord | suicide |
| (en) skik | custom/tradition |
| (et) skovbrug | forestry |
| (en) skorsten | chimney |
| at skyldes | to be caused by |
| (et) skyldsspørgsmål | question of guilt |
| at snorksove | to sleep heavily while snoring |

## P

| | |
|---|---|
| paf | baffled/flabbergasted |
| at passe på | to be careful |
| (et) pattedyr | mammal |
| (som) et plaster på såret | by way of consolation |
| (et) plejehjem | nursing home |
| (en) praktik | apprenticeship |
| (et) pensum | syllabus |

| | |
|---|---|
| (en) solfanger | solar panel |
| (en) solkrog | sun trap |
| (et) spejlrefleks-kamera | SLR camera |
| at spekulere | to wonder/ contemplate |
| (en) spørgeskema-undersøgelse | survey |
| (en) stilling | position (job) |

|  |  |
|--------|---------|
| at straffe | to punish |
| (en) støtte | support |
| (en) styreform | form of government |
| at støvregne | to drizzle |
| at sætte pris på | to value |

## T

|  |  |
|--------|---------|
| tilfreds | satisfied |
| at tilføje | to add |
| (en) tilførsel | supply/influx |
| at tilsætte | to add (ingredient) |
| at tiltrække | to draw/attract |
| (en) tjenestepige | maid |
| tosproget | bilingual |
| (en) trone | throne |
| at true | to threaten |
| at trække lod | to draw lots |
| (en) træning | exercise/training |
| tunghør | hard of hearing |
| tværfaglig | interdisciplinary |

## U

|  |  |
|--------|---------|
| at udbryde | to exclaim |
| (en) uddeling | distribution |
| (en) udflugt | excursion |
| (et) udgangspunkt | starting point |
| (et) udslæt | rash |
| (en) udtale | pronunciation |
| (et) udslip | emission |
| udsøgt | exquisite |
| (en) udvikling | development |

|  |  |
|--------|---------|
| (en) udøvende kunstner | performing artist |
| (en) uforbeholden | unreserved |
| undskyldning | apology |
| (en) ulempe | disadvantage |
| at understrege | to underline |
| ussel | shabby/poor |

## V

|  |  |
|--------|---------|
| (en) valgret | right to vote |
| (et) varemærke | trademark |
| at vedligeholde | to maintain |
| vedvarende | renewable (energy) |
| at vie | to wed |
| at vinde indpas | to gain ground |
| (en) virksomhed | company |
| (et) VM = verdens-mesterskab | world championship |
| (en) vuggestue | nursery (for children) |
| at være med på noderne | to be upbeat |
| (et) værft | shipyard |

## Y

|  |  |
|--------|---------|
| yderst | very/extremely |
| (en) ytring | utterance |

## Æ

|  |  |
|--------|---------|
| (en) ændring | change |

## Ø

|  |  |
|--------|---------|
| (en) økommune | island council |

## Å

|  |  |
|--------|---------|
| (en) ånd | spirit/mind/soul |

# COMPARING CEFR AND ACTFL LANGUAGE PROFICIENCY STANDARDS

This table shows an approximate comparison of the CEFR Global descriptors and ACTFL proficiency levels.* For both systems, language proficiency is emphasized over mastery of textbook grammar and spelling. Note that the ACTFL system divides the skills into receptive (reading and listening) and productive (speaking and writing). For more information, please refer to www.actfl.org; www.coe.int; www.teachyourself.com.

| CEFR | ACTFL | |
|---|---|---|
| | RECEPTIVE | PRODUCTIVE |
| **C2** <br> Can understand with ease virtually everything heard or read. Can summarize information from different spoken and written sources, reconstructing arguments and accounts in a coherent presentation. Can express him/herself spontaneously, very fluently and precisely, differentiating finer shades of meaning even in more complex situations. | Distinguished | Superior |
| **C1** <br> Can understand a wide range of demanding, longer texts and recognize implicit meaning. Can express him/herself fluently and spontaneously without much obvious searching for expressions. Can use language flexibly and effectively for social, academic and professional purposes. Can produce clear, well-structured, detailed text on complex subjects, showing controlled use of organizational patterns, connectors and cohesive devices. | Advanced High/ Superior | Advanced High |
| **B2** <br> Can understand the main ideas of complex text on both concrete and abstract topics, including technical discussions in his/her field of specialization. Can interact with a degree of fluency and spontaneity that makes regular interaction with native speakers quite possible without strain for either party. Can produce clear, detailed text on a wide range of subjects and explain a viewpoint on a topical issue giving the advantages and disadvantages of various options. | Advanced Mid | Advanced Low/ Advanced Mid |
| **B1** <br> Can understand the main points of clear standard input on familiar matters regularly encountered in work, school, leisure, etc. Can deal with most situations likely to arise whilst travelling in an area where the language is spoken. Can produce simple connected text on topics which are familiar or of personal interest. Can describe experiences and events, dreams, hopes and ambitions and briefly give reasons and explanations for opinions and plans. | Intermediate High/ Advanced Low | Intermediate Mid/ Intermediate High |
| **A2** <br> Can understand sentences and frequently used expressions related to areas of most immediate relevance (e.g. very basic personal and family information, shopping, local geography, employment). Can communicate in simple and routine tasks requiring a simple and direct exchange of information on familiar and routine matters. Can describe in simple terms aspects of his/her background, immediate environment and matters in areas of immediate need. | Intermediate Mid | Intermediate Low |
| **A1** <br> Can understand and use familiar everyday expressions and very basic phrases aimed at the satisfaction of needs of a concrete type. Can introduce him/herself and others and can ask and answer questions about personal details such as where he/she lives, people he/she knows and things he/she has. Can interact in a simple way provided the other person talks slowly and clearly and is prepared to help. | Novice High/ Intermediate Low | Novice High |
| **0** | Novice Low/ Novice Mid | Novice Low/ Novice Mid |

*CEFR = Common European Framework of Reference for languages; ACTFL = American Council on the Teaching of Foreign Languages